Bettina Radeiski

Denkstil, Sprache und Diskurse

Sprachwissenschaft, Band 33

Bettina Radeiski

Denkstil, Sprache und Diskurse

Überlegungen zur Wiederaneignung Ludwik Flecks für die Diskurswissenschaft nach Foucault

Frank & Timme
Verlag für wissenschaftliche Literatur

Umschlagabbildung: Ludwik Fleck, Warschau 1957.

ISBN 978-3-7329-0325-2
ISSN 1862-6149

Herstellung durch Frank & Timme GmbH,
Wittelsbacherstraße 27a, 10707 Berlin.
Printed in Germany.
Gedruckt auf säurefreiem, alterungsbeständigem Papier.

www.frank-timme.de

Inhaltsverzeichnis

0 Einleitung

Ludwik Fleck wird seit einiger Zeit – nach einer längeren Periode vielleicht nicht gerade der Ignoranz, aber doch der weitgehenden Vernachlässigung seitens der wissenschaftlichen Community – wieder verstärkt rezipiert.[1] Das geht bis hin zu nachgerade euphorischen Eulogien und Vorhersagen, die allerdings mitunter ohne eine gewisse Häme nicht auszukommen glauben:

> „Kurzum: Flecks Theorien sind endlich aus Kuhns langem Schatten herausgetreten und werden nun als eigenständige Position innerhalb der Wissenschaftstheorie anerkannt, und es wird nicht mehr lange dauern, bis Kuhns Paradigmentheorie zur Fußnote einer allgemeinen Fleck-Renaissance geworden sein wird." (Werner/Zittel 2011: 16)

Wenn man diese überschwängliche Begeisterung nicht teilt, stellt sich jedoch sehr wohl die Frage, welchen wissenschaftlichen Wert die erneute Beschäftigung mit diesem Autor verspricht. Diese keineswegs bloß rhetorisch gemeinte Frage stellt sich umso dringlicher, als der Standpunkt, von dem bzw. die Perspektive, von der aus die vorliegende Arbeit sich der grundlegenden Fleck'schen Kategorien und Theorien annimmt, ausdrücklich innerhalb der diskursorientierten Linguistik anzusiedeln ist. Nicht zuletzt dieser Umstand macht nämlich die angestrebte Befassung mit Fleck zu einem in mehrerlei Hinsicht schwierigen Unterfangen.

Zunächst und ganz grundsätzlich methodisch ist zu konstatieren, dass der gegenwärtige Forschungsstand im Bereich der (linguistisch angelegten) Diskursforschung ohne jeden Zweifel so manche Lücke aufweist und eine Reihe von Forschungsdesideraten bereithält – aber keinesfalls leidet der Bereich unter einem Mangel an Ansätzen, Beiträgen, innerdisziplinären Fortschritten und interdisziplinärer Vernetzung und Rückkoppelung. Sehr leicht kann daher – und womöglich mit Recht – der Eindruck entstehen, dass eine Rezeption Flecks vom Standpunkt linguistischer Diskurstheorie dann doch mehr zu sein beansprucht, nämlich eine ‚neue' diskurstheoretische Ausrichtung ‚nach Fleck', so dass es sich

1 Die Herausgeberin und der Herausgeber des Sammelbandes *Denkstile und Tatsachen* (2011) überschreiben das diesbezügliche Kapitel ihrer Einleitung bezeichnenderweise mit „Die Renaissancen [sic!] des Ludwik Fleck"; insgesamt machen sie bis zum Zeitpunkt der Veröffentlichung von *Denkstile und Tatsachen* einen zyklischen Verlauf der Fleck-Rezeption aus, der bis dato drei Phasen verstärkten bzw. verbreiterten Interesses an Ludwik Fleck aufgewiesen hat. (vgl. dazu *Einleitung*, in: Werner/Zittel 2011: 11–16)

um einen Fall der offenbar und der von Zeit zu Zeit fälligen Neuerfindung des „diskursiven Rades“ (Eitz/Wengeler 2013: 310) handelt. Zum anderen aber, und dies wiegt hinsichtlich der Fragwürdigkeit sowie Schwierigkeit der Aufgabe, die sich diese Arbeit stellt, deutlich schwerer, ist ein zeitgenössischer linguistisch-diskurstheoretischer Zugriff auf Fleck darum so kompliziert, weil sich sowohl Objekt wie Ausgangspunkt dieses ‚Zugreifens‘ durch eine fast schon atemberaubende disziplinäre wie theoretische Uneindeutigkeit, Vagheit, teilweise Widersprüchlichkeit und jedenfalls deutliche Unfertigkeit auszeichnen.

Um damit zu beginnen, einige der Schwierigkeiten zu veranschaulichen, die vom wissenschaftlichen ‚Zugriffs-Objekt‘ ausgehen: Allein vom Umfang seiner Schriften her kann Fleck es nicht mit der Textproduktion der anderen Koryphäen des Faches aufnehmen: Seine zentrale Schrift „Entstehung und Entwicklung einer wissenschaftlichen Tatsache“ ist nicht mehr als ein schmales Bändchen. Eine große Monographie hat er nicht hinterlassen; so erscheint die schriftliche Materiatur seiner Ideen schon rein äußerlich eher als Sammelsurium vereinzelter Aufsätze, Briefe und Briefwechsel denn als systematisch niedergelegte ‚Lehre‘. Zudem scheinen von heute aus betrachtet die zentralen Punkte seines Konzepts von nachgerade naiver Klarheit und Selbstverständlichkeit zu sein; ungerechterweise fallen daher viel deutlicher als diese Eigenschaften die – wiederum vom heutigen Standpunkt aus betrachtet – ebenfalls nicht zu übersehenden ‚Mängel‘, die inhaltlichen Inkonsistenzen, Sprünge, terminologischen Unklarheiten ins Auge. Zumal diese ‚Schwächen‘ durch die anderen Teile seines Œuvres nicht wesentlich ausgeglichen werden, sondern sich dort vielmehr fortsetzen und wiederholen. Nun versteht es sich im Prinzip fast von selbst, dass seine Kritiker dies bemerken und akribisch sezieren. Exemplarisch hierfür die von Schlünder (2005) zusammenfassend wiedergegebene Kritik von Jonathan Harwood an Fleck:

> „1986 hielt der Wissenschaftssoziologe Jonathan Harwood kritische Rückschau auf verschiedene Publikationen der Zeit von 1979 bis 1985, bei denen es sich um Neuauflagen und Übersetzungen von Ludwik Flecks Theorie des Erkennens handelte, ergänzt durch Konferenzbeiträge, Materialsammlungen und eine Dissertation zu Flecks Leben und Werk. […] Er weist Fleck ‚conceptual inconsistencies‘ nach, die meisten Elemente der Fleck'schen Theorie hält er für ‚disturbingly broad‘, ‚underdeveloped‘ und eben ‚inconsistent‘. Fleck habe z.B. in der Beschreibung der Beziehung zwischen Denkstil und dem Prozess des Denkens selbst zwei sich widersprechende Herangehensweisen entworfen, die er an keine Stelle miteinander in Einklang zu bringen versuche, vielmehr – und das scheint

> Harwood mit am meisten zu irritieren – übersehe Fleck schlicht den Erklärungsbedarf dieser Widersprüchlichkeit. Im Gegensatz zu Kuhns Konzepten seien Flecks Begriffe nicht spezifisch und präzise genug und wenn Flecks Werk zum Zeitpunkt der Veröffentlichung bahnbrechend hätte wirken können, so sei es doch nicht systematisch genug, um heutzutage noch Einfluss zu nehmen. Verwundert fragt sich Harwood, wieso die Herausgeber von Fleck glauben, dass dessen Werk wirklich noch mehr als nur historische Bedeutung haben könnte und bezweifelt dann ganz offen den heuristischen Wert Fleck'scher Konzepte für aktuelle Forschungen.“ (Schlünder 2005: 58f.)

Aber auch ausgesprochene Befürworter Flecks kommen nicht umhin, gewisse ‚Ungereimtheiten‘, Unfertigkeiten zu konstatieren:

> „So müsste Fleck, wenn er die Kontextabhängigkeit des Erkennens mit einem Anspruch auf Allgemeingültigkeit (d.i. Kontextunabhängigkeit) postuliert, einen übergeordneten epistemologischen Standpunkt voraussetzen, um diese Position widerspruchsfrei vertreten zu können – er lehnt dies aber ab.“ (Wasserloos 2007: 415)

> „Schwierig zu folgen ist Fleck auch dann, wenn er zwar auf ‚kulturelle Wirkungen‘ der Einsicht in die Denkstillehre hofft, aber keine identifizierbaren Akteure – weder individuelle noch kollektive – mit dem dafür notwendigen Abstraktions- oder Distanzierungsvermögen ausstattet, wodurch das Privileg, eine Vogelperspektive auf den Erkenntnis- und Wissenschaftsprozess einnehmen zu können, bei ihm allein verbleibt.“ (Wasserloos 2007: 415f.)

Und auch Schlünder (2005) weist die Kritik Harwoods an den ‚Inkonsistenzen‘ nicht etwa damit zurück, dass sie sich zur Verteidigung Flecks daran macht, die Konsistenz von dessen Theorie(n) zu beweisen; im Gegenteil:

> „Ich möchte Harwoods Charakterisierungen der Fleck'schen Begriffe nicht nur nicht widersprechen, sondern ihnen ausdrücklich beipflichten […].“ (Schlünder 2005: 59)

Tatsächlich erscheinen gerade vom Standpunkt etablierter Disziplinen mit einem mehr oder weniger ausgearbeiteten Begriffsapparat die auch in Flecks kürzeren

Schriften vorhandenen theoretischen und terminologischen ‚Unschärfen' mehr als deutlich. Erst recht nicht zu übersehen sind die Unterschiede zwischen den Schriften, gerade wenn ihre Veröffentlichung bzw. Abfassung einen größeren Zeitraum auseinanderliegen. Die positiven wie kritischen Bezugnahmen auf Fleck scheinen sich mitunter nicht auf denselben Autor zu beziehen: Wo die eine Autorin in der Kategorie ‚Denkstil' einen unzulässigen bzw. wissenschaftlich unproduktiven ‚Determinismus' entdeckt (vgl. Lipphardt 2005: 63), da kommt eine andere Autorin – in einem anderen Beitrag innerhalb des gleichen Sammelbandes – zu der vollständig entgegengesetzten Auffassung von der gleichsam anti-deterministischen ‚Vagheit' und ‚Offenheit' von Flecks ganzem theoretischen Herangehen (vgl. Schlünder 2005: 57f.). Kann, ja soll man sich darauf überhaupt in einem für den Fortschritt der heutigen Wissenschaft produktiven Sinne rezipierend beziehen? Und wenn ja, auf ‚welchen' Fleck?[2]

Wir werden versuchen zu zeigen, dass diese Probleme für alle, die versuchen, sich auf Fleck zu beziehen, nicht nur zu bewältigen sind, sondern dass die Unabgeschlossenheit und teilweise Widersprüchlichkeit sogar umgekehrt als Potential und Chance, als besondere Bedingung für unterschiedliche Möglichkeiten betrachtet werden kann – und durchaus schon von einer ganzen Reihe von Wissenschaftlerinnen und Wissenschaftlern so betrachtet und praktisch wahrgenommen worden ist –, aus der Herangehensweise Flecks theoretischen Gewinn für aktuelle Frage- und Problemstellungen zu ziehen. So schreibt Schlünder:

> „Flecks ‚Entwurf einer Theorie' ermöglicht es meines Erachtens, der Versuchung zu widerstehen, eben jene Unstimmigkeiten, egal ob sie gesellschaftlicher oder wissenschaftlicher Praxis entstammen, einer überaus exakten und stimmigen Theorie anzupassen. Das, was Harwood so irritiert, das Inexakte, Rutschige, zu Breite, Unspezifische der Fleck'schen Begriffe ist in Flecks Theorie selbst überaus positiv besetzt. So tauchen Harwoods negative Urteile wörtlich bei Fleck auf, wenn er etwa das heuristische Potential der Urideen preist, das – laut Fleck – gerade in ihrer Unklarheit, Vieldeutigkeit und Unbestimmtheit liegt." (Schlünder 2005: 59)

Nicht weniger groß erscheint *prima facie* die Problemlage, wenn man den Blick vom Zugriffs-Objekt weg auf die Disziplin lenkt, von der aus und für die die

2 Eine zusätzliche Schwierigkeit entsteht hier dadurch, dass Fleck offensichtlich gemäß heutigen Maßstäben nicht sehr viel Transparenz hinsichtlich seiner Quellen walten lässt. Alexander Schütz widmet diesem Problem einen ganzen Abschnitt in seinem Artikel „Das Problem der Wahrheit wissenschaftlicher Tatsachen" (2007).

Fleck'schen Konzeptionen neu in den Blick genommen werden sollen. Denn auch auf dieser Seite des Verhältnisses herrscht alles andere als Sortiertheit, Eindeutigkeit, Klarheit der Begriffe und Konzepte, Schärfe der Abtrennung. Auch wenn an dieser Stelle zunächst dahingestellt bleiben soll und muss, ob all diese idealen Merkmale einer idealen Wissenschaft bzw. wissenschaftlichen Subdisziplin überhaupt möglich, erreichbar und sogar ob dies überhaupt wünschenswert wären, so bleibt doch festzuhalten: Fraglich und unscharf ist eben nicht nur der Referent, das Bezugsobjekt, sondern die Position, von der aus dieser Bezug erfolgt.

Deutlicher Ausdruck dieses zweiten Moments der doppelten Unschärferelation in der hier zum Teil nachzuzeichnenden, zum Teil zu entwickelnden Beziehung ist schon die einstweilen bewusst schillernd gehaltene terminologische Eingrenzung, die in den ersten wenigen Absätzen bis hierher in Bezug auf die moderne wissenschaftliche Befassung mit Diskurs im Rahmen linguistischer Konzeptionen erfolgt ist – immerhin haben wir bisher zu nicht weniger als drei Varianten der Bezeichnung Zuflucht gesucht, um der definitorischen Verlegenheit Herr zu werden: War ganz zu Anfang von „diskursorientierter Linguistik" die Rede, tauchte dann die Variante der „(linguistisch angelegten) Diskursforschung" auf, und schließlich schien an gegebener Stelle auch die terminologische Bildung „linguistisch-diskurstheoretisch" bzw. „linguistische Diskurstheorie" passend.

Was hier zum Ausdruck kommt, ist wiederum eine mehrdimensionale Komplikation. Die bisher gewählten Bezeichnungen für die Disziplin, von der aus Fleck in dieser Arbeit perspektiviert wird, deuten sie als einen – eben sprachwissenschaftlich inspirierten – Teilbereich der damit zugleich als diesen übergreifend definierten Diskursforschung bzw. Diskurstheorie. Schon diese Behauptung einer Disziplin ‚Diskurswissenschaft' samt Subdisziplin ‚linguistische Diskurswissenschaft' ist angreifbar und lässt sich anscheinend mit gleicher Plausibilität taxonomisch umkehren: Mit dem Terminus ‚Diskurslinguistik' ist die entsprechende Befassung mit dem Gegenstand ‚Diskurs' als Subdisziplin der Linguistik verortet. So viel scheint daher an dieser Stelle schon klar zu sein: Die Frage danach, was die Fleck'schen Konzeptionen vom ‚Denkstil' und den ‚Denkkollektiven' als in welcher Form auch immer gedachten Bereicherung der linguistischer Diskursforschung bzw. diskurstheoretischer Linguistik zu leisten vermag, wird sich ohne eine Klärung bzw. Verortung dieser Wissenschaftsdisziplin, ihres Herangehens wie ihres Gegenstands nicht beantworten lassen. Dies soll in der nötigen Ausführlichkeit, jedoch immer so streng wie möglich orientiert am übergreifenden Anliegen der Arbeit im Kapitel 1.2.1 „Denkstil – Wissen – Diskurs" geleistet werden. Dass dies wegen der in diesem Rahmen notwendigen Beschränkung nur eine unvollständige und vorläufige ‚Selbstvergewisserung' über Gegenstand, Perspektiven und Stand einer Forschungsrichtung ‚Diskurslinguistik' sein kann, liegt nicht zuletzt daran, dass der ‚Ahnherr' aller wissenschaftlichen Befassung mit ‚Diskurs' – Michel Foucault, an dem auch die vorliegende Arbeit weder vorbeikommt, noch vorbeikommen will – sich schon selber jeder eindeutigen disziplinären Zuordnung, jeder eindeutigen Festlegung wenigstens auf grundlegende Definitionen entzieht:

> „Die angesprochene programmatische Verweigerung gegenüber festen wissenschaftlichen Konzepten und Kategorien wird [...] besonders augenscheinlich bei einem Autor, an dem keine Form der Diskursanalyse, auch eine Diskurslinguistik nicht, vorbeigehen kann: Michel Foucault." (Spitzmüller/Warnke 2011: 3)

Bei Mills heißt es dazu:

> „Foucaults Schriften repräsentieren weder ein System von Ideen noch eine allgemeine Theorie: Sie decken eine erstaunliche Breite unterschiedlicher Themen ab, und es bereitet größte Schwierigkeiten, ihn auf den Historiker, den Philosophen, den Psychologen oder den kritischen Theoretiker festzulegen." (Mills 2007: 18)

Erst recht muss das natürlich für alle Diskurswissenschaft ‚nach' Foucault gelten, die zeitlich nach Foucault und damit gewollt oder ungewollt, bewusst oder unbewusst, in positivem Anschluss an oder in kritischer Absetzung von Foucault stattgefunden hat und weiter stattfindet.[3]

Noch einmal erschwert wird all dies durch den auch von Linguisten nicht zu leugnenden Umstand, dass die Linguistik nicht die einzige und noch nicht einmal die erste humanwissenschaftliche Disziplin ist, die Anspruch darauf erhebt, im Anschluss an Foucault Relevantes zum ‚Diskurs' zu sagen. Bei Spitzmüller/Warnke heißt es dazu so lapidar wie treffend:

> „Diskursanalyse ist kein genuin linguistisches Unterfangen, die Linguistik hat sich vielmehr die Theorien und Konzepte der Diskurstheorie angeeignet, und sie ist Teil eines größeren Verbundes von (zumeist geisteswissenschaftlichen) Disziplinen, die je spezifische Formen der Diskursanalyse

3 Vgl. hierzu, vor allem zum Verhältnis der temporalen und der modalen Bedeutung der Angabe ‚nach Foucault' Spitzmüller/Warnke 2011: Vorwort; sowie ebd. Kapitel 2.

– mit spezifischen Erkenntnisinteressen, Konzepten und Methoden – betreiben. Diskurslinguistik muss sich also auch innerhalb dieses Verbundes positionieren." (2011: 4)

Und ganz sicher weiter vergrößert werden die diesbezüglichen Schwierigkeiten der disziplinären (Selbst-)Verortung dadurch, dass es nicht *den einen* Bezug der Linguistik auf die Konzepte von Diskurs *sensu* bzw. *post* Foucault gibt. In Radeiski (2011) heißt hierzu:

> „Diese starke Ausdifferenziertheit des Diskursbegriffes bzw. der Diskursbegriffe beschränkt sich nicht darauf, dass es für die unterschiedlichen Disziplinen und ihre jeweils spezifischen literatur-, sprach- und kommunikationswissenschaftlichen oder soziologischen Fragestellungen zum Teil weit divergierende Arten und Weisen gibt, den Begriff Diskurs mit Inhalt zu füllen. Selbst *innerhalb* der sprachwissenschaftlichen Disziplin(en) existieren inzwischen zahlreiche variierende Ausformungen und Konzepte von ‚Diskurs'." (Radeiski 2011: 6)[4]

Doch auch für diese zweite Seite des Verhältnissen von Flecks Denkstil-Entwurf und ‚dem' Diskurs kann gelten, dass sich das Denken der Unschärfe, Vieldeutigkeit und Divergenz der vielen Ausrichtungen und Ausformungen, ‚Diskurs' nicht in den Schwierigkeiten erschöpft, die sie dafür bereithalten, sie auf wissenschaftliche Vorstellungen von Denkstilen und Denkkollektiven abzubilden und darin – mit einiger Hoffnung auf einen Zugewinn an Erkenntnis – zu spiegeln. Optimistisch betrachtet addieren sich hier nämlich nicht einfach zwei Unschärfen in Relation zueinander zur totalen Konturenlosigkeit, sondern gerade in den ihnen eigenen Momenten der Vielschichtigkeit, ja der teilweisen Widersprüchlichkeit bestimmter konstitutiver Elemente *korrespondieren* Diskurs-Konzeptionen und „Lehre vom Denkstil" in einem für beide jeweils offensichtlich konstitutiven Strukturmerkmal. In diesem Sinne versteht Mills (2007) – analog zu Schlünder

4 Nicht wenige Autoren haben sich mit einem weiteren Phänomen hinsichtlich des ‚Diskurs-Begriffes' beschäftigt: Seine Verwendung beschränkt sich schon längst nicht mehr auf den, wie es bei Fleck heißt, „esoterischen Kreis", der von den Mitgliedern der entsprechenden Fachwissenschaften gebildet wird, sondern wird im „wissenschaftlichen und alltagssprachlichen Zusammenhang in unterschiedlichem Verständnis gebraucht, im Verlauf der europäischen Sprachgeschichten mit verschiedenen Bedeutungen assoziiert". (Warnke 2007: 3) Schon vor mehr als zweieinhalb Jahrzehnten ist die Klage darüber geführt worden, es sei das „Wort ‚Diskurs' […] in den letzten Jahren derart modisch geworden, daß man am liebsten vermeiden möchte, es weiterhin zu propagieren oder zum Gegenstand theoretischer Überlegungen zu machen". (Schöttler 1989: 102; zit. nach Spitzmüller/Warnke 2011: 5) Zu diesem von Spitzmüller/Warnke als „Begriffsskepsis" bezeichneten und näher besprochenen Phänomen vgl. dies. (2011): 5–12.

(2005) in Bezug auf Fleck – die unsystematische Natur des Begriffes ‚Diskurs' mit besonderem Blick auf Foucault auch als Chance seiner Nutzbarmachung:

> „Der Begriff ‚Diskurs' ist daher zwar nicht einem umfangreichen System voll ausgearbeiteter theoretischer Ideen fundiert, aber ein Element in Foucaults Arbeiten. Dieser Mangel an Systematik bereitet Theoretikern Probleme und dürfte ein Grund für die Vielzahl der Begriffsdefinitionen und die Vielzahl ihrer Bedeutungsmodifikationen sein. Allerdings führt dieser Mangel an Systematisierung auch zu einer spezifischen Flexibilisierung, die Theoretiker zu nutzen versuchen, wenn es darum geht, veränderten sozialen Umständen zu begegnen." (Mills 2007: 18)

Und noch eine weitere Gemeinsamkeit finden wir schon an dieser Stelle, die Fleck und Foucault verbindet: Das Konstatieren des Unfertigen, Experimentellen und Ephemeren ihrer Überlegungen haben weder Fleck – siehe oben die Anmerkung dazu von Schlünder (2005) – noch Foucault ihren Rezensenten, Kritikern und Exegeten überlassen. Geradezu legendär ist das Bekenntnis Foucaults in dieser Angelegenheit:

> „Alle meine Bücher, sei es ‚Wahnsinn und Gesellschaft' oder dieses da, sind, wenn Sie so wollen, kleine Werkzeugkisten. Wenn die Leute sie aufmachen wollen und diesen oder jenen Satz, diese oder jene Idee oder Analyse als Schraubenzieher verwenden, um die Machtsysteme kurzzuschließen, zu demontieren oder zu sprengen, einschließlich vielleicht derjenigen Machtsysteme, aus denen diese meine Bücher hervorgegangen sind – nun gut, umso besser." (Foucault 1976a: 45)

Es deutet sich damit an, dass eine Reflexion Fleck'scher Theorieansätze vom Diskurs her auf die Suche danach hinausläuft, welches der ‚losen Enden' von Flecks Denken sich mit welchem oder welchen der zahllosen Enden – oder Anfänge – des Denkens von ‚Diskurs' verknüpfen lässt, welche Verbindungen sich dadurch zu anderen ergeben, welches Netz von Ideen sich also von beiden Seiten her spannen lässt. Dass dabei nicht auf alle diskurstheoretischen Ansätze bzw. Ansprüche eingegangen werden kann, ist sicherlich selbstverständlich, gleichwohl wird sich zeigen, dass sich doch eine ganze Reihe aus dem breiten Spektrum der Diskurswissenschaften und -theorien in dieses Unterfangen einbeziehen lässt und einbezogen werden muss. Dass dabei von Beginn an und immer wieder das Verhältnis von Fleck'schen und Foucault'schen Ansätzen und Andeutungen eine besondere Rolle spielen wird – auch das ergibt sich aus dem bis hierhin Dargelegten.

Wenn also auch an diesem Punkt zunächst festgehalten und betont werden soll, dass sich die angedeuteten Probleme einer diskurslinguistischen Perspektivierung von Ludwik Fleck zwar als schwierig, nicht aber als unlösbar erweisen und sogar ihrerseits als Beleg der Stichhaltigkeit Fleck'scher Denkansätze und -anstöße verstehen lassen, so rückt doch vor dem Hintergrund der geschilderten Problemlage die eingangs gestellte Frage mit umso größerer Dringlichkeit in den Vordergrund: Welchen wissenschaftlichen Wert soll dieses Unterfangen haben, wenn es denn gelingt? Ist etwas anderes als bloße Huldigung oder bloß wissenschaftshistorisches bzw. -historiographisches „leeres Wortspiel" (Fleck 1980 [1935]: 31) zu erwarten, gerade wenn die Problematik der Vagheit, des Unabgeschlossenen und auch Widersprüchlichen bei Fleck, des Vieldeutigen, Fließenden und wiederum Widersprüchlichen bei der zeitgenössischen Diskursforschung bzw. Diskurslinguistik gerade nicht ignoriert oder wegdiskutiert werden soll?

Es scheint aus einer Reihe von Gründen lohnend, sich vom Standpunkt einer zwar mit den oben schon kurz angedeuteten ‚Mängeln' behafteten, mittlerweile aber doch als etabliert gelten dürfenden linguistischen Diskursforschung bzw. Diskurslinguistik[5] mit Flecks Denkstilkonzept näher zu befassen. Immerhin stimmt an den weiter oben bereits zitierten oder ähnlichen, bisweilen euphorischen Bezugnahmen auf Fleck so viel, dass dieser Forscher lange Zeit vor der wirklichen Etablierung und Verallgemeinerung entsprechender diskurstheoretischer Ansätze außerhalb der Linguistik bzw. pragmalinguistischer Ansätze innerhalb der Sprach- und Kommunikationsforschung sowie der Wissenschaftstheorie zu einigen bemerkenswerten Vorwegnahmen zumindest einiger Kernfragen dieser Disziplinen gekommen ist.

- Was ist eine wissenschaftliche Erkenntnis?
- Was heißt, ja, gibt es überhaupt eine Objektivität wissenschaftlicher Aussagen?
- Was bedeutet in diesem Zusammenhang die unleugbare Tatsache, dass fachwissenschaftliche – ebenso wie vor- bzw. populärwissenschaftliche –

5 So konstatieren Spitzmüller/Warnke (2011), dass „sich Diskurslinguistik [...] in den vergangenen Jahren innerhalb der Sprachwissenschaft zu einem erfolgreichen neuen ‚Paradigma' entwickelt hat. Das Fach hat ‚Diskurs' [...] weitgehend akzeptiert, linguistische Diskursanalysen sind *en vogue*; [...] Diskursanalysen bieten, mit anderen Worten, Sprachwissenschaftlerinnen und Sprachwissenschaftlern die Möglichkeit, sich mit Fragen auseinanderzusetzen, die sie nicht nur als Sprachwissenschaftlerinnen und Sprachwissenschaftler (und damit, überspitzt gesagt, eben nicht nur sie) interessieren." (2011: 1)

Denkinhalte und -formationen selten anders als in sprachlicher Fassung existieren und zirkulieren und stets in irgendeiner Weise an sprachliche Äußerungen geknüpft sind?

- Wie ist in diesem Zusammenhang das Verhältnis von Kommunikation als Prozess und kommunizierten Inhalten zu fassen?
- Wie wirkt das „Wie" des intersubjektiven kommunikativen Prozesses auf die scheinbar ganz im Subjekt aufgehobenen „Inhalte"; gibt es letztere überhaupt getrennt von den Prozessen ihres Zirkuliert-Werdens?
- Welche Rolle spielt in diesem Zusammenhang Sprache als kollektives und zugleich subjektives Gut?
- Lässt sich Wirklichkeit durch das sprachlich geprägte Denken erfassen und vermitteln?
- Produziert Denken Wirklichkeit – wie und in welchem Sinne?

Auch wenn man realistischerweise einräumen sollte, dass Fleck eine Anzahl dieser Fragen in dieser Form nicht nur nicht gestellt hat, sondern nie gestellt hätte, und noch weiter gehend: wenn sogar anzunehmen ist, dass er einige dieser Fragen in eben dieser Form, d. h. vor allem in dieser Terminologie womöglich nicht in der heute üblichen Weise, vielleicht auch gar nicht verstanden hätte, so bleibt doch festzuhalten: Mit diesen und benachbarten Fragen hat sich Fleck beschäftigt, teilweise hat er – auch gemessen an heutigen, konstruktivistischen, diskurstheoretisch auf- bzw. abgeklärten Maßstäben – einigermaßen radikale Antworten gefunden. Dass er dabei nicht nur die Aporien, die er an der von ihm teilweise heftig kritisierten wissenschafts- und erkenntnistheoretischen Schulen entdeckt zu haben glaubt, aufgedeckt und nachgerade seziert hat, sondern der heutigen Betrachtung seinerseits eine Reihe von nicht ganz einfach aufzulösenden oder gemäß unserem heutigen Stand – einstweilen – schlicht als solche zu registrierenden Widersprüche hinterlassen hat, tut dem Gesagten keinen Abbruch. Es wäre umgekehrt eher verwunderlich, wenn ziemlich genau 80 Jahre nach Erscheinen seines grundlegenden Werkes *Entstehung und Entwicklung einer wissenschaftlichen Tatsache* auch und gerade die positive Fleck-Rezeption, so sie nicht ‚positiv' mit ‚unkritisch' gleichzusetzen gewillt ist, nicht auch konstatieren könnte, dass eine Reihe von Flecks Überlegungen und Anregungen inzwischen als eingelöst angesehen werden können, und dass andere seiner Reflexionen durch den Fortschritt der entsprechenden Disziplinen als obsolet gelten müssen. Nichts davon schmälert nämlich die weiter unten darzulegenden Leistungen Flecks, zu denen – wie sich zeigen wird – es auch gehört, wiederum eine Reihe von Aussagen getroffen zu haben, die das damals noch gar nicht abgesteckte wissenschaftliche Feld betreffen, dem sich die moderne Diskurstheorie bzw. die spezifisch von der Sprache herkommende Diskurs*linguistik* widmen.

Daher ist es erstens schon aus Respekt vor der wissenschaftshistorischen Gerechtigkeit angebracht, seinem Werk die Aufmerksamkeit und ernsthafte Rezeption zuteil werden zu lassen, die es verdient. Zum anderen kann ein solcher „Blick zurück" auch für die heutige Forschung nützlich sein. Denn gerade weil moderne diskurstheoretische Positionen Relevanz, Plausibilität und inzwischen durchaus – und zu Recht – eine nicht zu leugnende Selbstverständlichkeit als Kernelemente des linguistischen *common sense* behaupten, sollte es möglich sein, diesen Status dadurch zu validieren und zu legitimieren, dass sie sich selbst nicht nur synchron, sondern auch diachron innerhalb ihrer Disziplin verorten. Mit einem abwinkenden „Ist alles schon mal da gewesen" hat das darum auch nichts zu tun, im Gegenteil: Die wissenschaftliche Stärke, Erklärungspotenz und Anwendbarkeit einer Theorie beweisen sich nicht zuletzt daran, wie sehr es ihr gelingt, gleichsam sich selbst in ihren Vorgängern wieder zu entdecken. Denn gerade die starken, in der und gegebenenfalls über die Wissenschaft hinaus am meisten wirksamen Elemente einer Theorie sind zu keiner Zeit und in keiner Disziplin *ex nihilo* entstanden; große Würfe und einsame Geniestreiche ohne Bezug auf ihre wissenschaftlichen Vorgänger oder Zeitgenossen hat es selten bis nie gegeben. Die „Heroen der Handlung" (Fleck 1980 [1935]: 101), wie Fleck sie mit einem deutlichen Anflug von Ironie nennt, – wobei er notabene immer deutlich macht, dass seine Ironie nicht den solcherart von der wissenschaftlichen Nachwelt Genannten, sondern eben dem Blick dieser Nachwelt gilt[6] – sind entsprechend rar; jede Disziplin kennt die wichtigsten ihrer großen Helden daher immer mit Namen.

Weist man dieser Art wissenschaftlicher ‚Heldenverehrung', mittels derer sich eine Disziplin immer auch selbst feiert, den ihr gebührenden Platz zu, wird freilich der Blick dafür frei, dass es gleichsam als innerdisziplinärer Lakmustest gelten kann, die eigene Position darauf hin zu überprüfen, wie weit sie sich für eine schlüssige Interpretation ihres eigenen theoretischen Vorlaufes nutzen lässt. Diese diachrone, rückbezügliche Integration ist damit alles andere als ein Kleinreden oder Leugnen wissenschaftlicher Originalität, Eigenständigkeit und

6 Fleck äußert sich dazu ausdrücklich: „Ich betone ausdrücklich, daß es gar nicht in meiner Absicht liegt, eines Forschers Verdienste zu verkleinern – oder auch nur über Verdienste zu diskutieren. Wenn ich die verschiedenen Ansichten über Autorschaft und Anteil an der Entdeckung der überaus wichtigen Reaktion [der Bordet-Wassermann-Reaktion zur Serodiagnostik der Syphilis; Ergänzung der Autorin, B. R.] angab, so geschah es nur [...] um zu zeigen, daß sie alle danebengreifen. Außerdem, was die Verehrung der Meister betrifft: [...] ich glaube nicht, daß ein verehrter Forscher größer wird, wenn man ihn als ehernes Monument anstatt als lebendigen Menschen darstellt." (Fleck 1980 [1935]: 101, Fußnote 24)

lich oberflächlicher Kenntnis dieser Arbeiten) den diskurstheoretischen Gehalt abzusprechen. […] Kurz gesagt reklamierte jedes dieser Lager für sich die ‚eigentliche' und ‚richtige' linguistische Diskursanalyse zu betreiben […]." (2011: 80)

Ein im Hinblick auf das Aufbrechen überkommener und wenig hilfreicher Grabenkämpfe produktives Potenzial wohnt einer Besinnung auf Fleck wohl schon allein darum inne, weil für Fleck diese von Spitzmüller/Warnke (2011) treffend charakterisierten Auseinandersetzungen keine unrühmliche, bloßes Kopfschütteln hervorrufende Ausnahme von der Regel absolut ‚rationalen', pur am ‚Fortschritt des Wissen' Diskutierens unter Experten darstellt, sondern eher die Regel der Ausgestaltung und Verteidigung dessen, was mit Flecks berühmtester Kategorie ‚Denkstil' gemeint ist. Eine in diesem Sinne distanzierte Selbstbetrachtung kann den ja keineswegs bloß vorgetäuschten, sondern tatsächlich „gemeinsamen Erkenntnisinteressen" helfen, sich aus Grenzziehungen und Streitlagen zu befreien. Da, wo diese unfruchtbar werden und, wie Spitzmüller/Warnke nicht zu Unrecht bemerken, wechselseitig sogar den wissenschaftlich-disziplinären Charakter absprechen, beruhen sie allzuoft auf unnötigen und unhaltbaren (Selbst-)Ansprüchen auf Fehler- und Lückenlosigkeit, Objektivität und allgemeiner Plausibilität.

Das ist nicht zuletzt darum interessant und relevant, weil sowohl Fleck als auch die Diskursforschung im Allgemeinen und die linguistische Diskursanalyse im Besonderen – und zwar, um dies zu betonen, nicht nur das ‚Lager', das das Attribut ‚kritisch' ausdrücklich im Namen führt[9] – dem Gehalt wie dem Impuls nach immer (auch) *Kritik* sein wollen am scheinbar Faktischen, am oftmals schon sprachlich als ‚selbstverständlich', ‚normal', ‚natürlich' oder ‚alternativlos' Suggerierten. Ein solche Perspektive verführt freilich dazu, der eigenen Position bewusst oder unbewusst das, wie es oben hieß, Privileg einer metawissenschaftlichen bzw. metakommunikativen Vogelperspektive einzuräumen, der all jene Attribute zuzugestehen sind, die man bei den Objekten der diskurswissenschaftlichen Beobachtung und Analyse als falsche Essentialisierung oder unangebrachte Verabsolutierung zu dekonstruieren vermag.

Vor allem dieses Moment der ‚Fleck'schen Epistemologie', die Betonung des Unfertigen als des inhärenten und wesentlichen Charakterzuges aller Bemü-

9 Gemeint ist der diskurslinguistische Strang, der im englischsprachigen Raum als *CDA, Critical Discourse Analysis*, Verbreitung und Bedeutung erlangt hat und dessen Zweig im Deutschsprachigen durch die KDA, Kritische Diskursanalyse um Jürgen Link, Siegfried Jäger und Ruth Wodak repräsentiert wird.

hungen um Erkenntnis und ihre Verbreitung, die er an einer Stelle darin zusammenfasst, *„dass es überhaupt keine gewordene Wissenschaft gibt, sondern immer nur eine werdende*" (Fleck 2011 [1929]: 61), ist wohl einer der Gründe für die Attraktivität seiner Auffassungen, seiner Art zu fragen und seiner Ansätze zu vorläufigen Antworten. Die teilweise hart wirkenden Übergänge von medizinischen oder anderen naturwissenschaftlichen Spezialproblemen auf ganz allgemeine Fragen der Wahrheit, Wahrheitsfindung, Wahrheits- und Sinnstiftung, die er durchaus auch in umgekehrter Richtung vollziehen konnte, verbunden mit seiner Biographie, zu der nachgerade brutale Brüche und unvermittelte Einbrüche des Allgemeinen in die Sphäre des mikroskopisch Besonderen gehört haben, verleihen seinem erkenntnistheoretischen Aufklärungsanspruch eine freilich tragische Glaubwürdigkeit.[10] Fleck steht mit seinem Werk für die wissenschaftliche Pflicht zum Zweifel, die eben keinesfalls nur eine wissenschaftliche und keinesfalls nur eine Pflicht, sondern Ratio ist.

In diesem Sinne erscheint es als sinnvoll, die gleichsam nachholende ‚diskurslinguistische Verständigung mit Fleck' anhand einer Beispielanalyse empirisch zu untermauern. Die zeithistorische Subdisziplin DDR-Forschung kann dafür in mehrfacher Hinsicht als attraktiv gelten: Zum einen stellt ein relativ ‚geschlossenes Denkkollektiv' wie das der DDR-Forschung ein aus diskursanalytischer Sicht relativ gut untersuchbares Gegenstandsfeld dar. Durch seine Geschlossenheit vereinfacht es methodische Ab- und Eingrenzungsfragen und es lassen sich bestimmte diskurswissenschaftlich vertretene Annahmen zu Strukturen, ihren Mechanismen und Dynamiken der Verselbstständigung von Entstehung und Entwicklung wissenschaftlicher Tatsachen deutlich nachzeichnen. Zum anderen ist der Gegenstand dieser Disziplin nicht nur von einem rein innerwissenschaftlichen, sondern zugleich von einem außerwissenschaftlichen, d. h. öffentlichen Interesse, das es möglich macht, zudem dem erstgenannten auch noch die Eigenheiten und Verbindungslinien des Denkverkehrs zwischen esoterischen und exoterischen Kreisen herauszuarbeiten. Vor diesem Hintergrund bieten sich folgende analyseleitende Fragestellungen an:

- Was lässt sich auf Basis diskurslinguistischer Auseinandersetzung mit Fleck über die historisch orientierte DDR-Forschung sagen?

10 Zur Biographie Flecks vgl. seine Artikel über die Forschungsarbeit im jüdischen Ghetto in Warschau und im Konzentrationslager Buchenwald, „In der Frage ärztlicher Experimente an Menschen" (Fleck 2011 [1948]: 538–543) u. a. ebenfalls in: Denkstile und Tatsachen. Instruktiv darüber hinaus ist Thomas Schnelle „Ludwik Fleck – Leben und Denken. Zur Entstehung und Entwicklung des soziologischen Denkstils in der Wissenschaftsphilosophie" (1982) sowie der Artikel „Ludwik und Europa" von Erich Otto Graf und Karl Mutter (2005: 13–20).

- Welches sind ihre Hauptlinien, ihre Hauptmethoden und Hauptperspektiven?
- Welches sind ihre großen Streitpunkte und die Bereiche des innerdisziplinären Konsenses?
- Welche sprachlichen Mittel sind für den innerwissenschaftlichen Diskurs erkenntnisprägend und mit welchen sprachlichen Mitteln stellt sich die DDR-Forschung nach außen dar?
- Welche Rolle spielen Präideen innerhalb eines durch die Vertreter der DDR-Forschung besonders konträr geführten Diskurses um die Frage, was die DDR wirklich gewesen sei? Und nicht zuletzt: Wie beeinflussen sie die Entstehung und Entwicklung wissenschaftlicher Tatsachen?

Die in dieser Arbeit vertretene These lautet, dass vom Meta-Standpunkt diskurswissenschaftlicher Betrachtung bzw. Fleck'scher Denkstil- und Denkkollektiv-Konzeptionen hier ein untersuchenswerter Fall der innerwissenschaftlichen Auseinandersetzung vorliegt, an der sich eine Reihe von (diskursiven) Mustern nachzeichnen lässt, die – wenn auch fast nur in unsystematischer Weise angedeutet – schon Fleck thematisiert hat und die auf ihre Art und mit ihrem konzeptionellen und methodischen Apparat die moderne Diskursforschung beschreibt und untersucht.

1 Theoretische Grundlagen: Ludwik Flecks „Lehre vom Denkstil und Denkkollektiv“[11] – Diskurstheorie *avant la lettre*?

1.1 Flecks Medizin- und Wissenschaftstheorie

Diese Arbeit will, wie oben erläutert, Ludwik Flecks vielseitige und auch vieldeutige epistemologisch-wissen[schaft-]s-soziologische Konzeptionen nicht ‚nur benutzen‘, um der Lösung für ein strikt eingrenzbares theoretisches Problem näher zu kommen bzw. um diese Konzeptionen oder Teile von ihnen anhand solcher Problemstellungen zu verifizieren oder zu falsifizieren, sondern sie will Flecks Werk im Grundsatz unter dem Gesichtspunkt ihrer wirklichen oder vermeintlichen Nähe bzw. antizipativen Stellung zur modernen Diskurstheorie und Diskurslinguistik betrachten.

Klargestellt sei hier aber nochmals, dass auch die stark auf das jeweilige wissenschaftliche Forschungsinteresse bezogene Rezeption Flecks nicht nur durch die spezifische Beschaffenheit seiner ‚unvollendeten‘ theoretischen Hinterlassenschaft ermöglicht und ermuntert wird, sondern dass sie selbstverständlich auch ein legitimes wissenschaftliches Interesse an diesem wie an allen anderen wissenschaftlichen Autorinnen und Autoren ist. Einige sehr lohnende Beispiele dieser im besten – und durchaus auch im Fleck'schen – Sinne instrumentell produktiver ‚Verwertung‘ Flecks werden in Egloff (2005) vorgestellt. Ebenfalls, gerade in seiner hochspezifischen Thematik, sehr lesenswert ist der Artikel von Szurawitzki (2016), der versucht, Flecks Denkstil-Konzept zur Erklärung bestimmter Merkmale der Entwicklung der Zeitschriftenartikel der finnischen Sprachwissenschaft heranzuziehen. Interessant nicht nur bei diesem Artikel ist die Selbstverständlichkeit und auch Einsinnigkeit, mit der Fleck in diesem Falle bereits auf der ersten Seite als „Philosoph“ vorstellig gemacht wird. In anderen schriftlichen Abfassungen firmiert er als „Epistemologe“ oder als „Soziologe“ oder als Verfasser „detaillierte[r] medizinsoziologische[r] Arbeiten zur Entstehung und Entdeckung [sic!] ‚wissenschaftlicher Tatsachen‘“. (Keller 2013: 197) So wenig diese Charakterisierungen im strengen Sinne falsch sind, so wenig treffen

11 So lautet der deutsche Untertitel des Essays „Entstehung und Entwicklung einer wissenschaftlichen Tatsache“. (Fleck 1980 [1935])

sie jedoch jeweils ‚den ganzen Fleck', auch wenn die Autoren das mitunter suggerieren. Vielmehr halten sie an ihm fest, was an ihm interessiert, greifen bestimmte Resultate von Flecks durchaus vielfältigen und in viele Richtungen gehenden Überlegungen heraus und projizieren diese auf die Wissenschaftlerperson Fleck.

Vom spezifischen Anliegen dieser Arbeit her bietet sich ein entsprechend anderer, notabene nicht besserer oder ‚treffenderer', Zugriff auf Fleck an: Es soll wenigstens in groben Zügen nachgezeichnet werden, von welchen besonderen Ausgangspunkten innerhalb der Naturwissenschaft, genauer der Medizin, her Fleck auf seine darüber gelagerten, wissenschafts- bzw. erkenntnismethodischen Überlegungen gekommen ist. Von Relevanz ist dies schon aus dem Grund, dass ‚Ausgangspunkte' eben nicht bedeuten, dass Fleck sie ‚verlassen' im Sinne von ‚hinter sich gelassen' hätte, dass sie in seinen später entwickelten Theorien nicht mehr aufzufinden wären. Er kommt selbst oft genug auf sie zurück, kreist um sie, macht die *Ausgangs*punkte zu *Hebel*punkten, die ihm als gelerntem Mediziner und Seuchenforscher fest genug erscheinen, um daran für seine weitreichenden Thesen anzusetzen. Deutlich ist dies auch am sprachlichen Stil von Flecks Arbeiten, die ihn mit all ihren Metaphern, aber auch mit ihrer oft sehr schmucklosen, protokollarischen Art als Naturwissenschaftler ausweisen. Aufschlussreich, wenn natürlich auch nur sehr kursorisch, ist die Lektüre der kleinen ‚Stilanalyse' der Fleck'schen Metaphernwelt, die Werner/Zittel in der Einleitung (2011: 23ff.) durchführen.[12] Vielleicht erklärt sich auch ein kleiner Teil der Ratlosigkeit, die Fleck nach wie vor bei ‚echten' Geisteswissenschaftlerinnen und Geisteswissenschaftlern auslöst, durch seine nie verleugnete wissenschaftliche und berufliche Herkunft als Arzt und Epidemiologe.

1.1.1 Die Medizin in der Gesellschaft

1.1.1.1 Vorläufiges zu Fleck und die Medizin

Nicht nur als professionsbedingt intimer Kenner der Medizin interessiert sich Fleck zunächst für die Eigenheiten *seines* Faches. Mögen seine Vertrautheit mit dem medizinischen Stoff, seine Übersicht über die zeitgenössischen und bereits für ihn historischen Lehren und Konzepte der Medizin es ihm erleichtert haben, seine erkenntnis- bzw. wissenschaftstheoretischen Gedanken zu formieren, so

12 Interessant wäre in diesem Zusammenhang unter der diese Arbeit bestimmenden Perspektive sicherlich eine systematische bzw. systematisch-vergleichende Analyse des metaphorischen Stils, dessen sich Foucault bedient. Auch der bedient sich des Öfteren Metaphern, bei denen der Bildspender aus dem Bereich der Biologie bzw. Medizin stammt: Er spricht vom „Weiterwuchern des Stiles der medizinischen Sprache", von „Mutationen des Diskurses" (Foucault 1973b: 9) usw.

hält er doch auch ausdrücklich fest, dass die Medizin gerade für diese sie überschreitenden und methodisch reflektierenden Überlegungen besondere Anhaltspunkte bietet. Das hängt für Fleck mit der Stellung der Medizin im Verhältnis zu den anderen Wissenschaften einerseits, zu den anderen Sphären der Gesellschaft andererseits zusammen. Die „medizinische Tatsache" (Fleck 1980 [1935]: 2), der er sich zunächst als Historiker und Soziologe der Medizin widmet, ist praktisch von überaus großer Relevanz; dass ihre „Wichtigkeit und Anwendbarkeit nicht geleugnet werden kann" (ebd.), ist für Fleck kein bloß gefälliges Akzidens im Verhältnis zum Inhalt und zur gesamten Stoßrichtung seiner ‚Lehre'. Für ihn bedeutet dies vielmehr einen ersten Beitrag, die Erkenntnistheorie aus dem Abseits der „Weltanschauung" (Fleck 2011 [1946]: 374) herauszuholen, in welches er sie durch ihre damals wichtigen Strömungen und insbesondere in den Wiener Kreis gebracht sieht: verkommen zu einem Spekulieren, heruntergebracht auf „ein leeres Wortspiel, eine Epistemologia imaginabilis" (Fleck 1980 [1935]: 31). Zu dieser dem Leben der konkret stattfindenden Wissenschaft entfremdeten Erkenntnistheorie passt es in seinen Augen, dass seitens ihrer Vertreter nicht nur

> „mit einem symbolischen epistemologischen Subjekt operiert wird, genannt DER MENSCHLICHE GEIST, DER MENSCHLICHE VERSTAND, DER FORSCHER oder einfach DER MENSCH (JAN, SOKRATES), das keinerlei konkrete Lebenslage hat, grundsätzlich keinen Veränderungen unterworfen ist, selbst über Jahrhunderte hinweg, und, ungeachtet des Milieus und der Epoche, jeden NORMALEN Menschen repräsentiert." (Fleck 2011 [1936]: 260; Kapitälchen im Orig.)

Ebenso gehört seiner Auffassung nach dazu, dass die Protagonisten dieser Art über Wissenschaft zu theoretisieren, ihr „keinen Veränderungen unterworfen(es)" Subjekt dadurch zu schützen suchen, dass sie „fast ausschließlich uralte Tatsachen des Alltags oder der klassischen Physik als einzig sichere und der Untersuchung würdige in Betracht" (Fleck 1980 [1935]: 1) ziehen. Auf diese Weise präformieren sie den Gegenstand ihrer Untersuchung: Dadurch, dass sie nur ‚Erkenntnisse' bzw. ‚Tatsachen' in epistemologischen Augenschein nehmen, deren Alter, allgemeine Anerkennung und praktische Benützung sie von vornherein verobjektiviert und in ihrer fixen Resultathaftigkeit vom Prozess ihrer Entstehung wie von ihren menschlichen Trägern ablösen, versperren sie das, worauf es Fleck gerade ankommt: den Menschen und seine verschiedenen Existenzweisen als Akteure von ‚Tatsachen' darzustellen und nicht als passive Gegengestalten „gegenüber einer von uns unabhängigen Macht, die wir ‚Existenz' oder ‚Realität' nennen“ (Fleck 1980 [1935]: 1). Schon allein aus diesem Grund bietet es sich für seine Darlegungen an, in Absetzung von der „Epistemologia imaginabilis“ eine relativ junge, der Untersuchung ihrer sozialen und historischen Entstehungskontexte daher noch relativ einfach zugängliche Tatsache zum Gegenstand seiner Untersuchung zu machen:

> „Ich glaube also, eine ‚neuere Tatsache‘, deren Entdeckung noch nicht weit zurückliegt und die noch nicht allseitig zu erkenntnistheoretischen Zwecken ausgenützt wurde, entspreche am besten den Grundsätzen unvoreingenommener Untersuchung. Eine medizinische Tatsache [...] ist besonders brauchbar, weil sie sich historisch wie phänomenologisch sehr reich gestaltet.“ (Fleck 1980 [1935]: 2)[13]

Neben der phänomenologischen Reichhaltigkeit und historisch-genetischen Komplexität weist die Medizin ein weiteres Moment auf, dass sie für eine wissenschaftstheoretische Untersuchung, wie Fleck sie vorschwebt, prädestiniert: Medizin mit ihren Gegenständen und Aussagen, mit ihrem Wirken, ist nicht nur in größerem Maße, sondern auch in anderer Weise über den engen Kreis der Fachleute hinaus präsent. Der Gegenstand der Medizin – der Zustand menschlicher Physis und Psyche – ist von größter Intimität und zugleich hochgradig gesellschaftlich. Wie kein anderer Bereich naturwissenschaftlicher Forschung ist die Medizin immer auch der genuine Gegenstand populärer Auffassungen, weil unmittelbar physischer Betroffenheit von menschlichen Individuen oder Gruppen. Medizin befindet sich deutlicher als andere Wissenschaften im wahrsten Sinne des Wortes *in Gesellschaft*:

> „Es gab eine mächtige soziale Stimmung für Syphilisprobleme, die durch alte, vorwissenschaftliche Ideen hervorgerufen war: erstens durch die Idee der Syphilis als ethisch betonter Lustseuche, zweitens durch eine hartnäckig nach Realisierung verlangende Idee der syphilitischen Blutveränderung. Der Nachdruck, die Bedeutung, die Entwicklungskraft, die durch die spezielle moralische Betonung der Syphilis der Forschung gegeben wurden, sind nicht hoch genug einzuschätzen.“ (Fleck 1980 [1935]: 102)

13 An anderer Stelle hebt er einen anderen Aspekt hervor: „Um einen uns fremden alten Denkstil mit den heutigen wissenschaftlichen zu vergleichen, sind ärztliche Schriften, besonders anatomische oder physiologische sehr geeignet, denn sie sind unserem Verständnisse weniger fern als die alten physikalischen oder chemischen, die uns sehr unverständlich geworden sind.“ (Fleck 1980 [1935]: 168)

Als Gegenprobe dazu bemüht Fleck kurz das Gedankenspiel, sich einen solchen sozialen Auftrieb für Pemphigus[14] vorzustellen, was er freilich sofort als unrealistisch verwirft, denn

> „[...] sie ist eine sozial unwichtige Krankheit. Es ließen sich keine Kliniken, keine erfahrenen Leiter, keine begeisterten Assistenten, keine öffentlichen Fonds dafür finden; keine gemeinschaftlichen Diskussionen, kein Wettkampf, keine öffentliche Anerkennung förderten die Forschung. Im Innern eines Forscher entstünde nie die nötige Hochspannung, das Gefühl der überragenden Wichtigkeit seiner Arbeit." (Fleck 1980 [1935]: 3)

An seuchenhaften Krankheiten lässt sich also die oben charakterisierte Gemengelage in potenzierter Form studieren, denn bei ihnen stellt das individuelle Betroffensein von vornherein das bloß einzelnes Atom eines *a priori* sozialen Phänomens dar. Aus der umgekehrten Blickrichtung formuliert es Vasold: „Wo es um die Geschichte von Gesellschaft, Wirtschaft oder Mentalität geht, müssen die Seuchen behandelt werden." (Vasold 2008: 10) Wir werden darauf weiter unten ausführlich zu sprechen kommen. Und noch einmal verstärkt sich diese Sozialität des Physischen bei der von Fleck nicht umsonst exemplarisch ausgewählten Syphilis:

> „Die religiöse Lehre von der Krankheit als Strafe für die sündige Lust und von der besonderen ethischen Bedeutung des Coitus fixierten vollends diesen Grundpfeiler der Syphilidologie und gaben ihm einen speziellen ethisch betonten Charakter." (Fleck 1980 [1935]: 5)

Was sich an der Syphilis wie unter einem Vergrößerungsglas zeigt, ist also das für die Medizin typische, unmittelbare und unmittelbar wahrnehmbare Verwobensein ‚harter' naturwissenschaftlicher ‚Fakten' mit Vorstellungen, die die Gesellschaft auf der Ebene ihres ethischen Selbst- und Weltverständnisses generiert. Gerade in diesem Bereich sind – wie weiter unten zu entwickeln sein wird – eine Anzahl der ‚losen Fäden' zu finden, die sich dann mit den Strängen allgemeiner Wissenschafts- und Wissens- sowie schließlich einer übergreifenden Diskurstheorie verknüpfen lassen.

14 Pemphigus ist eine bullöse Dermatose (blasenbildende Hautkrankheit). Zur näheren Klassifizierung vgl. WHO ICD-10 (Version 2013), Kapitel XII, L. 10.

1.1.1.2 Vorläufiges zu Foucault und Medizin

Natürlich drängt sich bereits hier der erste Vergleich zu Foucault auf, der seinerseits intensiv mit der historischen Rekonstruktion medizinischer Denk-, Darstellungs- und Organisationsweisen befasst war. Freilich ist Foucaults Bezug auf die Medizin von anderem Wesen als der Flecks. Wo Fleck sich in die Detailfragen medizinischer Begriffsbildungen und Beobachtungen, Organisations- und Publikationsweise vertieft, um daraus Schritt für Schritt seine Lehre vom Denkstil herauszudestillieren, da rahmt Foucault als Philosoph des Diskurses seine nicht minder detailverliebte Untersuchung in die für ihn typischen weit dimensionierten Horizonte der Methoden- und Ideengeschichte. Tatsächlich gilt vielen sein Werk „Die Geburt der Klinik. Eine Archäologie des ärztlichen Blicks" als einer der entscheidenden Marksteine der Entwicklung und Entfaltung seiner ‚Theorie', die sich der Charakterisierung als *eine* Theorie doch so beharrlich entzieht. Von einem philologischen Standpunkt fällt zuerst die Gemeinsamkeit mit Flecks „Entstehung und Entwicklung einer wissenschaftlichen Tatsache" auf, dass auch „Die Geburt der Klinik" sich einen sehr begrenzten Untersuchungsrahmen steckt: Das Werk widmet sich der Entwicklung der Medizin in Frankreich – der damals führenden Nation auf diesem Gebiet. Foucault bekennt selber: „Seine historische Basis ist schmal, handelt es doch nur von einem halben Jahrhundert der Entwicklung der medizinischen Beobachtung und ihrer Methoden." (Foucault 1973b: 206)[15] Für Sarasin (2012) gilt „Die Geburt der Klinik" als das Werk, mit dem Foucault – parallel zu seiner Arbeit über Raymond Roussel – seine Diskursanalyse begründet hat (vgl. 40–69). Foucault selber rahmt seine Untersuchung des „medizinischen Diskurses" in verschiedene, verschieden weit gefasste Anliegen; zum Abschluss seiner „Vorrede" heißt es: „Es handelt sich hier – wie auch in anderen Arbeiten – um eine Studie, die versucht, in den Schichten des Diskurses die Bedingungen seiner Geschichte bloßzulegen." (Foucault 1973b: 17) Wir werden weiter unten noch einmal darauf zu sprechen kommen, denn in diesem lapidaren Satz scheinen doch einige wesentliche Züge von Foucaults nie systematisch oder gar endgültig formulierten Vorstellungen vom Diskurs sowie den Möglichkeiten, Aufgaben und Grenzen seiner Analyse auf. So viel scheint klar: Medizin interessiert Foucault *als* Diskurs bzw. als Gesamtheit aller seiner Bedingungen, mag man sie selber als diskursiv oder nicht-diskursiv ansehen. Und deutlich wird auch, dass er ‚Diskurs' als Gegenstand einer wissenschaft-

15 Foucault befasst sich mit dem Zeitraum zwischen 1770 und 1820, also der Periode, in deren Mitte die französische Revolution von 1789 fällt, die er, wie er in dem Buch darlegt, für eine entscheidende Bedingung der Neuformierung der französischen Medizin hält.

lichen Studie in die Geschichte legt, in der Geschichte anlegt – Diskurs *hat* Geschichte, er *ist* Geschichte. Und das heißt konkret, dass es historisch

> „einer Reorganisation des ganzen Spitalbereichs, einer neuen Definition der Stellung des Kranken in der Gesellschaft und der Herstellung eines bestimmten Bezuges zwischen der Fürsorge und der Erfahrung, zwischen dem Helfen und dem Wissen" (Foucault 1973b: 206)

bedurfte. Auch wenn wir uns dem nicht in aller Ausführlichkeit widmen, sei hier erwähnt, dass Foucault nicht nur die *Bedingungen* von Medizin in der Geschichte verortet. Dieser Historizität der Bedingungen des Medizinischen entsprechend sieht er auch Methoden, z. T. sogar ihre Objekte als historische Wesenheiten. Wieder sind es hier – wie bei Fleck – die Epidemien, an denen sich der Übergang aus dem bloß Disziplinären humanbiologischer bzw. -pathologischer Forschung am stärksten aufdrängt: „[…] die Epidemie hat eine Art historischer Individualität" (Foucault 1973b: 14) und ist ihrem Wesen nach ein soziales, gar politisch-administratives Phänomen, weshalb über „die *herrschende* Krankheit ebenso wie über die medizinische *Topographie ihres Kantons*" (Foucault 1973b: 41, Hervorheb. von mir, B. R.), nicht einfach medizinische Fachleute, sondern politische und polizeiliche Behörden im Bilde zu sein haben: „Es kann keine Medizin der Epidemien geben, die nicht durch eine Polizei ergänzt wird […]" (Foucault 1973b: 41f.).

Darin kann man, wenn man will, eine Parallele zu Fleck erkennen, der auf seine Weise die Medizin deutlicher erfahrbar als andere Disziplinen der Wissenschaft für in der Geschichte, ihren jeweiligen Zuständen und Entwicklungen eingesenkt und durch sie bestimmt hält. Zu dieser Sicht auf die Medizin äußert sich Foucault ausdrücklich:

> „If, concerning a science like theoretical physics or organic chemistry, one poses the problem of its relations with the policital and economic structures of society, isn't one posing an excessively complicated question? Doesn't this set the threshold of possible explanations impossibly high? […] It was the same question which I wanted to pose concerning medicine in *The Birth of the Clinic*: medicine certainly has a much more solid scientific armature than psychiatry, but it too profoundly enmeshed in social structures." (Foucault 1976b: 140f.)

ven überhaupt genommen hat. Auch bezogen auf die sachlichen Resultate ist zu konstatieren, dass die diskurslinguistisch angelegte Untersuchung des Themas „massenmedialer Seuchendiskurs über die Vogelgrippe" in einigen wesentlichen Punkten von Fleck vorweggenommen wird: Die konkrete Gestalt der „strukturellen Invarianz" von Seuchendiskursen stellt sich als Konstruktion der Bedrohung durch einen Feind dar, als Auseinandersetzung mit der Gefahr oder dem Vollzug einer Invasion. Was hier bezogen auf das Kollektiv, das ‚Wir', welches überhaupt in Abgrenzung zu ‚dem Virus' seine Konturen erhält, konstruiert wird, erkennt und kritisiert Fleck als Denkweise der Epidemiologie seiner Zeit bezogen auf das Verhältnis von menschlichem Organismus und Mikrobe:

> „Ihm liegen die Vorstellungen vom Organismus als einer in sich abgeschlossenen Einheit und vom eindringenden feindlichen Erreger zu Grunde. Der Erreger produziere eine böse Wirkung (*Angriff*), der Organismus antworte darauf mit einer Reaktion (*Verteidigung*). So entstehe ein Kampf, der das Wesen der Krankheit bilde. Solche primitiven Kampfbilder durchtränken die ganze Immunitätswissenschaft. Diese Auffassung entstammt dem alten Mythus von Krankheitsdämonen, die den Menschen überfallen. Der Dämon wurde zum Erreger, es blieben der Kampf und die Überwindung, oder das Unterliegen der ‚Ursache' der Krankheit. So lehrt man noch heute." (Fleck 1980 [1935]: 79; Kursivsetzung im Original)

Niemand wird mehr ermitteln können, wie optimistisch oder pessimistisch hinsichtlich der Weiterentwicklung der „Vorstellungen vom Organismus [...] und vom feindlichen Erreger" Fleck zum Zeitpunkt der Abfassung seiner Bestandsaufnahme war. Zu konstatieren ist jedoch, dass der im konkreten Kontext ziemlich fassungslos klingende Satz „So lehrt man noch heute" auch ein Dreivierteljahrhundert danach zumindest nicht ganz obsolet geworden ist. Die Durchdringung medizinischer Vorstellungen von agonalen Kategorien- und Vorstellungssystemen ist zumindest im Bereich ihrer ‚exoterischen' Zirkulation[17] so aktuell denn je. So argumentiert z. B. das populärwissenschaftliche Werk von Eberhard-Metzger/Ries/Kurth „Die Macht der Seuchen" (2002) durchgehend nach diesem Muster; ein Blick ins Inhaltsverzeichnis des Buches, das immerhin ein Vorwort des seinerzeitigen Präsidenten des Robert-Koch-Institutes enthält, soll genügen: Die Überschriften für Kapitel und Unterkapitel lauten u. a. „Eine

17 Zu Flecks Kategorien des esoterischen und exoterischen Kreises von Denkkollektiven siehe Fußnote 4 dieser Arbeit.

tickende Zeitbombe", „Blinde Passagiere", „Harmlos bis tödlich", „Karrierehilfen für Mikroben", „Fahndung nach dem Rätselkeim".[18]

Das heißt aber umgekehrt auch, dass man Fleck im Sinne des für diese Arbeit formulierten Anspruchs wohl nur dann gerecht wird, wenn man, ihm folgend, zunächst die einzelnen kleinen Bausteine zusammenträgt, aus denen sich dann die theoretischen Gebilde der nächstgrößeren Art ergeben, dass man die Prämissen erst einmal wenigstens zur Kenntnis nimmt, um die Plausibilität der induktiven Schlüsse nachvollziehen – oder verwerfen – zu können, die Fleck aus ihnen zieht. Die Herausgeber von „Denkstile und Tatsachen" (2011), Werner und Zittel, halten diese Besonderheit sogar für einen der Gründe dafür, dass Flecks einschlägige Monographie „Entstehung und Entwicklung einer wissenschaftlichen Tatsache" (1980 [1935]) zu den ihrer Meinung nach „wirkmächtigsten Klassikern der Wissenschaftstheorie" (Werner/Zittel 2011: 11) gehört:

> „Was Fleck nicht nur für die gegenwärtige Wissenschaftsforschung, sondern überhaupt für jede Form der historischen wie systematischen Beschäftigung mit Wissenskulturen besonders attraktiv macht, ist, daß bei ihm die kulturelle Einbettung von Wissenschaft nicht an diese von außen herangetragen wird, sondern aus dem Herzen der Naturwissenschaft selbst kommt. Es faszinieren seine materialgesättigten, dichten Beschreibungen [...]." (ebd.)

Für uns soll dies bedeuten: Auch und gerade vor dem Hintergrund, dass alle Aussagen Flecks über die Medizin, die Epidemiologie und ganz speziell die Syphilisforschung und die Bemühungen um adäquate Nachweismethoden schon von ihm darauf gemünzt sind, aus ihnen weitergehende Aussagen zu folgern, und wenn sie auch nur in diesem Sinne hier auftauchen, so erspart dies doch nicht, den Beginn eben dabei zu nehmen, was die Medizin dem *methodischen* Betrachter – und nicht nur den Interessierten an „Erkenntnistheorie und Geschichte der Medizin"[19] – für ein Bild darbietet. Es wird sich zeigen, dass diese Vorgehensweise

18 Der wissenschaftlichen Redlichkeit halber muss aber erwähnt werden, dass im Schlussabschnitt dann doch noch auf das Moment der ‚Koexistenz' von „Mensch und Mikrobe" – so die Kapitelüberschrift – eingegangen und diese evolutionsbiologisch erläutert wird. Vgl. Eberhard-Metzger/Ries/Kurth 2002: 177–180.

19 Moritz Schlick, exponierter Vertreter des seinerzeit einflussreichen logischen Empirismus des Wiener Kreises hat in seinem Antwortschreiben an Fleck, mit welchem er auf dessen Bitte reagiert hat, sich bei der Veröffentlichung des Manuskripts „Entstehung und Entwicklung einer wissenschaftlichen Tatsache" behilflich zu zeigen, geschrieben: „Ich bin gern bereit, das Buch zu empfehlen, es müßte aber außerdem unbedingt noch ein medizinischer Sachverständiger als Begutachter hinzutreten, denn zweifellos kommen als Leser für die Schrift in erster Linie solche in

auch die Schwierigkeit beseitigt, die in der Frage liegt, was der ‚Mediziner' Fleck mit Philosophie, was der ‚Historiker' Fleck mit Linguistik, was der ‚Medizinsoziologe' Fleck mit Diskurswissenschaft usw. zu tun hat. Erstens finden sich bei Fleck immer wieder selbst explizite Hinweise, Analogien, Übergänge, die seine dem Geschehen medizinischer Forschung und Publikation entnommenen Gedanken unmittelbar – mitunter sogar schroff anmutend – ins Verhältnis zu geisteswissenschaftlichen Disziplinen setzen. Zweitens aber halten wir es, wie bereits erwähnt, für durchaus in Flecks Sinn, seine Ausführungen bewusst mit dem *Blick* der geisteswissenschaftlichen Disziplin(en) zu begutachten, um die es uns hier geht: der Diskurswissenschaft, v. a. in ihrer diskurslinguistischen Variante. Wenn Sylvia Berger in ihrem Aufsatz zu spezifischen Beharrungstendenzen bakteriologischer Denkstile schreibt

> „Ob Fleck in diesem Zusammenhang auch an Metaphern als Elemente eines Wissensbestandes gedacht hat, welche einen Einfluss auf das gerichtete ‚Gestaltsehen' ausüben, kann an dieser Stelle nicht abschliessend beantwortet werden. Liest man seine Ausführungen zur Bedeutung der im Wissensbestand eines Denkstils aufbewahrten und reproduzierten unklaren ‚Urideen', so liegt der Gedanke an Metaphern nahe. Flecks epistemologisches Denken soll indes nicht allzu stark metapherntheoretisch vereinnahmt werden." (Berger 2005: 75),

dann hätte Fleck ihr diese Angst ungerechtfertigter Vereinnahmung sicher mit dem Hinweis nehmen können, dass die Produktivität wissenschaftlicher Ideen überhaupt darin liegt, von später oder anderswo entwickelten Ideen ‚vereinnahmt' zu werden.

1.1.2 Medizin: Die Suche nach den Regeln des Regellosen

Beginnt man die Suche nach den losen Enden, den „herauszulösenden Fäden" (vgl. Foucault 1973b: 210) also zunächst ganz im Innern der Medizin, so stößt man zunächst auf einige Besonderheiten, die sowohl den Gegenstand wie auch die spezifischen Anliegen und Methoden des Faches betreffen.

> „Der Gegenstand ärztlicher Erkenntnis selbst unterscheidet sich im Grundsatz vom Gegenstand naturwissenschaftlicher Erkenntnis. Wäh-

Betracht, die sich für die Erkenntnistheorie und Geschichte der Medizin interessieren." (Schlick in: Fleck 2011: 563)

rend der Naturwissenschaftler typische, normale Phänomene sucht, studiert der Arzt gerade die nichttypischen, nicht normalen, krankhaften Phänomene." (Fleck 2011 [1927]: 41)

Fortschritt der medizinischen Wissenschaft besteht daher darin, Ordnung gerade in die Phänomene zu bringen, die sich der biologischen Ordnung des ‚Gesunden' nicht subsumieren lassen. Schon an dieser Stelle formuliert Fleck für die Medizin, was er später als Charakteristikum jedes Denkstils bestimmt, durch welches sich dieser von allen anderen Denkstilen unterscheidet: Weniger die gefundenen Antworten, auch nicht in erster Linie das ‚Materialobjekt', sondern wegen des bestimmten ‚Formalobjekts'[20] die je eigene Art Fragen zu stellen prägen dieses Charakteristikum:

„Auf welche Weise ist ein Gesetz für nicht gesetzmäßige Phänomene zu finden? – so lautet die grundsätzliche Frage des ärztlichen Denkens. Wie sind sie zu erfassen, und was für Zusammenhänge sind anzunehmen, um einen rationalen Bereich zu erhalten?" (Fleck 2011 [1927]: 41)

Hieraus ergeben sich eine Reihe von Konsequenzen: Der Bereich der möglicherweise interessanten und relevanten Phänomene ist groß, jedenfalls ist er *per definitionem* nicht überschaubar: Es gehört ja potenziell alles dazu, was nicht ‚gesund', also nicht im Rahmen ‚gesunder' individueller Abweichungen taxierbar ist. Die erste Schwierigkeit besteht also darin, „nach Typen unter Phänomenen zu suchen, die ursprünglich gerade als atypisch erscheinen" (Fleck 2011 [1927]: 41), und es zeigt sich sofort: „nirgends trifft man wirklich ein zweites Mal auf dasselbe Krankheitsbild" (Fleck 2011 [1927]: 41). Dieses ‚innere Chaos' des in Betracht kommenden Gegenstandsbereiches korrespondiert mit einer ebenso wenig deutlichen oder eindeutigen Abgrenzung zu den Phänomenen, die *per definitionem* nicht dazu gehören: Der Arzt trifft

„sofort auf einen gewaltigen Reichtum und Individualität dieser Phänomene, die die Vielheit ohne klare, abgegrenzte Einheiten begleiten, voller

20 Die Termini ‚Materialobjekt' und ‚Formalobjekt' werden hier und an den anderen Stellen der Arbeit, an denen sie auftauchen, in der folgenden Bedeutung gebraucht: „Die Wissenschaft [...] diene dazu, unter einer bestimmten Rücksicht Erkenntnisse über einen bestimmten Gegenstandsbereich zu gewinnen und zu ordnen. Diesen Gegenstandsbereich bezeichnet man als Materialobjekt, die jeweilige Rücksicht als Formalobjekt der Wissenschaft." (Keller 2006: 41)

Übergangs- und Grenzzustände. Es gibt keine genaue Grenze zwischen dem, was gesund ist, und dem, was krank ist […].“ (Fleck 2011 [1927]: 41)

In dieser doppelten Eigenheit des medizinischen Materialobjekts sieht Fleck den Grund für die ersten entscheidenden Spezifika des medizinischen Denkens, denn „diese unerhört reiche Vielheit immerfort anderer und anderer Varianten muß gedanklich bezwungen werden, denn dies ist die Erkenntnisaufgabe der Medizin“ (Fleck 2011 [1927]: 41). Man achte auf die scheinbar kleine Verschiebung des Akzents, die sich bereits hier abspielt: Wenn Fleck eingangs des Absatzes schreibt, dass das „ärztliche Wissen […] zum Entstehen eines spezifischen Stils geführt“ (Fleck 2011 [1927]: 41) hat, so hält er nur wenige Zeilen weiter unten fest, dass sich das Materialobjekt eben nicht ‚als solches‘ dem Subjekt aufdrängt, sondern dass davon höchstens dann zu sprechen ist, wenn man sich zugleich gewahr wird, dass es dafür ein ganz bestimmtes subjektives *Interesse an* diesem Objekt braucht, was er noch einmal deutlicher weiter unten so charakterisiert: „Die Aufgabe der Medizin ist, in diesem ursprünglichen Chaos[21] irgendwelche Gesetze, Zusammenhänge, irgendwelche Typen höherer Ordnung zu finden.“ (Fleck 2011 [1927]: 42) Es ist also keineswegs die unhintergehbare Macht des Objekts, sondern die „Erkenntnisaufgabe der Medizin“, die es nötig macht, Ordnung in das Chaos der „unerhört reichen Vielheit“ zu bringen. Schon hier setzt Fleck also dazu an, ein einsinnig gerichtetes Verständnis von der Relation zwischen Subjekt und Objekt der Forschung zu überwinden. Er macht im praktischen Interesse und Selbstverständnis der Medizin den entscheidenden Grund dafür aus, dass sie eben so und nicht anders vorgeht – eben weil sie sich ihrer Aufgabe inne und der Möglichkeit, diese erfolgreich zu bewältigen, sicher ist. Das trägt sie ihrem Objekt an – und dazu ‚*macht*‘ sie es. Nicht zufällig benutzt Fleck in diesem Zusammenhang häufig Wörter, die dieses Moment des aktiven Handelns, des im strengen Sinne des Wortes Kreativen betonen, so dass tatsächlich von Forschungs*tätigkeit* gesprochen werden kann und muss. So heißt es bei ihm nicht etwa, dass medizinische Forschung bzw. „das ärztliche Denken“ die objektiv gegebene Typologie der Krankheiten bloß (auf-)finden müsse, sondern:

21 Es ist, nebenbei bemerkt, auffällig, wie häufig Fleck insbesondere in „Entstehung und Entwicklung einer wissenschaftlichen Tatsache“, aber auch in den Aufsätzen in „Denkstile und Tatsachen“ die Formulierungen „Chaos“, „chaotisch“ gebraucht. Wir werden darauf an den entsprechenden Stellen eingehen. Lohnend, im Rahmen dieser Arbeit aber nicht zu bewältigen, wäre wahrscheinlich im Zuge einer weiteren Fleck-Rezeption, den Nuancen und dem Stellenwert des Konzepts von „Chaos“ für seine Denkstil-Konzeption gesondert nachzugehen.

„Diese Typen, diese idealen, fiktiven Bilder, Krankheitseinheiten genannt, um die sich so individuelle und veränderliche Krankheitsphänomene gruppieren, ihnen aber nie völlig entsprechen, *schafft* das ärztliche Denken auf der einen Seite durch spezifisches, weitgehendes Abstrahieren, d. h. das Verwerfen einiger beobachteter Daten, auf der anderen Seite durch das ebenfalls spezifische Aufbauen von Hypothesen, d. h. durch das Vermuten nicht beobachteter Zusammenhänge." (Fleck 2011 [1927]: 42; Hervorheb. von mir, B. R.)

Sehen wir einstweilen noch von den hier schon angesprochenen Aspekten des medizinischen Beobachtens ab, so bleibt der andere von Fleck umrissene Aspekt dessen, was er „ärztliches Denken" nennt: Der praktische Anspruch der Medizin zu heilen gebiert den Anspruch, der Krankheiten zunächst theoretisch habhaft zu werden, d. h. sie in „einen rationalen Bereich" (Fleck 2011 [1927]: 42) zu verschieben, und das wiederum generiert ein Apriori eigener Art: Krankhafte Phänomene müssen sich eindeutig von gesunden Varietäten unterscheiden und untereinander typisieren lassen; hier sieht Fleck den Ausgangspunkt für die Affinität der Medizin zur Statistik, wobei sich Fleck nicht scheut, darin ohne große Umstände eine spezifische Gemeinsamkeit der Medizin mit der Soziologie zu konstatieren:

„Die Rolle der Statistik in der Medizin ist enorm. Allein zahlreiche, sehr zahlreiche Beobachtungen entfernen die Individualität dessen, was krankhaft ist, und in komplizierten Bereichen wie der Pathologie oder der Soziologie, [sic!] ist das individuelle Merkmal mit dem Zufall identisch und muß entfernt werden." (Fleck 2011 [1927]: 42)[22]

Auch an solchen Stellen wird *en passant* deutlich, was bereits in den einleitenden Zeilen dieses Abschnitts erläutert worden ist: dass Flecks ausgängliche Konzentration auf die Medizin und dann auch andere *Natur*wissenschaften von Beginn an eben keiner Borniertheit im Sinne eines unproduktiv verengten Blicks über den eigenen ‚disziplinären Tellerrand' geschuldet ist, und seine – weiter unten nachzuzeichnende – Konzeption von den gegeneinander relativ geschlossenen Stilen z. B. geisteswissenschaftlicher und naturwissenschaftlicher Kollektive nicht

22 Für Foucault ist der Einzug der Statistik in den Bereich der Medizin gleichfalls mehr als eine bloß technische Methodenfrage. Er liest daran eine mit dem 18. Jahrhundert sich völlig neu entwickelnd Stellung der Medizin zum Menschen und zu den Krankheiten und, damit verbunden, ein neues Verständnis der Medizin von sich selbst ab. Mehr dazu im Abschnitt 1.1.3.1 dieser Arbeit.

bedeutet, dass ein methodischer Beobachter und Protokollant beider nicht neben den offensichtlichen Unterschieden und Inkommensurabilitäten auch Gemeinsamkeiten herausarbeiten und somit ein allgemeines System von Aussagen über wissenschaftliches Denken und erkennendes Denken überhaupt herausarbeiten könnte.

Was uns hier aber vor allem interessiert, ist der Umstand, dass sich Forschung als *Tätigkeit* durchaus auch in der Bedeutung *schaffender* Tätigkeit erweist: Sie formt sich ihr Objekt gemäß dem Interesse, das dessen Erfüllung ihr als ‚Aufgabe' gilt. Dazu gehört bei der Medizin zuvorderst die Schaffung einer Ordnung des Anormalen, und das wiederum schließt die Schaffung der beiden Grundbereiche ‚*gesund*' und ‚*krank*' ein. Die Grenzen zwischen beiden Seiten sind fließend, und so „können wir", wie Fleck „als Arzt weiß", „Normalität von Anormalität nicht exakt unterscheiden; das Anormale ist oft nur eine Steigerung des Normalen" (Fleck 1980 [1935]: 52); wo es auf die Festigkeit des Unterschiedes ankommt, da ist diese das Produkt des Willens zur Fixierung.

Wie wenig sich diese Unterscheidung ‚vom Objekt her' aufdrängt, wie sehr sie umgekehrt Produkt des forschenden Interesses ist, zeigt sich nicht nur daran, dass trotz aller individuellen Unterschiede für den Mediziner keine *Gesundheiten* im Plural existieren und umgekehrt die Einzahl von *Krankheit* als umfassender Allgemeinheit aller *Krankheiten* medizinisch ebenfalls nicht von Belang, nämlich weder forschungs- noch therapierelevant ist. Daraus speist sich nach Hucklenbroich die ‚Offenheit des Krankheitsbegriffs': Die Unterscheidung zwischen ‚gesund' und ‚krank' kann nicht *als solche* am Objekt festgemacht werden, sondern bedarf Kriterien, die sich Hucklenbroich zufolge darin zusammenfassen lassen, dass ein Lebensprozess oder -zustand dann „pathologisch [ist], wenn er lebensbedrohlich ist, wenn er mit Schmerz oder Leiden verbunden ist, wenn er eine körperlich-seelische Behinderung darstellt, wenn er mit Unfruchtbarkeit einhergeht oder wenn er das soziale Zusammenleben mehr als vermeidbar beeinträchtigt." (Hucklenbroich 2006: 6)

Nicht nur, *dass* es überhaupt äußere Kriterien braucht, sondern auch die Beschaffenheit dieser Kriterien zeigt, wie wenig das Konzept Krankheit, um das herum sich die Medizin aufbaut und strukturiert, eine ‚objektive' Tatsache, eine den Objekten medizinischer Forschung anhaftende ‚positive Eigenschaft' ist: Alle genannten Kriterien sind ihrer Natur nach nicht nur in historisch langen, sondern auch in durch ein Individuum überblickbaren Zeiträumen wandelbar, ebenso wie sie sogar synchron, nämlich abhängig von Ort, Kultur, sozialer Stellung variieren können. Es verwundert also wenig, dass, „gar nicht so leicht zu sagen [ist], worin die Gemeinsamkeit aller pathologischen Phänomene besteht"

(Hucklenbroich 2006: 5). Hinzu kommt, dass der allgemeine Krankheitsbegriff auch von der Seite des Begriffes von ,*Gesundheit*' keine eindeutige Begrenzung erfährt, ergibt sich der Gesundheitsbegriff doch selber negativ aus dem allgemeinen Krankheitsbegriff. Dazu noch einmal Hucklenbroich:

> „Der allgemeine Krankheitsbegriff läßt sich also mit Rekurs auf das genannte Kriteriensystem in positiver Weise fassen und formulieren. Im Gegensatz dazu gibt es keine positive medizinische Fassung des Gesundheitsbegriffs. Dieser wird vielmehr nur negativ, als Abwesenheit von Krankheit(en) oder krankhaften Veränderungen, definiert. [...] Dies bedeutet aber auch, daß der Krankheitsbegriff selbst an seinen Rändern ,offen' ist, da er nicht durch einen positiv definierten Gesundheitsbegriff eingeschränkt und fixiert wird: In dem Maße, in dem sich die zur Krankheitsdefinition bzw. in den Krankheitskriterien verwendeten Begriffe (wie ,Tod', ,Leiden', ,Behinderung') als variabel und interpretierbar erweisen, wird auch der Krankheitsbegriff interpretierbar und veränderlich." (Hucklenbroich 2006: 7)

Bemerkenswert daran ist nicht zuletzt, dass Mediziner von diesen Kriterien ausgehen, sie aber selbst diese, wenn überhaupt, höchstens *neben*, aber nie *in* ihrer eigentlichen therapeutischen oder forschenden Tätigkeit thematisieren, dass also die Leistung der Medizin, den Unterschied zwischen ,gesund' und ,krank' selber erst zu stiften, ebenso unausgesprochen bleibt wie die Voraussetzungen bzw. Implikationen, auf denen sie beruht. Medizinische Wissenschaft erweist sich damit als System von Gesagtem bzw. Geschriebenem, das seine Schlüssigkeit wesentlich aus dem bezieht, was innerhalb ihres Rahmens von den Beteiligten akzeptiert, aber eben *nicht* gesagt oder geschrieben wird. Insofern findet sich auch bei der Medizin eines der Hauptprobleme, mit der sich Diskurswissenschaft seit jeher beschäftigt und das sich nach wie vor zu einer der Hauptscheidelinien zwischen den unterschiedlichen diskurstheoretischen ,Schulen' führt: Wie ist das Verhältnis von sprachlich manifesten Äußerungen und Nicht-Geäußertem beschaffen? Hat Diskurs, die wie auch immer beschaffene ,Summe' wahrnehm-, aufzeichen- und rekonstruierbarer schriftlicher und/oder mündlicher Äußerungen, nichtdiskursive Bedingungen? Oder ist wegen seiner Wirkung auf und Eingebettetsein in den sprachlich manifesten Diskurs auch das Nichtgesagte und Nichtgeschriebene Teil des Diskurses?

Dieses Mitschwingen der nicht thematisierten Grundlage von Kriterien der Abgrenzung und Beschreibung ist folgenreich auch da, wo es scheinbar nur noch um Detailfragen der Isolierung von Krankheitssymptomen und Krankheitseinheiten (Krankheitsbildern) geht: Wo die Definition der Krankheit sich solchen wie den genannten Kriterien verdankt, da wird die Eingrenzung eines Krankheitsbildes schnell an den Konsequenzen in Bezug auf diese Kriterien festgemacht, was sich auf einem weiter entwickelten Stand der Forschung dann oft nicht mehr aufrechterhalten lässt. Seiner Leserschaft führt Fleck diese medizinische Problematik als *sprachliche Besonderheit* vor:

> „Nirgends außerhalb der Medizin gibt es so viele *Pseudo*- und *Para*-Bestimmungen, z. B. *Typhus – Paratyphus*; *Psoriatis – Parapsoriatis*; *Vaccine – Paravaccine*; *Anämie – Pseudoanämie*; *Pseudobulbärparalyse*, *Pseudokrupp* [...]." (Fleck 2011 [1927]: 43; Kursivsetzung im Original)

Was hier beispielhaft deutlich wird, ist etwas, was wir mangels eines besseren Ausdrucks als die „philologisch-sprachwissenschaftliche Intuition" Flecks bezeichnen wollen. Ohne große Überleitung, wahrscheinlich oft ohne ausdrückliche Absicht – eben intuitiv – kommt Fleck im Zuge seiner Überlegungen zu Reflexionen über Sprache, ihren Gebrauch, ihre Rolle bei der Entstehung, Vermittlung und Transformation von Wissen und daher auch bei der *posthoc* Rekonstruktion vergangener, in diesem Sinne also ‚fremder' Wissenstatbestände. Eine systematische Darlegung dieses Themas bzw. Themenumkreises liegt von ihm nicht vor; gleichwohl lassen sich seine Positionen und ‚Ahnungen' dazu teilweise erschließen, denn über seine Schriften verteilt liefert er doch eine Reihe von Aussagen hierzu. Das Beispiel selber wird uns weiter unten noch einmal begegnen, wenn es darum gehen wird, wie Sprache als Bedingung der Möglichkeit und Medium denkstiltypischer Beharrungstendenzen fungiert; „Pseudo"- und „Para"-Bildungen sind ein von Fleck mit traumwandlerischer Intuition angeführtes Beispiel dafür, wie mit Sprache die Differenz neuen Wissens zu vorgängigem Wissen unter Beibehaltung des alten als immer noch gültige Prämisse des neuen bewerkstelligt werden kann.

Doch kommen wir zurück zur Spezifik der Medizin, die sich in diesem spezifischen sprachlichen Muster der „Pseudo"- und „Para"-Bildungen äußert. Diese Besonderheit der Medizin, dass sie Ordnung ins „Chaos" der Abweichungen bringen will, ist andererseits – und hier liegt wiederum einer der Ausgänge aus der Medizin – bloß die Besonderung eines bei weitem nicht bloß die Medizin, geschweige denn innerhalb der Medizin die Lehre von den Krankheitseinheiten betreffenden allgemeinen Charakters theoretischer Annäherung an den „gewaltigen Reichtum der Phänomene". Inzwischen kann es als Allgemeinplatz gelten, dass z. B. die Einteilungen innerhalb der belebten Materie nicht nur bzw. noch nicht einmal im Wesentlichen der nomenklatorische ‚Nachvollzug' des Gegebenen darstellen, sondern Resultate des Willens zur Ordnung im Chaos; entsprechend fließend, veränderlich sind diese Taxonomien. Es ist daher zum einen nicht erstaunlich, dass dies ein nachgerade populäres Beispiel für die ‚ordnende Funktion' des Diskurses bzw. umgekehrt das diskursive Wesen scheinbar natürlicher Ordnungen ist. Pars pro toto sei hier Mills zitiert:

> „[...] Veränderungen der Grenzen zwischen Tierreich und Pflanzenreich [...], die zu unterschiedlichen historischen Zeiten jeweils unterschiedlich gezogen wurden. Im 19. Jahrhundert wurden die Bakterien zur Kategorie der Tiere gerechnet, während sie heute als eigene Kategorie gelten. Eine Reihe von Organismen, beispielsweise Algen, Kieselalgen oder andere Mikro-Organismen, sind sogar von einer Kategorie in eine andere verschoben worden." (Mills 2007: 55)

Was – andererseits – dann doch überraschen kann, ist der Umstand, dass auch eine ansonsten instruktive, auf eine sehr umfangreiche Literaturbasis gestützte Arbeit wie Mills (2007) einführende Monographie ohne jeden Bezug und auch im Literaturverzeichnis ohne jeden Verweis auf Fleck auskommt, der bereits 67 Jahre vor Mills (und 77 Jahre vor dem Erscheinen der deutschen Übersetzung) konstatiert hat:

> „Auf diese Weise verliert der Begriff der Art bereits in komplizierteren Bereichen der Botanik seinen ursprünglichen natürlichen Charakter und wird konventionell. Wir können nicht mehr über die Arten als eine objektive Eigenschaft der Welt der Lebewesen sprechen, die tatsächlich in der Natur enthalten wäre, sondern nur als eine mehr oder weniger bequeme Klassifizierungsmethode. In der Bakteriologie wird diese Angelegenheit noch komplizierter." (Fleck 2011 [1931]: 92)

Schon für Fleck ergeben sich daraus Konsequenzen, auf die wir u. a. im folgenden Abschnitt 1.1.3 hinsichtlich der Natur naturwissenschaftlicher Beobachtung und menschlicher Beobachtung und Wahrnehmung allgemein sowie im Abschnitt über Flecks Begriff von Tatsache, Objektivität und Wahrheit näher eingehen werden.

Kommen wir aber noch einmal auf das Zitat aus „Entstehung und Entwicklung einer wissenschaftlichen Tatsache" eingangs dieses Abschnitts zurück. Wenn

Fleck schreibt, dass „der Arzt gerade die nichttypischen, nicht normalen, krankhaften Phänomene [studiert]", so scheint es auf den ersten Blick nicht weiter fraglich, dass diese asyndetische Reihung von Adjektiven keine Enumeratio darstellt, sondern eine Synonymreihung, dass Fleck also das *eine* Objekt des ärztlichen Studiums als „nicht typisch" = „nicht normal" = „krankhaft" vorgestellt haben und verstanden wissen will. Dies lässt sich heute nicht mehr sicher rekapitulieren, nur noch als sehr wahrscheinlich annehmen. Für diesen Fall ist hier ein deutlicher Unterschied zwischen Fleck und Foucault festzuhalten. Für Letzteren waren nämlich „normal" und „gesund" ebenso wenig Synonyme wie „anormal" und „krank". Wiederum stellt es für ihn geradezu ein Konstituens der modernen Medizin dar, sich von der Ebene „gesund"–„krank" ab- und stattdessen der Ebene „normal"–„anormal" zuzuwenden:

> „Ganz grob gesprochen kann man sagen, daß sich die Medizin bis zum Ende des 18. Jahrhunderts viel mehr auf die Gesundheit als auf die Normalität bezog. Sie stütze sich nicht auf ein ‚reguläres' Funktionieren des Organismus, um zu untersuchen, wo es abgewichen ist, wodurch es gestört worden ist und wie es wiederhergestellt werden kann. Sie bezog sich eher auf Qualitäten der Kraft, der Geschmeidigkeit, der Flüssigkeit, die durch die Krankheit verlorengegangen sind. [...] Hingegen orientiert sich die Medizin des 19. Jahrhunderts mehr an der Normalität als an der Gesundheit." (Foucault 1973b: 51f.)

Foucault geht an dieser Stelle radikaler vor als Fleck. Er öffnet die Augen dafür, dass es selbst schon ein Produkt der Medizingeschichte, Foucault würde sagen: der Geschichte des medizinischen Diskurses ist, das ganz und gar individuelle Befinden irgendwo auf dem Spektrum zwischen *gesund* und *krank* mit einer ganz anderen Entsprechung oder Nichtentsprechung gleichzusetzen, nämlich der (Nicht-)Entsprechung mit einer Normalität die *eo ipso* etwas überindividuelles ist, zumindest aber einer relevanten Anzahl von Individuen bedarf, die jedes für sich nicht individuell, sondern bloß als Atome eines Gesamtzustandes gelten, der die Norm gültig repräsentiert. Ein solcher *Blick* auf die Patienten setzt also seinerseits Bedingungen und Formen medizinischer Beobachtung und Erfassung voraus, die genauso ein ‚bloß historisches' Produkt der Medizingeschichte sind wie die oben erörterten, sich beständig wandelnden Krankheitseinheiten. Für Foucault greift damit Medizin, zumindest die Medizin seiner Untersuchungen, schon immer über sich hinaus: Für ihn ist sie die Humanwissenschaft katexochen, die Wissenschaft vom Menschen, die sich allen anderen und unserer

Kultur als solcher aufgeprägt hat mit ihrem Blick, der den Menschen und seine Welt bipolarisiert und alles nach den Kategorien des Spektrums zu sehen, zu inventarisieren und zu deuten weiß, dessen Pole ‚das Gesunde' und ‚das Kranke' bilden:

> „[…] das Prestige, das die Wissenschaften vom Leben im 19. Jahrhundert genießen, ihre Modellrolle, die sie vor allem in den Wissenschaften vom Menschen gespielt haben, hat ursprünglich nichts mit dem umfassenden und übertragbaren Charakter der biologischen Begriffe zu tun, sondern viel mehr mit der Tatsache, daß diese Begriffe in einem Raum verteilt waren, dessen Tiefenstruktur vom Gegensatz zwischen gesund und krank bestimmt war. Wenn man vom Leben der Gruppen und Gesellschaften spricht, vom Leben der Rasse oder selbst vom ‚psychologischen Leben', so denkt man […] an die medizinische Bipolarität des Normalen und des Pathologischen. Das Bewußtsein lebt, weil es verletzt werden kann, weil es verstümmelt […] werden kann. Die Gesellschaften leben, denn es gibt unter ihnen kranke, die verkümmern, und andere, die gesund sind und in voller Expansion stehen. […] Und ebenso die Zivilisationen, bei denen man so oft den Tod hat feststellen können." (Foucault 1973b: 53)

Wenn es oben hieß, die besondere Stellung der berühmten Vorreiter des Faches beruhe nicht darauf, dass sie mehr als bloß Ärzte waren, sondern dass Medizin in ihrer damals sich entwickelnden Gestalt zugleich *Inventar* und *Zeichen* unserer Kultur sei, dann ist dies vorläufig in der Weise zu ergänzen: Medizin trägt dazu bei und sie spiegelt wider, was die gesellschaftlich akzeptierten und geforderten Pole „des Normalen und des Pathologischen" sind, zwischen die sich zweifellos alles fügt.

Unter zwei durchaus unterschiedlichen Perspektiven kommen die beiden so unterschiedlichen Theoretiker auf die Medizin als besonders geeigneten Gegenstand ihrer Analysen, eben weil diese jeweils – auch – übergreifende Theorien entwerfen sollen über das in Geschichte und Kultur eingebettete kollektive Denken und seine Entwicklung.

1.1.3 Flecks Beobachtungs- und Wahrnehmungstheorie: *„Nihil est in sensu, quod non fuerit in intellectu“*[23]

In diesem Abschnitt soll es darum gehen, Flecks Überlegungen zu Beobachtung und Wahrnehmung nachzuvollziehen. Zweifellos spielen sie in der Systematik der Ausarbeitung und Entwicklung seiner Konzeption eine wichtige, vielleicht sogar eine Schlüsselrolle. Wer Flecks Einfluss auf die Entwicklung der Theorien vom Wissen verstehen will, um sie auf ihre inneren Bezüge zur sprachlichen Dimension des Generierens und Kommunizierens von Wissen zu untersuchen, kann es sich nicht ersparen, hier kleinschrittig zu rezipieren, damit die diskurslinguistischen Bezugnahmen nicht bloß äußerlich herangetragen, sondern plausibel gemacht werden. Auch hier macht sich die Schwierigkeit geltend, die einzelnen Momente von Flecks überaus synthetischem Konzept je für sich sukzessive vorzustellen und zu charakterisieren; wie die bisherigen Abschnitte kommen auch die folgenden Bemerkungen nicht ohne Verweise und Vorgriffe aus.

Was zu Zeiten der ersten Veröffentlichungen Flecks noch als neu, ja unerhört gelten konnte, ist heutzutage im Prinzip wissenschaftliches und sogar zum Teil populär- bzw. außerwissenschaftliches Allgemeingut. Flecks Verknüpfung von der individualpsychologischen, kognitiven Beobachtungslehre hin zu seiner dezidiert soziologischen Perspektive, die dann auch die ‚Tür öffnet' für die kommunikativen und linguistischen Folgeüberlegungen und Perspektivierungen, erfahren diese breite, fast durchgehende Zustimmung jedoch nicht – was eine Auseinandersetzung damit auch heute noch nicht nur reizvoll, sondern auch mit Blick auf die von uns angestrebte diskurstheoretische/diskurslinguistische Parallelisierung der Fleck'schen Konzeptionen notwendig macht.

1.1.3.1 Denkstil und Beobachtung: Denkstile ermöglichen und bestimmen das Wahrnehmen von Gestalten

> „Es besteht ein sehr verbreiteter Mythus über Beobachtung und Experiment. Das erkennende Subjekt figuriert als eine Art Eroberer vom Typus Julius Cäsars, der nach der Formel veni-vidi-vici seine Schlachten gewinnt. Man will etwas wissen, man macht die Beobachtung oder das Experiment – und schon weiß man es. Selbst Forscher, die manche Kämpfe gewannen, glauben diese naive Märchen, wenn sie retrospektiv ihre eigenen Arbeiten betrachten.“ (Fleck 1980 [1935]: 111)

23 Fleck (2011) [1929]: 53.

Fleck bestreitet die elementare Prämisse, die allen Spielarten der „Epistemologia imaginabilis“ zugrunde liegt, gegen die er sich wendet. Noch stets werden da alle Behauptungen auf eine überhistorische, getrennt von allen Voraussetzungen und Kontexten auf die scheinbar schlüssige, nicht weiter unhintergehbare ‚Tatsache‘ zurückgeführt, dass eine ‚objektive Realität‘ als solche beobachtet werden könne, um den Umkehrschluss zu belegen, dass das, was sich beobachten lasse, ‚objektive Realität‘ sein müsse. Fleck widerlegt das gleich in mehrfacher Hinsicht: Er argumentiert dagegen, dass selbst unter identischen Bedingungen das eine Objekt der Beobachtung sich zwei Beobachtern als in jeder, oder zumindest in jeder wesentlichen Hinsicht identisches ‚aufdränge‘. An unzähligen Beispielen aus dem ihm vertrauten Gebiet der Medizin macht er klar, dass das Ideal des Beobachters, der nur ein passiver Empfänger äußerer Reize ist, mit der Wirklichkeit des wissenschaftlichen Beobachtens nichts zu tun hat. Dieses Ideal formuliert Foucault in kritischer Absicht für die Medizin so:

> „Man beruft sich ständig auf den Empirismus der Klinik, auf ihre bescheidene Aufmerksamkeit und auf die Sorgfalt, mit der sie die Dinge lautlos in den Blick kommen lässt, ohne sie durch einen Diskurs zu stören.“ (Foucault 1973b: 17)[24]

Man hat hier nicht etwa Formen höchster aparter Konzeptualisierungen des Verhältnisses von Wahrnehmung und Wissen, Beobachtung und Denken zu tun, sondern mit einem allgemeinen Konzept, das Antos als „sensualistischen Wissensbegriff“ (2005: 348) bezeichnet und dessen tiefe, auch sprachlich manifeste Verwurzelung in unserem Denken er kurz beleuchtet.[25]

24 Andere Autoren siedeln für die Naturwissenschaft allgemein dieses Ideal ein Jahrhundert früher an. Vgl. hierzu z. B. Heintz/Huber (2001a); ihnen zufolge „[…] avancierte methodische (Selbst-)Disziplinierung seit dem 16. Jahrhundert zum wichtigsten Garanten von Objektivität. Um zu Wissen über die Natur zu gelangen, braucht es den beobachtenden Wissenschaftler als ‚Aufzeichnungsgerät‘, gleichzeitig muß dessen Subjektivität und Körperlichkeit aber weitgehend ausgeschaltet werden, damit die Natur tatsächlich ‚für sich selbst sprechen kann‘. […] Das Ideal ist die ‚leibfreie Erkenntnis‘, das reine Denken, wie es exemplarisch die Mathematik realisiert.“ (Heintz/Huber 2001a: 18)

25 Siehe dazu den Eintrag im Digitalen Wörterbuch der Deutschen Sprache (DWDS) der Berlin-Brandenburgischen Akademie der Wissenschaften: „wissen Vb. ‚gelernt, erkannt, erfahren und im Gedächtnis haben‘, ahd. wiȥȥan (8. Jh.), mhd. wiȥȥen, asächs. aengl. witan, mnd. wēten, wetten, mnl. wēten, nl. weten, anord. vita, schwed. veta, got. witan. Die präsentischen Formen des Sing. des zu den Präteritopräsentien gehörenden Verbs ahd. mhd. weiȥ, nhd. weiß, asächs. mnd. wēt, mnl. weet, aengl. wāt, anord. veit, got. wait folgen wie aind. vḗda ‚weiß, kennt‘, griech. ói̅da (οἶδα) ‚ich weiß‘, aslaw. vědě ‚ich weiß‘, věděti ‚wissen, kennen‘, russ. (älter) védat’ (ведать) ‚wissen, kennen‘, apreuß. waist ‚wissen‘ der Ablautstufe des Perfekts ie. *u̯oid- ‚gesehen haben‘ und darum ‚wissen‘. Die Ablautstufen des Präsens ie. *u̯eid-, *u̯id- ‚erblicken, sehen‘ setzen sich fort in lat. vīsere ‚besichtigen, besuchen‘ (eigentl. ‚zu sehen wünschen‘), air. rofetar ‚ich weiß‘, apreuß. widdai ‚sah‘, lit. veizdė́ti ‚sehen, schauen, nach etw. sehen‘, aslaw. viděti, russ. vídet’ (видеть) ‚sehen‘. Zu

Wie und was wir wahrnehmen, wird aber durch den Beobachter überhaupt erst formiert. Zum einen in ganz unmittelbarer Hinsicht: Das beobachtete Objekt bleibt dem Akt der Beobachtung nicht unberührt, die Verbindung zwischen beiden ist nicht nur eine ideelle, die allein in den Sinnesorganen des Beobachters zu Zustandsänderungen führt. Einschlägig dafür und von Fleck entsprechend zitiert ist die zu seiner Zeit noch junge Entdeckung der physikalischen Rückkoppelungen zwischen Objekt und Instrument von Beobachtungen im Bereich der Teilchenphysik, die als *Heisenbergsche Unschärferelation* auch über die Quantenphysik hinaus bekannt geworden ist und nicht nur Fleck Anlass zu weitergehenden Reflexionen über das Beobachten und Wahrnehmen gegeben hat.[26] Für Fleck steht fest, dass dieses im Bereich der Teilchenphysik sogar als gesetzmäßig quantitativer Zusammenhang beschreibbare Phänomen nur die extreme Ausprägung eines allgemeinen Zusammenhangs ist:

> „Der Satz gilt für jede Beobachtung beliebiger Phänomene, nur ist die Wechselwirkung mit den Beobachtungsmitteln sonst verhältnismäßig sehr geringfügig. Wenn aber das ‚Bearbeiten' der Phänomene, mit welchen Mitteln auch immer, Jahrhunderte dauert, wird dann die Wirkung nicht bedeutsam? Beobachten, Erkennen ist immer ein Abtasten, also wörtlich Umformen des Erkenntnisgegenstandes." (Fleck 2011 [1929]: 58f.)[27]

Fleck betont in diesem Zusammenhang immer wieder, dass diese Unmöglichkeit einer „reine[n], d. h. voraussetzungslose[n] Beobachtung" (Fleck 1980 [1935]: 119) *kein Malus* ist. Wäre es anders – man sähe nicht besonders genau, besonders unverfälscht und ‚objektiv' – sondern gar nicht, weil man *alles* sähe.[28] Und tat-

vergleichen ist ferner (aus zweisilbigem ie. *u̯(e)idē-) lat. vidēre ‚sehen, wahrnehmen, erkennen'." (Online abrufbar unter: http://www.dwds.de/wb/wissen; zuletzt abgerufen am: 01.10.16)

26 „Das Quantenpostulat bedeutet, daß jede Beobachtung atomarer Phänomene eine nicht zu vernachlässigende Wechselwirkung mit dem Messungsmittel fordert und daß also weder den Phänomenen noch dem Beobachtungsmittel eine selbständige physikalische Realität im gewöhnlichen Sinne zugeschrieben werden kann. Überhaupt enthält der Begriff der Beobachtung eine Willkür, indem er wesentlich darauf beruht, welche Gegenstände mit zu dem zu beobachtenden System gerechnet werden. (Bohr, Naturwiss[enschaften] 28, H 15)" (Fleck 2011 [1929]: 58)

27 Hier macht sich wieder einmal Flecks naturwissenschaftliche Expertise geltend. Der induktive Schluss von der Elementarteilchen-Beobachtung die „Beobachtung beliebiger Phänomene" vermittelt er unter anderem über ein Spezifikum mikrobiologischer Untersuchungen: „Ihre [der Mikroorganismen] Physiologie untersuchen wir dagegen an zahlreichen Generationen, indem wir sie in unterschiedliche künstliche und veränderte Umwelten verlegen. Und es ist nicht a priori sicher, ob wir dabei die untersuchte Art nicht verändern. Ist der Stamm, der sich nach mehreren Generationen an einen Nährboden angepaßt hat und – wie wir wissen – manchmal andere morphologische und antigene Merkmale besitzt, noch dieselbe Art?" (Fleck 2011 [1931]: 94)

28 In Auseinandersetzung mit der – freilich nur spekulativ konstruierten – Möglichkeit einer absolut vollständigen Beobachtung und Erfassung aller Einzelheiten des beobachteten Gegenstands

sächlich gibt es so etwas Ähnliches Fleck zufolge im Bereich der „ersten Beobachtung“: Diese ist geprägt von „Chaos“ (Fleck 1980 [1935]: 118), der Blick des Beobachters findet keinen Halt am Objekt: „Es fehlt das Tatsächliche, Fixe: man kann so oder so sehen fast willkürlich.“ (Fleck 1980 [1935]: 121) Die Überwindung dieses „Chaos der ersten Beobachtung“ ist die erste eigentliche wissenschaftliche, überhaupt geistige Tat, deren Resultat sich nicht ‚von allein‘ einstellt, sondern am Ende einer Periode des „langsame[n] und mühsame[n] Herausarbeiten[s] und Bewußtwerden[s] ‚was man eigentlich sieht‘“. (Fleck 1980 [1935]: 118)[29]

Sehen nicht als passives Aufnehmen, sondern als aktive psycho-physische Tätigkeit aufzufassen und damit, wie Fleck es gefordert hat, „das voraussetzungslose Beobachten – psychologisch ein Unding, logisch ein Spielzeug – beiseite [zu] lassen“ (Fleck 1980 [1935]: 121), ist die nötige Kritik an den Idealen „voraussetzungsloser Beobachtung“ als Bedingung der Möglichkeit einer ‚voraussetzungslosen Wissenschaft‘ und Erkenntnis, beantwortet jedoch noch nicht die Frage, *was* im Gegensatz dazu voraussetzungsvolles Beobachten sei. Rheinberger beschreibt dies als „Denken mit dem Auge“ (Rheinberger 2001: 56), das immer dann vorliege,

> „[…] wenn wir das Sichtbare so zurechtrücken, daß es ‚sich‘ zeigt, sich uns ‚darbietet‘. Damit ist zugleich auch gesagt, daß wir uns sehend dazu in ein angemessenes Verhältnis versetzen. Wir bringen uns so ins Spiel, daß sich eine Sache aufschließt, indem sie sich auf uns hinordnet. Umgangssprachlich reden wir davon, jemand ‚mache sich ein Bild‘. Was natürlich nicht heißt, daß er darstellt, das heißt Auge und Hand zeichnend […] verbindet, sondern lediglich seine Augen zu gebrauchen versteht. Ihre Intelligenz hat also mit der Fähigkeit zu tun, visuelle Entsprechungsverhältnisse herzustellen. Mit dem Auge denken bedeutet auf dieser elementaren Ebene, anschauliche Korrespondenzen ausfindig zu machen.“ (ebd.)

schreibt Fleck: „Diese Ausführung enthält gewaltige Irrtümer, in die viele Theoretiker verfallen: Erstens enthält die Wahl und die Begrenzung des Untersuchungsgegenstandes bereits Voraussetzungen […] Zweitens ist es überhaupt sinnlos von allen Eigenschaften eines Gebildes zu sprechen, da die Zahl der Eigenschaften beliebig groß gemacht werden kann und die Zahl der möglichen Eigenschaftsbestimmungen von den Denkgewohnheiten eines Gebietes abhängt […].“ (Fleck 1980 [1935]: 120)

29 Vgl. dazu auch Kemp: „Die grundlegende Leistung des Sehvermögens ist funktionaler Natur: Dank ihm sind wir in der Lage, uns in der unglaublich komplexen und dynamischen Welt, in der wir leben, offenbar mühelos zurechtzufinden.“ (2003: 13) Auch Pöppel betont den Aspekt der Leichtigkeit dieses Vorgangs: „Diese Konstruktion der visuellen Welt erfolgt völlig mühelos, indem unser Auge die Umrisse von Objekten wahrnimmt und sie als Figuren und Muster vom Hintergrund abtrennt.“ (Pöppel 2000: 25) Singer spricht von einem automatischen „Segmentierungsprozess“, „er bleibt unbewusst und erfordert keine besondere Aufmerksamkeit“ (Singer 2000: 137).

Entscheidend ist nun, worin für Fleck diese „anschaulichen Korrespondenzen" bestehen – und zwar ihrem *Gehalt* wie ihrer *Herkunft* und Genese nach. Ihrem Gehalt nach sieht Fleck sie aufgehoben in dem, was die danach benannte Richtung der Psychologie als *Gestalten* bezeichnet. Ganzheiten, die sich nicht in ihre Bestandteile analysieren lassen, ohne dass diese dabei verändert werden. Umgekehrt drückt dies der berühmte Satz des Gestalttheoretikers Max Wertheimer aus:

> „Es gibt Zusammenhänge, bei denen nicht, was im Ganzen geschieht, sich daraus herleitet, wie die einzelnen Stücke sind und sich zusammensetzen, sondern umgekehrt, wo – im prägnanten Fall – sich das, was an einem Teil dieses Ganzen geschieht, bestimmt von inneren Strukturgesetzen dieses seines Ganzen. [...] Gestalttheorie ist dieses, nichts mehr und nichts weniger." (Wertheimer 1925: o. S.)[30]

Beobachten, Sehen ist für Fleck wesentlich „Gestaltsehen" (Fleck 1980 [1935]: 121), „sehen lernen" (Fleck 2011 [1929]: 53) besteht im Erwerb der

> „Fähigkeit, Sinn, Gestalt, geschlossene Einheit unmittelbar wahrzunehmen. Freilich verliert man zugleich die Fähigkeit, der Gestalt Widersprechendes zu sehen. Solche Bereitschaft für gerichtetes Wahrnehmen macht aber den Hauptbestandteil des Denkstils aus. Hiermit ist Gestaltsehen ausgesprochene Denkstilangelegenheit." (Fleck 1980 [1935]: 121)

Hierin liegt die erste Dimension des Fleck'schen Konzeptes vom Denkstil, die sich den weiteren, weiter unten zu entwickelnden aufprägt und von entscheidender Bedeutung für die Verknüpfung mit sprachorientierten Konzeptualisierungen von Diskurs ist: Denkstil ermöglicht das Wahrnehmen von Gestalten, von solcherart ‚erfahrbaren' Sinneinheiten, die ohne Sinnverlust oder entscheidender Sinnveränderung nicht weiter zergliederbar sind. Dies gilt – fast schon überflüssig, dies hier noch zu erwähnen – für Fleck nicht nur im Bereich der Wissenschaft, sondern für unsere Wahrnehmung der uns umgebenden Welt schlechthin. An fast schon profanen Exempeln erläutert Fleck, dass *kein* Sehen, und sei es noch so alltäglich, noch so ‚vorwissenschaftlich' vor- oder ungeistig ist. Darin

30 Erläuternd dazu Wolfgang Metzger: „Es ist daher auch nicht zutreffend, wenn man sagt, das Ganze sei *mehr* als die Summe seiner Teile. Vielmehr muß es heißen: Das Ganze ist *etwas anderes* als die Summe seiner Teile. Es kommen nicht etwa nur zu den – unveränderten – Teilen Gestaltqualitäten hinzu, sondern alles, was zu einem Teil eines Ganzen wird, nimmt selbst neue Eigenschaften an." (1975: 6)

gleicht – und diese Gleich*setzung* zu vollziehen ist Flecks theoretische Leistung – das elaborierteste wissenschaftliche Sehen in den Naturwissenschaften dem Beobachten ihrer spezifischen Gegenstände in den Geistes- und Gesellschaftswissenschaften und auch dem scheinbar ganz anderer bzw. gar keiner kognitiven Logik gehorchenden Sehen des ‚Alltagsmenschen', wenn er Gegenstände der ihn umgebenden Natur und Gesellschaft betrachtet.[31] Dazu noch einige ergänzende Bemerkungen:

Es drängt sich hier schon die Schlussfolgerung auf, dass das von Werner/Zittel aufgeworfene Problem, die Kategorie ‚Stil', die doch scheinbar der Kunst bzw. Kunsttheorie angehört, eben doch nur scheinbar auf diesen Bereich beschränkt Geltung beanspruchen darf und theoretische Produktivität besitzt. Wenn jede Betrachtung die Aktivierung der Fähigkeit des „Zurechtrückens" sensu Rheinberger darstellt, also der Fähigkeit, Korrespondenzen aufzufinden und diese zunächst sich selbst, potenziell auch anderen evident zu machen, dann entpuppen sich die mannigfachen Formen künstlerisch ästhetisierter Wahrnehmung, ‚Stilempfinden', ‚Geschmack' und dergleichen, als Varianten stilgemäßer Wahrnehmung. Kemp spricht in diesem Zusammenhang von „gemeinsamen Motiven in den imaginativen Welten der Künstler und der Wissenschaftler suchen" (2003: 7). In diesem Sinne äußert sich auch Pöppel (2000):

> „Stimmigkeit und Klarheit, die Kriterien, nach denen eine Klassifikation als gelungen oder nicht gelungen betrachtet wird, sind ästhetischer Natur. Auch für die Stimmigkeit des impliziten Wissens[32] gilt wiederum ein ästhetisches Kriterium: Wenn Handlungs- oder Bewegungsabläufe harmonisch sind, *wenn sie eine Gestalt bilden*, dann werden sie als richtig empfunden." (Pöppel 2000: 29; Kursivsetzung von mir, B. R.)

Den letzten Grund dafür sieht Kemp auf einer anthropologisch-genetischen Ebene. Seine funktionale Erklärung formt er zum Postulat einer im Menschen *als Menschen* verankerten Konstante:

> „Aber warum bereitet uns der Anblick eines ‚schönen' Baumes oder seines gemalten Surrogats Freude? Unser ‚ästhetischer Impuls', so scheint mir, ist Teil eines Feedback-Mechanismus, der uns in unserem ungeheuer

31 „Den Naturwissenschaften gesteht Fleck folglich keineswegs zu über einen privilegierten Zugang zur Natur zu verfügen." (Werner/Zittel 2011: 11)

32 Zum Begriff des impliziten Wissens vgl. Kapitel 1.2.1.3: Wissen explizit und implizit; zum Verhältnis von Sprache und Wissen.

anspruchsvollen Bemühen bestärkt, den natürlichen Ordnungen, mit denen wir arbeiten können und müssen, wenn wir überleben wollen, einen kohärenten Sinn zu geben. Unsere Freude an Mustern und an Symmetrie, an Ordnung und ihrer kalkulierten Durchbrechung, unsere Lust an minutiösen Unterscheidungen und Ähnlichem mehr schafft ein System der Befriedigung und Belohnung. Wir besitzen die Fähigkeit, dieses System künstlich zu aktivieren; und wir haben diese Fähigkeit kultiviert, in der Wissenschaft nicht weniger als in der Kunst." (Kemp 2003: 13)

Diesen Aussagen könnte Fleck sicherlich zustimmen. Man wird einwenden können, dass es problematisch ist, an den Stellen, an denen Kemp von „natürlichen Ordnungen" spricht, dies als einfaches Synonym zu „Gestalten" aufzufassen. Das ist sicherlich bedenkenswert, auch wenn Kemp fortfährt, dass der Mensch mit diesen Ordnungen dadurch umzugehen in der Lage ist, dass er ihnen einen „kohärenten Sinn" zuschreibt, was an Flecks Kategorie des Sinns – „Es gibt kein anderes Sehen als das Sinn-Sehen" (Fleck 1980 [1935]: 186) – nicht nur sehr nahe herankommt, sondern mehr als nur punktuell mit ihr korrespondiert. Vor allem aber ist festzuhalten, dass Fleck seine Idee vom Denkstil in einer anderen Richtung fortentwickelt. Ihn interessiert nicht so sehr die anthropologische *Anlage* der Fähigkeit des Sehens von „natürlichen Ordnungen" oder eben (kohärentem) „Sinn". Und auch die *Funktion* interessiert ihn vor allem unter einer anderen als der Perspektive Kemps.

Fleck stößt bei der Analyse des beobachtenden Individuums – sei dies ein wissenschaftlich tätiges oder mit Alltäglichem befasstes – auf einen Zirkel; sein Herangehen der Auflösung dieses Zirkels nimmt zentrale diskurstheoretische Postulate voraus. Er bemerkt, dass die Behauptung eines jeder Beobachtung vorausgesetzten Denkens, das alle Momente der Beobachtung, ihre Objekte, ihre Methoden, ihre Instrumente, die daraus gewonnenen Schlussfolgerungen präformiert, in den Zirkel führt, dass Beobachtung, Wahrnehmung von ‚Tatsachen' durch das Denken bestimmt werden, das seinerseits durch die solcherart stattfindende Tätigkeit des ‚denkenden Auges' den Gegenstand seiner theoretischen Bewegungen erhält. Ließe man diesen Kreis theoretisch auf sich beruhen bzw. vor sich hin drehen, führte dies zum Ende aller weiteren epistemologischen Überlegungen. Es ist ‚ein Drittes' gefordert, das aus diesem Zirkel herausführt. Dieses Dritte liegt für Fleck in den sozialen Zusammenhängen, in die alle Individuen eingebettet sind. Wie bereits angedeutet, ist es schwierig, das ‚kollektive Dritte' hier zu thematisieren, ohne vollends den Übergang auf die sich daraus ergebenden Konsequenzen für die Interdependenzen von individuellen und kollektiven Dimensionen kognitiver Prozesse sowie für die kommunikative und eben sprachliche Dimension aller kognitiven konstruierten ‚beobachteten Objekte' zu vollziehen. So viel ist jedoch festzuhalten: Die bipolare Vorstellung eines passiv aufnehmenden Beobachtungssubjekts, dessen Wahrnehmungen von einem ihm völlig äußerlichen Beobachtungsobjekt bestimmt werden, das sich ihnen gleichsam von selbst aufdrängt, ist nicht nur in Bezug auf die Dichotomie passiv–aktiv obsolet, die angeblich das Verhältnis beider bestimmt. Gerade weil dies so ist, handelt es sich beim Sinn- bzw. Gestaltsehen auch nicht um ein bipolares, sondern um ein tripolares Verhältnis:

> „Wir schauen mit den eigenen Augen, wir sehen mit den Augen des Kollektivs [...] Den überwiegenden Teil unserer Gestalten (obwohl wahrscheinlich nicht alle) hat die Umgebung geschaffen, die Sprachgewohnheit, die Meinung der Allgemeinheit, die Tradition." (Fleck 2011 [1947]: 398)

Fleck erschließt den soziologischen, wie er ihn oft nennt: „kollektiven" Charakter der Fähigkeit „mit dem Auge denken" zu können aus dem logischen Gebot der Auflösung des Zirkels, in den die für ihn unbestreitbare Tatsache führt, dass es für kein Individuum ein voraussetzungsloses Sehen gibt und dass Sehen kein Registrieren aller oder einer arbiträrer Teilmenge von Einzelheiten ist, sondern das Wahrnehmen von mit kohärentem Sinn aufgeladenen Ganzheiten, Gestalten. Die Fähigkeit zu dieser Art Sehen nennt Fleck Denkstil, den das Individuum nicht – ausschließlich – in Wechselwirkung mit dem Objekt erwirbt, sondern der ein originär kollektives Phänomen ist, an dem das Individuum teilhat.

Aus diesen Überlegungen ergeben sich neue Fragen, unter anderem die nach der genaueren Beschaffenheit dieses ‚Kollektivguts' Denkstil, nach der Art und Weise, wie sich ein Denkstil als kollektives Phänomen in die Ebene individuellen Denkens und Wahrnehmens vermittelt, wie das Individuum also einen Denkstil ‚erwirbt'; zu klären bleibt, wie solche Kollektive strukturiert sind, was sie zu Kollektiven macht und wie sie ihrerseits Denkstile erwerben und entwickeln. Auf eine Reihe dieser Fragen werden wir unten eingehen, sie betreffen nämlich unmittelbar oder mittelbar die Probleme, für die sich die Diskurslinguistik interessiert.

Individuelle Weltwahrnehmung und Kognition kennen noch ein weiteres ‚Scharnier' zur Ebene kollektiver Kognition, auf der – wir müssen der Ordnung der Abfolge halber hier noch offenlassen, in welcher Weise – sich die entsprechenden Wahrnehmungs- und Erkenntnisprozesse mit kommunikativen Prozessen verknüpfen. Bei diesem ‚Scharnier' handelt es sich, wenn man so will, um das epistemologische Komplement zur Wahrnehmung: die Darstellung des Objekts der Beobachtung. Es ist dies sozusagen die zweite Dimension der epistemologischen Konzeption ‚Denkstil'.

1.1.3.2 Denkstil und Abbildung: Denkstile ermöglichen und bestimmen die Darstellung von Gestalten gemäß den kommunikativen Absichten des Produzenten der Darstellung

Die Idee eines ‚reinen' Denkens und Erkennens, das auf der festen, jederzeit nachprüfbaren Grundlage von ‚objektiven empirischen Tatsachen' beruht, kritisiert Fleck nicht nur mit dem oben geschilderten Nachweis, dass es eine für dieses ‚reine Denken' über ‚gegebene Tatsachen' notwendige ‚reine Beobachtung' nicht gibt. Daneben verweist er auf einen bei Lichte betrachtet profanen Umstand: Sehr oft ist für das Nachdenken – auf welcher vor-, populär- oder fachwissenschaftlichen Ebne auch immer es stattfinden mag – irgendeine ‚Primärbeobachtung' keineswegs der Ausgangspunkt. Das ist Fleck so klar, dass er darin keine Notwendigkeit für einen eigens zu erbringenden Nachweis sieht; so verweist er darauf z. B. in seinem oben[33] schon erwähnten Begleitschreiben an Moritz Schlick zum Manuskript:

> „Der Satz, alle Erkenntnis entspringe den Sinneseindrücken, ist irreführend, denn die Mehrzahl der Kenntnisse aller Menschen stammt einfach aus den Lehrbüchern. Und diese Lehrbücher stammen aus anderen Büchern oder Aufsätzen und so fort. Vorausgesetzt, dieser Weg führte schließlich zu Sinneseindrücken irgendeines Forschers – so sind aber noch ernstliche Untersuchungen angestellt worden, ob das Mitteilen eines Wissens [...] nicht prinzipiell mit Transformation [...] verbunden ist. Und zweitens, da auch der Forscher, der eine Erkenntnis aus dem Gebiete seines Faches ‚unmittelbar' empiristisch gewinnt, die Mehrzahl seiner Erkenntnisse doch aus Büchern bezieht: Es gibt auch keine ernstlichen Untersuchungen, wieweit ein Wissensbestand den Erkenntnisakt beeinflusst." (Fleck 2011 [1933]: 561f.)

Durch diese kurzen Bemerkungen ist für Fleck die „Epistemologia imaginabilis" vollends „beiseite gelegt", die ein bipolares Verhältnis zwischen einem ‚absoluten Objekt' und einem ‚rein wahrnehmenden', durch keinerlei individuelle, geschweige denn soziale Faktoren weiter bestimmten Individuum konstruiert, das

33 Siehe Fußnote 19.

in solcher Epistemologie als Inkarnation der ‚leibfreien Erkenntnis'[34] figuriert. Was Fleck hier *au passage* einführt, ist ähnlich dem, was ca. zwei Jahrzehnte vor ihm Russell zunächst vom Standpunkt der Logiktheorie und dann noch einmal mit wissenstheoretischer Fragestellung in seinem berühmten Artikel mit der programmatischen Überschrift „Knowledge by Acquaintance and Knowledge by Description" als Unterscheidung von Wissensbeständen einführt: Zum einen macht er Wissen aus, das in „acquaintance" – Nähe, Bekanntschaft, Vertrautheit – mit Objekten besteht:

> „When we ask what are the kinds of objects with which we are acquainted, the first and most obvious example is sense-data. When I see a colour or hear a noise, I have direct acquaintance with the colour or the noise." (Russell 2011: 109)

Davon setzt er das Wissen ab, das man aufgrund von „description" – Beschreibung – hat, wobei er unter *Wissen durch Beschreibung* versteht,

> „that an object is ‚known by description' when we know that it is ‚the so-and-so,' i. e. when we know that there is one object, and no more, having a certain property; and it will generally be implied that we do not have knowledge of the same object by acquaintance." (Russell 2011: 113)

Für Russell sind an dieser Unterscheidung verschiedene Aspekte interessant, denen er nachgeht; für unseren Zusammenhang interessiert vor allem seine Schlussfolgerung, dass es Wissensobjekte gibt, bei denen die Existenz als Wissensobjekte kategorial verschieden ist von einer real-ontologischen Existenz als Dinge der ‚äußeren Welt'. Die „objects known by description" sind dies, gleichgültig, ob sie überhaupt in dem Sinne existieren, dass sie „objects known by acquaintance" sein könnten. Als Beispiel führt Russell den „Goldenen Berg" und das „runde Quadrat" an. Objekte, die genauso sehr oder genauso wenig existieren wie der „present King of France"[35], die aber Objekte des Wissens sind. Warnke (2009) greift Russells Unterscheidung auf, weil er im *Wissen durch Beschreibung* die Grundlage und den eigentlichen Gegenstand dessen sieht, was diskursiv und letztlich sprachlich konstituiertes Wissen ist.

34 Siehe Fußnote 26.

35 Vgl. Russell 2011: 122.

Da keine Beobachtung ‚unmittelbar' ist oder sein kann, sondern Beobachten prinzipiell darin besteht, am Vorgefundenen gemäß eigenem Denkstil eine Gestalt zu entdecken, also gewissermaßen das Objekt gestaltbildnerisch zu stilisieren, kann auch keine Abbildung bzw. Darstellung dem Ideal genügen, das Objekt, ‚genau so wie es ist', zu reproduzieren. Selbst unter der Annahme, dass eine Darstellung exakt das darstellt, was der Betrachter sieht, ist doch dieses Gesehene eben nicht einfach das Objekt ‚wie es ist', sondern das Produkt der vom Betrachter aktivierten Fähigkeit zum Gestaltsehen, zum Entdecken oder vielmehr Konstruieren von ‚kohärentem Sinn': „Es gibt kein anderes Sehen als das Sinn-Sehen und keine anderen Abbildungen als die Sinn-Bilder." (Fleck 1980 [1935]: 186)

In dieser Hinsicht scheint diese zweite Dimension von Denkstil *nur* die Kehrseite der ersten Dimension zu sein, eben in dem Sinne, dass er nicht nur das scheinbar passive Beobachten, sondern auch das ganz offensichtlich aktive Abbilden bzw. Darstellen bestimmt. So ließe sich neben der Aussage, dass es parallel zum Sinn-Sehen als einziger Form des Sehen nur Sinn-Bilder als einzig mögliche Form von Abbildungen gibt, auch folgender Passus verstehen:

> „[...] jede einfachste Beobachtung ist von der logischen Seite eine verwickelte Hypothese, angelehnt an viele Grundkonzeptionen und Konventionen, d. h. unter identischen physikalischen Bedingungen wären immer verschiedene Aussagen über ein Beobachtungsresultat möglich." (Fleck 2011 [1946]: 389, Anm. VII)

Schon das allein ist jedoch alles andere als eine Belanglosigkeit; im Gegenteil. Was Fleck mit seinen kurzen Skizzen zum Stil wissenschaftlicher Darstellungen vorweggenommen hat, ist insbesondere seit den Neunzigerjahren des letzten Jahrhunderts zum Gegenstand eines massiven wissenschaftlichen Interesses geworden. Legion sind inzwischen die Bücher und Aufsätze über den Stil wissenschaftlicher Darstellungen, wobei hier vor allem visuelle Darstellungen in das Zentrum der Untersuchungen gerückt sind, wissenschaftliche „Bildforschung" hat sich als eigene Disziplin etabliert:

> „Während sich die Öffentlichkeit am Beispiel der Genom-Entzifferung noch mit der Textstruktur der Natur beschäftigt und sich die Frage stellt, ob die Natur nicht doch als ‚Buch' zu begreifen ist, dessen Zeichen und Grammatik es zu entziffern gilt, scheint die Praxis der Naturwissenschaf-

ten eher nach kunsttheoretischer als nach sprachwissenschaftlicher Expertise zu verlangen.“ (Heintz/Huber 2001: 9)

Vordergründig geht dieses gewachsene Interesse der Wissenschaftsforschung mit neueren Entwicklungen und Trends innerhalb der Wissenschaften einher, die unter anderem mit der Redeweise von der „Piktorialisierung der Naturwissenschaften“ (Heintz/Huber 2001: 9) fasslich zu machen versucht worden sind. Tatsächlich spielen bildgebende Verfahren in vielen Einzelwissenschaften – und wieder nimmt hier die Medizin einen prominenten Platz ein, weil sie den ‚Blick des Menschen auf sich‘ revolutioniert – eine immer größere Rolle. In diesem Zuge ist, wenig verwunderlich, die Aufmerksamkeit vieler Bildforscher darauf gelenkt worden, dass bestimmte hergebrachte Unterschiede zwischen künstlerischen und wissenschaftlichen Bildern nicht länger haltbar sind. Immer mehr hat sich, und hier ist man wieder bei Fleck, die Stilgebundenheit auch und gerade von prätendiert sachlichen Abbildungen bei wissenschaftlichen Bildern als nicht zu leugnendes Charakteristikum auch dieser Darstellungen erwiesen. Betrachtet man diese Stilhaftigkeit wie Fleck oder Kemp als Komplement zum Stil des Sehens, also der praktizierten Fähigkeit zum Konstruieren und Isolieren von Gestalten, dann kann es sich jedoch nicht um eine Eigenschaft wissenschaftlicher Darstellungen handeln, die erst mit der technisch vorangetriebenen ‚Piktorialisierung‘ entstanden ist. Typische, das Ganze der Darstellung bestimmende Elemente, die deren Stil ausmachen, finden sich in allen wissenschaftlichen Bildern aller Epochen. Das liegt zum einen, wie schon erwähnt, daran, dass diese Abbildungen das abbilden, was die Produzenten dieser Abbildungen gemäß ihrem Stil sehen. Zum anderen sind wissenschaftliche Darstellungen nie Selbstzweck.[36] Mit ihnen soll das Gesehene *vermittelt* werden – und zwar gemäß dem Stil und Anliegen dessen, der es gesehen hat und vermitteln will. Wenn Fleck über die Zeichnungen des Vesalius[37] schreibt

36 Vgl. Boehm (2001): „Wissenschaftliche Bilder sind ‚schwache Bilder‘, soweit sie ihren Zweck notwendigerweise außer sich selbst haben. Sie sind Instrumente.“ (53) Diese funktionelle Bestimmung wissenschaftlicher Bilder ist nicht zu bestreiten. Als fraglich können allerdings die weiteren Schlüsse angesehen werden, die Boehm daraus zieht. Zum einen postuliert er in diesem Zuge das Ideal eines stilfreien Bildes: „Ästhetische Kriterien wie Anspielungsreichtum, Metaphorizität, visuelle Dichte oder Selbstreferenz sind kaum im Spiel.“ (ebd.), zum anderen postuliert er das Ideal überindividueller Eindeutigkeit, wobei er nicht zwischen dem (vermeintlichen) Anspruch an das Produkt und dem Produkt selber unterscheidet: „Sie beabsichtigen Eindeutigkeit. Ihr Interpretationsspielraum geht im Idealfall gegen null.“ (ebd.)

37 Vesal bzw. Andreas Vesalius war ein Arzt im 16. Jahrhundert, der u. a. mit seinen Methoden der Sektion menschlicher Leichname die moderne Anatomie und Morphologie in der Humanmedizin begründet hat.

> „Wir haben Ideogramme vor uns, d. h. graphische Darstellung gewisser Ideen, gewissen Sinnes, einer Art des Begreifens: der Sinn ist in ihnen dargestellt wie eine Eigenschaft des Abgebildeten." (Fleck 1980 [1935]: 183),

so ergänzt Kemp knapp siebzig Jahre später

> „Die Demonstration der Instrumente ist nur eine der visuellen Strategien, mit denen Vesalius die Wahrhaftigkeit seiner Darstellungen zu unterstreichen sucht. Er gibt sich alle Mühe zu betonen, dass sein Wissen buchstäblich aus erster Hand stammt. Wie das Frontispiz des Buches zeigt, ist er von den luftigen Höhen des Professorenkatheders herabgestiegen, um die Sektionen mit eigener Hand durchzuführen. […] Vesalius ist nicht nur bestrebt, uns die Struktur des menschlichen Körpers auf dramatische Weise vor Augen zu führen, er nutzt die Möglichkeiten der bildlichen Darstellung auch, um den Leser von der Wahrheit seiner Beobachtungen zu überzeugen." (Kemp 2003: 41f.)

An dieser Stelle ist nur am Rande zu bemerken, dass Fleck mit eben der Kategorie des Denkstils bereits den Grund dafür angibt, dass sich die Wissenschaftsforschung diese Erkenntnis der Stilbestimmtheit in Bezug auf die Darstellungen im Rahmen zeitgenössischer Wissenschaft erst erarbeiten musste: Stil ist etwas grundsätzlich anderes als Stilbewusstsein im Sinne eines Bewusstseins *von* Stil. Es ist eine später noch genauer zu untersuchende, weil für den Anschluss an moderne Diskurskonzepte essenziell wichtige Angelegenheit, dass der selbst aller Beobachtung vorgängige Stil von den ihm ‚verhafteten' Individuen in der Regel gerade nicht als solcher bewusst ist, sondern sich für „tout le monde" (Fleck 1980 [1935]: 158; Fußnote 9) zu halten, was eben für die Wissenschaft heißt: sich selbst für ‚stillos', da in allen Beobachtungen und Darstellungen der Objektivität zu befinden. Auch für „einen nüchternen Forscher" unserer Tage (Fleck 1980 [1935]: 176) gilt, dass er aus seinem Beobachtungs- und Darstellungsstil heraus agiert. Exemplarisch stellt Fleck zeitgenössische Darstellungen des Brustkorbs den Zeichnungen des Vesalius gegenüber und konstatiert:

> „mechanisch-technische Korbmotive klingen in dieser Darstellung genauso mit, wie Todesmotive bei Vesalschen Skelettfiguren. […] Diese

modernen Figuren sind Sinnbilder – genau wie die Vesalschen.“ (Fleck 1980 [1935]: 186)[38]

Kehren wir von diesem kurzen, wenngleich notwendigen Exkurs zurück zur *Funktionalität* und *Relativität* wissenschaftlicher Visualisierungen, die auch in Flecks Schriften einen breiten Raum einnehmen: Untrennbar verbunden mit Beobachtungen sind Darstellungen; beide sind bestimmt durch den Denkstil von Produzenten wie Rezipienten der Darstellungen: Der Produzent *will einen Sinn vermitteln*; der Rezipient *will einen Sinn sehen*. Oft ersetzen Darstellungen die Beobachtung der dargestellten ‚Primärphänomene'. Wir haben es hier also damit zu tun, dass Beobachten und Darstellen vom Denkstil bestimmte *kommunikative Phänomene* sind. Zugleich erweisen sich die gegebenen Bestimmungen als systematisch erweiterbar in Richtung des von uns vertretenen sprachorientierten Diskurskonzepts.

1.1.3.3 Denkstil und Kommunikation: Selbstreferenzialität des Denkstils als kommunikatives Paradigma

Erstens: Charakterisiert man Denkstil zunächst als Fähigkeit zu gerichteter Wahrnehmung, zur Wahrnehmung von gestalthaften Ganzheiten, und folgt man Fleck weiter darin, dass sich diese Fähigkeit in den allermeisten Fällen nicht auf ‚Primärobjekte', sondern auf Artefakte mit Darstellungsfunktion richtet, die ihrerseits von Denkstil geprägt sind, erweist sich das Konzept Denkstil als ein wesentlich, wenn auch zunächst noch sehr allgemein bestimmt, kognitiv-kommunikatives Phänomen. Spätestens wenn A zwecks Vermittlung an B etwas darstellt, was er als von C Dargestelltes beobachtet bzw. wahrgenommen hat, wird Kommuniziertes kommuniziert. Der Denkstil prägt die kommunizierten Beobachtungen und Darstellungen und umgekehrt:

38 Vgl. dazu wieder Kemp (2003): „Jedes visuelle Erzeugnis besitzt die Eigenschaft, die wir als ‚Stil' bezeichnen. Bei der Kunst und den Künstlern wird dies allgemein akzeptiert und ist daher zumindest insofern nicht weiter problematisch. Wir sind vielleicht auch bereit, dem visuellen Erbe der Wissenschaft früherer Zeiten einen Stil zu attestieren – den Abbildungen in alten Büchern über Naturgeschichte oder den von aristokratischen Förderern finanzierten und gleich Luxusgegenständen reich verzierten wissenschaftlichen Instrumenten vergangener Epochen. Aber kann man bei einer Tabelle oder einem Graph oder bei Bildern, die ein Elektronenmikroskop geliefert hat, noch von einem ‚Stil' sprechen? Präsentieren sich diese Visualisierungen nicht einfach als das, was sie sind? In Wirklichkeit resultiert jedes visuelle Erzeugnis aus der Wahl eines bestimmten Designs oder einer bestimmten Präsentationsform. Ihm liegt daher stets, auch wenn man sich dessen nicht bewusst ist, eine Entscheidung für eine bestimmte Stil-Alternative zugrunde, und sei es eine Entscheidung für einen automatenhaft und leblos wirkenden Stil. Dass in der um nüchterne Sachlichkeit bemühten Wissenschaft seit Mitte des 19. Jahrhunderts jede Tendenz zur offenkundigen Ornamentierung, zum dezidiert Stilvollen und Malerischen zunehmend verpönt wurde, hat selbst einen Stil eigener Art konstituiert, den man als ‚Nicht-Stil' bezeichnen könnte.“ (15)

> „Der Weg von den ‚Dingen' zu den ‚Worten' – oder zu den Bildern – besteht in einer langen Kette von Übersetzungen, in deren Verlauf die ursprünglichen Meßdaten Schritt für Schritt in symbolische Darstellungen umgewandelt werden, und es sind diese, mit den Wissenschaftlerinnen und Wissenschaftler arbeiten und über die sie kommunizieren. Auch wenn Beschreibungen in wissenschaftlichen Texten eine objektive Referenz suggerieren, faktisch beziehen sie sich nicht ‚vertikal' auf eine ‚unter' ihnen liegende Wirklichkeit, sondern ‚horizontal' auf Darstellungen – auf Tabellen, Bilder, Kurven –, die ebenfalls Elemente des Textes sind und ihrerseits wieder auf andere Darstellungen verweisen." (Heintz/Huber 2001a: 12)[39]

Die so denkstilbedingte und beeinflusste kommunikative Beziehung von Darstellungen aufeinander findet sich zum Beispiel als

> „lange Kette der materiellen Umformungen […], die aus einem umzäunten Flecken brasilianischen Urwalds schließlich ein bedrucktes Bodenprofil werden lassen, mit all den materiellen Deposita, die man aufbewahren muß, um den Prozeß vorwärts zu treiben und im Prinzip auch rückvollziehbar zu halten. Transformation wäre hier das Stichwort für einen Vorgang, der weniger aus Repräsentation seinen Sinn bezieht als vielmehr aus der Lückenlosigkeit einer epistemischen Verkettung." (Rheinberger 2001: 57)

Hier spielt auch eine Rolle, dass die Grenze zwischen Beobachtung und Darstellung trotz ihrer nicht zu bestreitenden kategorialen Natur fließend ist. So macht sich etwa das oben bereits angesprochene Verhältnis von Beobachtung und Manipulation des Beobachtungsobjekts geltend. Im gesamten Bereich von Experimenten und damit aller wissenschaftlich-kommunikativen Akte, die sich auf Experimente beziehen, gilt dies umso mehr.[40] Von daher sind es nur Ausnahmefälle, in denen Repräsentant und Repräsentiertes klar voneinander zu trennen sind. Das hat inzwischen dazu geführt, dass manche Autoren dafür plädieren, auf den Begriff der Repräsentation in betreffenden Kontexten ganz zu verzichten:

39 Vgl. dazu auch Kastberg 2005.

40 Vgl. Rheinberger (2001): „Das Sequenzgel, das der oben genannten Buchstabenfolge zugrunde liegt, ist zugleich eine bestimmte Aufbereitung der DNA und eine Repräsentation der Abfolge ihrer Basenpaare. Als was das Molekül auftritt, […] darüber entscheidet der repräsentationale Kontext des Experiments […]." (55) Das gleiche liegt bei Präparaten im weitesten Sinne des Wortes vor – im ausgestopften Körper eines Tieres in einer naturkundlichen Ausstellung verschmelzen Repräsentiertes und Repräsentierendes unmittelbar. Vgl. Rheinberger 2001: 55f.

„Man schleppt mit ihm beständig eine umfangreiche Metaphysik der Präsenz und der Repräsentanz hinter sich her." (Rheinberger 2001: 57)[41]

Zweitens: Der oben erläuterte Charakter denkstilbestimmter Beobachtung als Konstruktion von Ordnungen und Gestalten ist nicht begrenzt auf bestimmte Modi von Beobachtungen bzw. Darstellungen. Das Wahrnehmen von Gestalten existiert auf unterschiedlichen Ebenen der repräsentationalen Transformation; die Darstellung von Sinn durch Sinnbilder sensu Fleck, die „Sichtbarmachung" (Rheinberger) von „kohärentem Sinn" (Kemp) entfaltet sich nicht nur als Abfolge von aufeinander bezogenen Darstellungen, sondern auch als Transposition auf differente semiotische Stufen. Kehren wir dazu kurz zu Flecks Ausführungen über die Zeichnungen des Vesalius zurück:

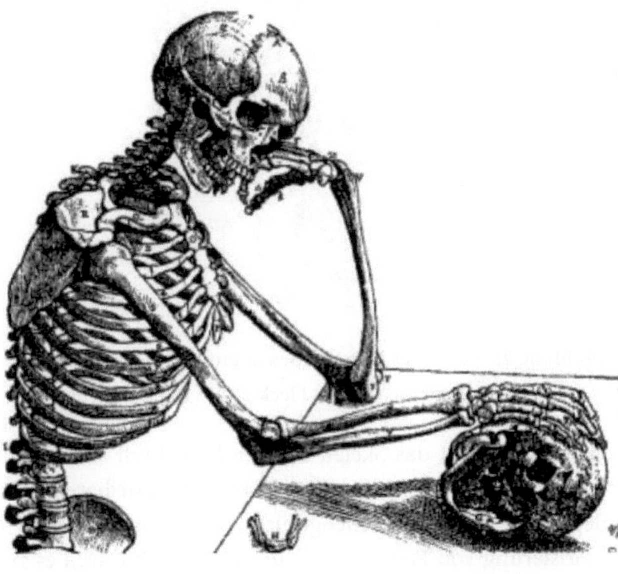

Abbildung 1: Vesalsche Skelettfigur. Nach Roth. Quelle: Fleck 2011 [1935]: 244.

41 Rheinberger schlägt den Terminus „Sichtbarmachung" vor, „um aus dem Dilemma der Repräsentation herauszukommen. Was könnte es heißen, mit dem Auge zu denken? Sichtbarmachen kann, muß aber nicht mit Abbilden zu tun haben, braucht Abbildung nicht notwendigerweise als referentiellen Bezugspunkt." (2001: 57)

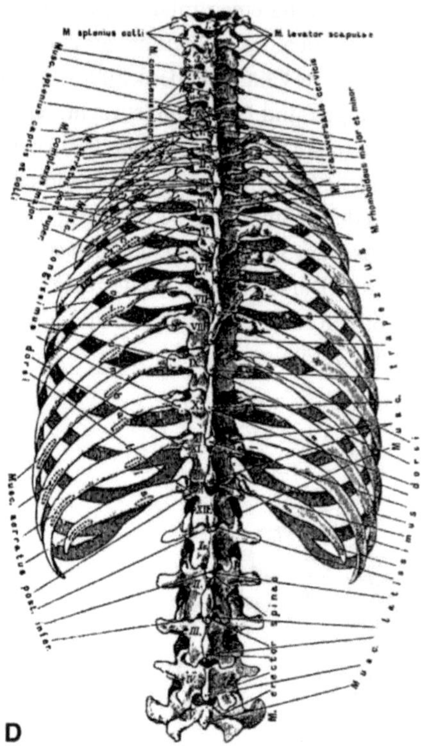

Abbildung 2: Skelett des Brustkorbes in moderner Darstellung. Nach Heitzmann. Quelle: Fleck 2011 [1935]: 245.

In der ersten Abbildung ist das Skelett zeichentheoretisch auf verschiedenen Ebenen angesiedelt: auf der Ebene der – intendiert – unmittelbaren Wiedergabe, Abbildung des menschlichen Knochengerüsts, d. h. es handelt sich nach der Zeichenkategorisierung von Peirce (1983) um einen Index, weil es zumindest dem Anspruch nach eine getreue Wiedergabe des Repräsentierten sein soll. Zugleich ist für Vesal wie für seine Zeitgenossen das Skelett „das Symbol des Todes" (Fleck 2011 [1935]: 242), insofern handelt es sich um eine Ikone. Wenn Fleck weiter schreibt, dass das Skelett in „pathetischer Hamlet-Stellung" am Pult stehe, dann handelt es sich um eine Evokation, die das kulturelle Wissen um Hamlet und die Visualisierung dieses Wissens als „am Pult stehend" voraussetzt. Auch die zweite Abbildung ist mehr als eine Abbildung auf einer lediglich um Sachlichkeit und Dateiltreue bemühten darstellenden Ebene. Der oben bereits kurz diskutierte Aspekt des Ästhetizismus auch solch einer Darstellung kommt hier ebenso zum Tragen[42] wie das Einandergreifen von bildhaften und schriftlichen Elementen, die zusammen das Ganze der Darstellung ausmachen. Beide Momente sind untrennbar verbunden mit der Funktion, die sie für den Produzenten der Abbildung spielen. Die durch Denkstil und kommunikative Absichten bedingte Gleichzeitigkeit unterschiedlicher repräsentationaler bzw. semiotischer Ebenen macht sich regelmäßig ebenso als Uneindeutigkeit der Zuordnung, als fluides Übergehen bemerkbar:

> „Definiert man im Anschluß an Hans-Jörg Rheinberger Visualisierung als Einsatz graphisch-bildnerischer Mittel im Unterschied zu numerischen, verbalen und symbolischen Darstellungsformen, so wird deutlich, daß das Spektrum sehr viel breiter ist als das beschriebene Beispiel und zwischen ‚Bild' und ‚Schrift' fließende Übergänge bestehen." (Heintz/Huber 2001: 13f.)

Drittens: Schon auf dieser Stufe der noch ganz unfertigen Bestimmung von Denkstil und seinem Verhältnis zu Kommunikation wird offensichtlich, dass Darstellungen im weitesten Sinne des Wortes ihren Gehalt durch den kognitiven Stil erhalten, in dessen Rahmen sie produziert, vermittelt, rezipiert werden. Das gemäß dem jeweiligen Stil Gestalthafte und Synthetische, d. h. dass sich das Ganze nicht als Summe aus der Beschaffenheit der Teile ergibt, sondern dass Ersteres umgekehrt den Teilen ihre Beschaffenheit zuweist, lebt von der latenten, evozierbaren, aber nicht bewussten Verfügbarkeit bestimmter Sinngehalte. Diese unterschwelligen Ideen – wie zum Beispiel die Verknüpfung von Skelett mit Tod – machen einen Denkstil aus; und ein Denkstil als Ganzes, als Gestalt seiner Ideengehalte prägt sich ihnen auf – er bleibt nicht mit sich identisch, wenn z. B. man versucht, eine einzelne Idee zu isolieren. Denkstil als *unterschwellige Gestalt* von Ideengehalten, als „set of pre-suppositions" (Rotenstreich 1986: 171), ermöglicht es, dass die eigenen gestalthaften Konstruktionen als Eigenschaft der Dinge in diesem Sinne des Wortes *wahr*-genommen und als diese kommuniziert werden. Kommunikation beruht daher immer auch auf Nichtkommunizierbarem.

42 Den Gehalt dieses Beispiels vom modernen wissenschaftlichen Bild-Stil sieht Fleck in der Betonung der mechanischen Gestalt, die der Brustkorb darstellt: „Wir wollen das Skelett naturgetreu, als Ergebnis der reinen Beobachtung, ohne ideographisches Beiwerk abbilden, zeichnen es aber als Knochengerüst, d. h. als Gerüst des Körperbaues: mit eingezeichneten Ansatzstellen der Bänder und Muskeln, wenn es sich um einzelne Knochen handelt, und als aufgebautes planmäßiges Gerüst, wenn es sich um das Ganze handelt. [...] Mechanisch-technische Korbmotive klingen hier genauso mit, wie pathetisch-philosophische bei Vesal [...]" (Fleck 2011 [1935]: 244f.)

1.1.4 Zusammenfassung

Wir haben der Charakterisierung von einigen Ausgangspunkten der Fleck'schen Denkstillehre so viel Platz eingeräumt, um möglichst plausibel darzulegen, dass ihre Anschlussfähigkeit an moderne Diskurslinguistik und umgekehrt die Projektion diskurslinguistischer Überlegungen in Flecks Konzepte keine wissenschaftshistorische bzw. meta-theoretische oder meta-disziplinäre Mutwilligkeit und Spielerei ist. Überflüssig ist das schon aus dem Grunde nicht, dass es vereinzelt Stimmen gibt, die Fleck genau diese Anschlussfähigkeit in toto absprechen. Möller (2007) z. B. sieht gerade vor dem Hintergrund des *linguistic turn* die Fleck'schen Ideen nicht nur als überholt, sondern durch „die mangelnde kommunikationstheoretische Fundierung der Theorie" (411) als nicht mehr verknüpfbar mit modernen Theorien an.

Einerseits mag dies einer gewissen Oberflächlichkeit seiner Fleck-Lektüre zuzuschreiben sein. Denn wenn er die Passagen zur Sprache gründlich, gemäß dem Stellenwert, den sie im Gefüge von Flecks Konzeption zukommt, zur Kenntnis genommen hätte, in denen es heißt, dass „das Wort als solches" ein „besonderes interkollektives Verkehrsgut bildet" (Fleck 1980 [1935]: 143), hätte eine solche pauschale und unrelativierte Aussage schwerlich treffen können. Der Vergleich mit Foucaults Diskurskonzept drängt sich Möller noch selbst auf, doch kommt er diesbezüglich zu der wenig nachvollziehbaren Zusammenfassung Foucault'scher Theorie, dass der Mensch „bei (dem frühen) Foucault nur noch das Produkt des Diskurses" (411) sei, so dass vom Menschen als Konstituens von Denkstilen und Denkkollektiven nicht mehr die Rede sein könne. Auch wenn er zu Recht das anmerkt, was jedem modernen Leser Fleck'scher Schriften sicherlich sofort auffällt, dass dessen Duktus „altmodisch" und dessen Verwendung von Termini nicht kohärent sei und bestimmte grundlegende Begriffe nicht entwickelt werden, so bleibt bei einer solchen Kritik doch die Frage, wie sich der Autor die auch von ihm zumindest zur Kenntnis genommene Vielzahl von Arbeiten zu Fleck erklärt, die zu einem nicht geringen Teil über die Anschlussfähigkeit von Flecks ‚Theorie' nicht nur räsonieren, sondern selbst Exempel dafür darstellen und darstellen wollen, wie so ein Anschluss im Einzelnen aussehen kann. Möller hätte zumindest versuchen können, an ausgesuchten Beispielen zu erläutern, dass und inwiefern er den ‚Anschluss' Flecks an andere epistemologische oder diskurstheoretische Ansätze – unter anderem an die von Foucault[43] – für nicht plausibel, die Versuche einer produktiven Anwendung von Flecks Denkstil-Konzept für aktuelle Detailprobleme für nicht gelungen hält.

43 Vgl. Rotenstreich 1986.

Andererseits lebt Möllers Verdikt der Untauglichkeit des von Fleck vertretenen, jedoch nur in beschränkter Weise systematisch elaborierten Ansatzes in Bezug auf dessen weitere Verwendbarkeit von einer einfachen und vereinfachenden Entgegensetzung zwischen ‚individuell' und ‚kollektiv', die ihrerseits das Prädikat ‚altmodisch' verdient. Mit dem schlichten Verweis auf die ‚kommunikationstheoretische Motivation' seiner Kritik geht Möller über alle neueren – und auch gar nicht mehr so neuen – Arbeiten zu diesem freilich noch nicht im entferntesten befriedigend geklärten, im folgenden Abschnitt der Arbeit ausführlicher zu diskutierenden Problemfeld schlicht hinweg. Es bleibt dabei, dass Möller wie schon der oben zitierte Harwood (1986) von den unübersehbaren Mängeln von Flecks eben gar nicht systematisch elaborierter Theorie umstandslos auf deren Unbrauchbarkeit und mangelnde Aktualisierbarkeit bzw. Anschlussfähigkeit in Gänze schließt. U. a. solchen Kritiken ist es geschuldet, dass wir unsere umgekehrte Auffassung zunächst dadurch zu plausibilisieren versucht haben, dass wir auf die von den disziplinären Kategorien und Gegenständen der Diskurslinguistik scheinbar weit entfernten, nämlich scheinbar ganz der Medizin, ihrer Geschichte und ihrer Darstellungsmethoden verhafteten Ausgangspunkte Fleck'scher Theoriebildung so ausführlich eingegangen sind. Am – im Rahmen des von Fleck Hinterlassenen – ‚fertigen' Denkstilkonzept mit seinen theoretischen Konstituenten Denkverkehr und Denkkollektiv lässt sich die Affinität zu insbesondere auch sprachorientierten Diskurskonzepten u. E. relativ leicht nachweisen. Unser Versuch in diesem Kapitel hat darin bestanden zu zeigen, dass diese ‚Übergänge' auf Diskurs bereits in den grundlegenden Perspektivierungen angelegt sind, die bei Fleck – oft auch in Parallelität zu Foucault – hinsichtlich Medizin und Naturwissenschaften ihren spezifischen und daher für denkstil- bzw. diskurstheoretische Verallgemeinerungen besonders prädestinierten Charakter finden. Bevor wir in Abschnitt 1.2 die wechselseitige Nähe und Produktivität von Flecks Denkstilkonzept und bestimmten diskurslinguistischen Ansätzen im Anschluss an Foucault und über ihn hinaus diskutieren, sollen die bisherigen Überlegungen kurz zusammengefasst werden.

- Fleck macht Medizin zum Gegenstand seiner meta-disziplinären Forschungen. Dabei stützt er sich auf sein Wissen als Arzt und Serologe. Er konzentriert sich zunächst auf die Entwicklung des Begriffes der Syphilis, und im Zusammenhang damit untersucht er die Umstände der Entwicklung der seinerzeit neuen serodiagnostischen „Bordet-Wassermann-Methode".

- Er sieht die Medizin für solche Untersuchungen als prädestinierten Gegenstand an, weil ihre historischen und sozialen Einbettungen und Entwicklungsbedingungen transparenter vorliegen, als dies bei anderen Wissenschaften der Fall ist. Sie ist nicht nur Wissenschaft vom kranken Menschen, sondern für ihn; daher wächst ihr ein sozialer Stellenwert zu, den andere naturwissenschaftliche Disziplinen so nicht aufweisen.
- Aus dieser spezifischen Stellung der Medizin in der und zur Gesellschaft rührt auch die Tatsache, dass bestimmte gesellschaftlich verbreitete Vorstellungen religiöser oder ethischer Art in die Medizin hineinwirken. Bei der Syphilis sind dies u. a. Anklänge einer moralischen Dimension der Krankheit als ‚Lustseuche'. Fleck sieht hierin ein zwar besonders krasses, aber verallgemeinerungsfähiges Beispiel für die Prägung wissenschaftlicher Disziplinen durch historisch auffindbare, in der Gesellschaft als solche beheimatete Ideen.
- Medizin hat das weitere Spezifikum, sich systematisch mit den Abweichungen, atypischen Phänomenen der menschlichen Physis zu befassen. Daher rühren eine Reihe von Besonderheiten medizinischer Begriffs- und Kategorienbildungen. Wiederum sieht Fleck hier in der Besonderheit kein eigentliches Alleinstellungsmerkmal, sondern bloß die besonders deutliche Ausgeprägtheit eines allgemeinen Merkmals wissenschaftlichen und auch nichtwissenschaftlichen Denkens: Begriffe und Kategorien sind kein bloßer Nachvollzug vorgefundener Ordnungen oder Systematiken, sondern Konstrukte.
- Dies gilt auch für diejenigen Tatsachen, die als ‚unmittelbar beobachtbar' gelten. An medizinischen und nichtmedizinischen Beispielen erläutert Fleck, dass auch Beobachtungen Formen theoretischen Agierens sind. ‚Etwas beobachten' heißt, aus allen möglichen Details der Sache eine Gestalt wahrzunehmen und sie gegen den Hintergrund der von ihr nicht umfassten übrigen Details zu isolieren.
- Die Fähigkeit zu diesem Gestaltsehen ist jeweils eine individuelle, wie ja auch das Beobachten als solches ein individueller Prozess ist. Erworben wird diese Fähigkeit, die Fleck als die logisch erste Form bestimmt, in der Denkstile manifest werden, durch den Kontakt des Individuums mit dem Kollektiv, in dem dieser Denkstil als Kollektivgut existiert.
- Wie das Beobachten ist auch das Darstellen nicht einfaches Reproduzieren unmittelbar gegebener Objekte, sondern im besten Fall das getreue Reproduzieren des Gesehenen, das – siehe oben – denkstilbestimmtes

Produkt der Fähigkeit zum Gestaltsehen bzw. Sinn-Sehen ist. Daher sind alle Bilder in diesem Sinne Sinn-Bilder.
- Wissen nicht nur in der Wissenschaft beruht nur zum geringsten Teil auf Beobachtungen ‚empirischer Tatsachen'; in der Regel beruht das Wissen auf der Kenntnisnahme von Darstellungen, von Darstellungen von Darstellungen usw. Wissen ist eingebettet in die Kommunikation der Abfolge von Beobachtungen, Darstellungen, Beobachtungen von Darstellungen.

Schon von da aus ergeben sich verschiedene Anschlüsse an moderne Zweige von wissenschafts- und kommunikationstheoretischer Forschungen, u. a. der Untersuchungen zur Rolle von Bildern, zur stilistischen Aufgeladenheit von Bildern in der Wissenschaft usw., wie wir ebenfalls versucht haben zu skizzieren.

Im folgenden Abschnitt soll es darum gehen, zum Kern der diskurswissenschaftlichen Dimension von Flecks Denkstilkonzept sowie zu seiner Brauchbarkeit für die Analyse historisch abgrenzbarer Kommunikationen zu kommen. Auch hier wird der theoretische Bezug auf Foucaults Diskurskonzept bzw. das, was wir darunter verstehen, nicht die alleinige, aber eine zentrale Rolle spielen.

1.2 Denkstil und Diskurs(-linguistik) – Gegenstände, Fragestellungen, Herangehensweisen oder: „digging into the mountain from opposite directions"[44]

In den einleitenden Bemerkungen war bereits davon die Rede, dass es ohne Zweifel Schwierigkeiten bereitet, Flecks Denkstil-Konzept theoretisch relativ zur Diskursforschung im weiteren bzw. zur Diskurslinguistik im engeren Sinne zu verorten, weil beide auf je unterschiedliche Weise uneindeutig sind. Trotzdem, vielleicht auch gerade darum, gibt es eine Ahnung und teilweise auch mehr als diese, nämlich mehr oder weniger explizierte und begründete Auffassungen von einer irgendwie gearteten theoretischen Nähe beider Seiten bei vielen Autoren, die sowohl mit Flecks Konzeption als auch mit – einem oder mehreren der vielen – diskursorientierten und/oder sprachwissenschaftlichen Theorieansätze zumindest in gewissem Umfang vertraut sind. Trotzdem sind ausführliche Versuche der An- und Verknüpfung vor allem bezüglich der Sprachwissenschaft selten

44 Diesen Ausdruck gebraucht der Moderator der legendären, in den Niederlanden 1971 aufgezeichneten TV-Debatte zwischen Noam Chomsky und Michel Foucault, mit welchem er zwischendurch versucht hat, das Verhältnis zwischen den beiden Positionen bezüglich eines zentralen Punktes zu bestimmen. (Vgl. Chomsky/Foucault 1971)

geblieben. Viel häufiger, wenn auch bei weitem nicht *häufig*, finden sich Bezüge, die zwischen Flecks Denkstil/Denkverkehr und Diskurs insbesondere zu den Foucault'schen Varianten von Diskurs hergestellt werden. Die ausführlichsten zum Verhältnis von Denkstil-Konzept und Sprachwissenschaften veröffentlichten Arbeiten stammen von Johannes Fehr (2005) und Ulla Fix (u. a. 2014 und 2015a). Johannes Fehr untersucht „Ansätze einer Fleck'schen Philologie", für die er Flecks Überlegungen über die notwendige Uneindeutigkeit sprachlicher Produktionen auf verschiedenen sprachlichen Ebenen – Wort, Satz, Text – zum Ausgangspunkt nimmt. Ulla Fix widmet sich in verschiedenen Arbeiten, insbesondere in „Denkstil und Sprache: Die Funktion von ‚Sinn-Sehen' und ‚Sinn-Bildern' für die ‚Entwicklung einer wissenschaftlichen Tatsache'" der Frage, wie sich Flecks Arbeit mit der Sprachwissenschaft sinnvoll und produktiv vermittelt über die Kategorie *Stil* verknüpfen lässt. Von Antos (2008) stammen Vorschläge, insbesondere die dezidiert komparativen Momente in Flecks Konzept, das dieser selbst an mehreren Stellen[45] als Projekt einer „vergleichenden Erkenntnistheorie" bezeichnet, für die linguistische Mentalitätsgeschichte, wie sie von Fritz Hermanns mit Blick auf Busses *Historische Semantik* (1987) entworfen worden ist, nutzbar zu machen. Waldemar Czachur (2013) schließlich erörtert das Problem der Rolle des Individuums für die diskursive Konstitution und Konstruktion von gesellschaftlichen Wissensbeständen, wie es sich als zentraler Punkt aller diskurswissenschaftlichen und diskurslinguistischen Wissenstheorie auch für jede Rezeption von Flecks Theorie(n) stellt.

Wenn über die eingangs unternommene Bemühung, die Offenheit der Fleck'schen Entwürfe für ihren Anschluss bzw. ihre Erweiterbarkeit in Richtung diskurslinguistischer Konzeptionen zu verdeutlichen, hinaus geleistet werden soll, dieses Potenzial wenigstens ansatzweise in diesem Sinne zu aktivieren, scheint sich vor dem Hintergrund der vorgängigen Erläuterungen offensichtlich ein zentrales Problem zu stellen: ‚Funktioniert' eine solche Verknüpfung mehr über das Moment der Diskurs*linguistik* oder mehr über das Moment der *Diskurs*linguistik? Oder anders gefragt: Ist die sprachliche/sprachlich-kommunikative Dimension von Diskursen die Brücke zwischen Denkstil-/Denkkollektiv-Konzepten einerseits und Diskurskonzepten andererseits? Oder ist umgekehrt Diskurs als sprachwissenschaftliche Beschreibungsebene und linguistisch-analytisches Formalobjekt das Verbindungsglied von Fleck zur Sprachwissenschaft?

Unseres Erachtens stellt sich diese Alternative als solche nicht, d. h. nicht im Sinne eines Entweder-Oder – jedenfalls dann nicht, wenn es gelingt, einen Kern

45 Vgl. Fleck 1980 [1935]: 2, 31 oder 34.

von gemeinsamen Problemstellungen, Fokussierungen und Herangehensweisen zu finden. Dieser Kern von gemeinsamen Elementen kann dann auch als das Set der Verknüpfungen angesehen werden. Die Abbildung 3 zeigt dieses System von Bezugspunkten:

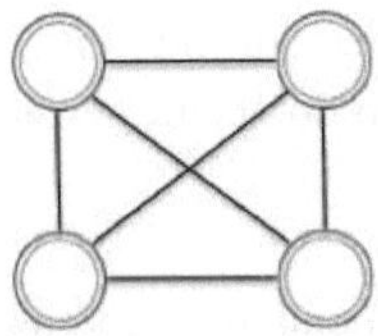

Abbildung 3: System von Bezugspunkten

Dabei versteht es sich von selbst, dass die Verknüpfungspunkte, vielleicht sollte man besser von Verknüpfungsarealen sprechen, nicht isoliert voneinander betrachtet und diskutiert werden können. Wenn von *Wissen* im Sinne des Fleck'schen Denkstil-Konzepts die Rede ist, dann gehören zu seinen charakteristischen Bestimmungen eben die kollektive bzw. soziale Natur, seine historische Einbettung usw. Das *Kollektiv* wiederum ist wesentlich Träger von Wissen, das dieses untereinander und gegebenenfalls mit anderen Kollektiven kommuniziert, in diesem Zuge historisch entwickelt usw. Kurz: Anders als in ihrem spezifischen, am ehesten als Netz vorzustellenden Zusammenhang lassen sich von keinem der beiden konzeptionellen Pole aus diese Areale und ihr Verknüpfungs- und Erweiterungspotenzial bestimmen.

Eine weitere, sich nicht dem ersten Blick bietende Verknüpfung ergibt sich aus der Rezeption der Fleck'schen Schriften einerseits und den für eine Diskurs*linguistik* im Anschluss an Foucault von verschiedenen Autorinnen und Autoren als relevant angesehenen und diskutierten Aussagen Foucaults zum Thema. Was hier in den Fokus rückt, das ist die oben schon kurz angerissene, sozusagen negative Gemeinsamkeit beider, dass sie bis heute nicht nur jeweils uneinheitlich, sondern diametral interpretiert werden. Zudem betrifft dies im Wesentlichen drei identische Fragestellungen bzw. Streitpunkte: die Frage nach der (autonomen) Rolle des Subjekts, die Frage nach dem Verhältnis von Gesagtem und Nichtgesagtem und – damit in Zusammenhang stehend, aber nicht identisch – die Frage nach dem Verhältnis von Objektivität und sozialer/diskursiver Konstruiertheit von Wissen. Diese bisweilen völlig aus- bzw. gegeneinander laufenden Wahrnehmungen Fleck'scher und Foucault'scher Positionen kreuzen sich zudem noch mit entgegengesetzten Wertungen. Das soll anhand der Problematik der Rolle des

Individuums beispielhaft erläutert werden: Czachur z. B. setzt bei Fleck einen deutlichen Akzent auf die Rolle des Individuums als aktiv handelndes im Rahmen der sozialen Konstitution von Wissen aus – und er bewertet dies positiv:

> „Die Diskurslinguistik, besonders die, die aus den Schriften Foucaults schöpft, hat sich bisher damit schwer getan, wie sie mit der Kategorie des Handelnden, des Akteurs, des Subjekts umgehen soll. […] Fleck zeigt, dass man einem Handelnden doch eine gewisse Autonomie zuschreiben kann." (Czachur 2013: 147f.)

Seiner Auffassung betonen auch andere Autoren zu Recht

> „die Relevanz, die Kategorie der Akteure in die linguistische Diskursanalyse zu integrieren und auf ihre Interaktionsrollen wie auch Diskurspositionen hinzuweisen […] Die Analyse der Diskurshandelnden ist nur im Kontext möglich und auch notwendig, denn es gibt keine feste Zuschreibung eines Individuums zu einem Denkkollektiv." (ebd.: 148)

Dazu gibt es zwei entgegengesetzte Lesarten Flecks. Möller (2007) sieht diesen Fokus auf den menschlichen Diskursakteuren bzw. Wissensträgern bei Fleck auch – und kritisiert dies ausdrücklich:

> „Mit den Arbeiten Michel Foucaults hat sich der Begriff des Diskurses als ein ‚begrenzter Kommunikationsraum' (Archäologie des Wissens 183) etabliert, der auf einen ähnlichen Gegenstandsbereich abzielt wie der Fleck'sche Begriff des Denkstils. Im Gegensatz zu Fleck ist jedoch der Mensch nicht mehr Ausgangspunkt für eine Denkdifferenzierung in Gruppen, sondern bei (dem frühen) Foucault nur noch das Produkt des Diskurses […] Zudem ist die einer bewusstseinphilosophischen Tradition nahe stehende Begrifflichkeit Flecks, die zudem auf eine soziale Zuordnung von Denkstilen zu Personengruppen abhebt, vor dem Hintergrund eines lingustic turn veraltet." (Möller 2007: 411)

Ganz anders als Czachur und Möller sieht Alexander Schütz (2007) diese aktive, mithin für die Analyse relevante Rolle des Individuums bei Fleck vollständig getilgt, und im Gegensatz zu Möller findet er dies außerordentlich problematisch:

> „Anders als Karl Mannheim, der den sozialen Trägern eines Denkstils mit den ‚Denkwollungen' eine teils explizit formulierte, teils nicht zu Bewusstsein kommende Zielorientiertheit, ein Interesse am Werden und an der Aufrechterhaltung eines wirtschaftlichen und sozialen Systems und dem zugehörigen Weltbild zuspricht, schenkt Fleck der Ausdrucksintention, dem Worumwillen des Denkens und Handelns, nur geringe Aufmerksamkeit, wenn er den Denkstil und das durch ihn evozierte Handeln im wesentlichen von einer Stimmung herleitet. Die Betonung der Bedeutung der ‚Stimmung' für das Denken einer sozialen Gruppe erweckt den Eindruck, dass nicht, wie bei Heidegger, lediglich der primäre, sondern auch der wesentlichste Erschließungscharakter der Welt der der Geworfenheit ist; das Dasein des Einzelnen wie der Gemeinschaft erscheint damit beschränkt auf eine pathische, passive Grundform […].“ (Schütz 2007: 149f.)

In analoger Weise ließen sich auch widerstreitende Interpretationen und Befunde zu Foucault anführen; zur Grundlage dieser interpretatorischen Kakophonie bezüglich Foucaults, die unter anderem auch in der Uneindeutigkeit und schwer oder nicht erkennbaren Systematik seiner Positionen und ihrer Entwicklung liegt, ist in der Einleitung das Wesentlichste gesagt worden.

Trotzdem oder gerade darum werden auch wir nicht umhin können, Fleck und Foucault bzw. die implizit oder explizit in seiner Nachfolge entwickelten diskurslinguistischen Positionen einander gegenüberzustellen, um wesentliche Berührungspunkte ausfindig zu machen, die – auch dies wurde schon mehrfach angedeutet – mitunter auch negativer Art sind.

1.2.1 Denkstil – Wissen – Diskurs

Sicherlich am wenigsten problematisch, eher schon banal, ist die Feststellung, dass es sich bei der Kategorie *Wissen* um das Element handelt, an dem sich wegen seiner zentralen und tragenden Bedeutung für beide Seiten entscheidend zeigen wird, wie groß die wechselseitige Anknüpfbarkeit von Denkstil und Diskurs tatsächlich ist, ebenso wie sich daran entlang wohl am leichtesten konturieren lassen wird, worin dieses Potenzial besteht. Eine Untersuchung wird zumindest versuchen müssen zu ermitteln, wie von beiden Ausgangspunkten her auf die folgenden Fragen geantwortet wird:

- Was ist Wissen? Wer ist der Träger von Wissen?
- Wie entsteht Wissen? Ist Wissen objektiv?
- Wie ist das Verhältnis von Wissen und Sprache beschaffen?
- Was vermag Wissen?

Gehen wir diesen Fragen, wenn auch nicht exakt in dieser Reihenfolge nach.

1.2.1.1 Wissen als individuelles und soziales Phänomen; Wissen als System von Elementen

Beginnen wir mit dem Wissensbegriff. Die Diskurslinguistik begreift über alle inneren Differenzen hinweg Wissen in erster Linie als ein „sozial verhandeltes Gut" (Spitzmüller/Warnke 2011: 41). Spitzmüller/Warnke bieten im Sinne eines auf die Disziplin bezogen integrativen Versuchs folgende Definition:

> „Wir verstehen unter ‚Wissen' komplex vermittelte Bewusstseinsinhalte, die als kognitive Repräsentationen von unmittelbaren und mittelbaren Erfahrungen abgeleitet sind. Wissen in unserem Verständnis ist also nicht Erkenntnissicherung zeitloser, ontologischer Fakten, sondern ein sozial verhandeltes Gut […]." (ebd.)

Spitzmüller betont den Aspekt der sozialen Aushandlung noch einmal an anderer Stelle, wo er schreibt, dass Wissen ein „kognitives Orientierungsschema" sei, „dem ein bestimmtes Kollektiv in einer gegebenen historischen und kulturellen Situation ontologischen Status *zuspricht*" (Spitzmüller 2009: 114). Diese und ähnliche Fassungen eines generalisierbaren Wissensbegriffs innerhalb der Diskurslinguistik schließen sich – in der Regel ausdrücklich – an Foucaults Aussagen zum Wissen an. Der definiert Wissen über *Akzeptanz*: „Das Wort Wissen wird also gebraucht, um alle Erkenntnisverfahren und -wirkungen zu bezeichnen, die in einem bestimmten Moment akzeptabel sind." (Foucault 1992: 32) Diese Akzeptabilität von Wissen geht nach Foucault damit einher, dass Wissen nie ‚als solches' in einer eigenen Sphäre existiert, sondern dass seine Existenz in ein System eingebettet ist, das seinerseits Akzeptanz verschafft und verbürgt:

> „Denn nichts kann als Wissenselement auftreten, wenn es nicht mit einem System spezifischer Regeln und Zwänge konform geht – etwa dem System eines bestimmten wissenschaftlichen Diskurses in einer bestimmten Epoche […]." (Foucault 1992: 33)

Damit ist das Verhältnis von Wissen und Diskurs fundamental bestimmt: Diskurse sind das Bezugssystem, innerhalb dessen Wissen als solches akzeptiert oder verworfen wird, als Wissen gilt oder eben nicht. *Außerhalb* eines solchen Bezugssystems gibt es kein Wissen – aber eben auch kein Nicht-Wissen, keine ‚Wahrheit' und auch keinen ‚Irrtum'. Gerade mit Blick auf die Kontroversen um Flecks Wissens- bzw. Erkenntnisbegriff ist es interessant, daran zu erinnern, dass diese Grundannahme der Diskurstheorie, die in dieser zentralen Rolle auch von der Diskurslinguistik übernommen wurde, vielfach so ausgelegt wurde, dass Foucault und diejenigen, die ihm darin gefolgt sind, einen radikalen Konstruktivismus vertreten, also behaupten, wenn die ‚Richtigkeit' von Wissen eine Frage der diskursiven Akzeptanz sei, dann sei damit zugleich geleugnet, dass es ‚außerhalb des Diskurses' überhaupt die ‚objektiven Gegenstände' des Wissens, also eine reale Welt gebe. Diese Kritik beruht auf einem grundlegenden Missverständnis dieses Wissenskonzepts; daran liegt zugleich eine gewisse wiederum an Flecks Postulat der Unvermittelbarkeit ganz und gar fremder Denkstile gemahnende Notwendigkeit: Die Vertreter dieses Missverständnisses kennen den Unterschied zwischen realer Existenz der Welt und Konstitution von Wissen über die Welt nicht, nehmen Wissen als bloßes Abbild und können daher von ihrem Standpunkt aus gar nicht anders, als da, wo jemand die objektive Abbildhaftigkeit von Wissen bestreitet, eine Leugnung der realen Welt herauszuhören. Dabei haben die Vertreter diskurstheoretischer Positionen sich vielfach bemüht, diesen Unterschied hervorzuheben:

> „Die Tatsache, dass jedes Ding als Objekt des Diskurses konstituiert wird, hat nichts damit zu tun, ob eine Welt außerhalb des Denkens existiert. Sie hat auch nichts mit der Opposition Realismus/Idealismus zu tun. Ein Erdbeben oder auch ein herabfallender Ziegelstein sind Ereignisse, die tatsächlich existieren, insofern sie hier und jetzt geschehen, unabhängig von meinem Willen. Ob ihre Besonderheit als Ding jedoch begrifflich als ‚Naturereignis' oder ‚Ausdruck des Zorns Gottes' gefasst wird, hängt von der Strukturierung des diskursiven Feldes ab." (Laclau/Mouffe 2000 [1985]: 108; zit. n. Mills 2007: 53)[46]

46 Noch deutlicher formuliert es der Wissenschaftstheoretiker Bruno Latour von seinem Standpunkt aus in einem Interview mit „Powision" über das Ozonloch, der darum hier ausführlich wiedergegeben sein soll: „Powision: […] Sind Debatten um das Klima oder das Ozonloch und die Phänomene, um die es geht, bloß diskursive Hysterien, deren Inhalte politisch austauschbar sind? Bruno Latour: In Bezug auf das Ozonloch ist das eine obsolete Frage. […] Die wissenschaftlichen Daten sind bereits vor längerer Zeit in einem amerikanischen Labor produziert worden – ohne freilich gleich als ‚Ozonloch' identifiziert zu werden. Der Begriff, das diskursive Phänomen, hat sich erst im weiteren Verlauf entwickelt. Das Ozonloch hat seine eigene Geschichte, erst nach den ersten Interpretationen der Daten konnte man sagen: Es existiert. Das Ozonloch existiert also nicht ohne die Geschichte seiner Erforschung. Mittlerweile ist es als unbestreitbares Faktum auf verschiedene Weisen institutionalisiert, unter anderem hat es machtvolle Wirkungen auf politische Entscheidungen, erzeugt Reaktionen in der Industrie etc. […]
Natürlich sind das Konstruktionen, das heißt aber noch lange nicht, dass sie nicht existieren. Klar, zu sagen, das Ozonloch sei unabhängig von diskursiven und instrumentellen Praktiken, ist absurd. Es macht keinen Sinn, das Ozonloch ohne seine Diskursivität zu beschreiben. […] Die Diskursivität ist also Teil des Phänomens. Idiotisch ist es zu sagen: Wenn es ein diskursives

Zum anderen ist in enger Verbindung damit Wissen nur noch in einer Hinsicht eine individuelle bzw. individual-psychologische Kategorie. Mit der Verschiebung des Fokus auf den Kontext, der als System von Regeln der Sagbarkeit zu analysieren ist, erhält das Wissen eine originär soziale Dimension. Vielleicht ist – anders als z. B. Spitzmüller/Warnke (2009) dies akzentuieren – diese Verschiebung von der individuellen Kompetenz, die insbesondere seitens der von Chomsky u. a. repräsentierten Sprachwissenschaft fokussiert wird, hin zur sozialen Performanz auch die eigentlich wesentliche und der Kontrast ‚*unendliches* Potenzial' vs. ‚*endliche* Realisierung' nur ein Reflex darauf. Darauf deuten auch die Aussagen hin, die Foucault und Chomsky während ihrer schon erwähnten einzigen, später als Buch veröffentlichten Diskussion machen. Chomsky spricht hier und an anderen Stellen ausgehend vom Wissen über Sprache nicht über eine potenziell unendliche Menge von Möglichkeiten kognitiver, sprachlich realisierter Konstruktionen, sondern im Gegenteil über die bemerkenswerte *Gleichartigkeit*, in diesem Sinne eben auch *Begrenztheit* der beobachtbaren kognitiven Leistungen von Menschen. Darin sieht er erstens eine Bedingung dafür, dass überhaupt so etwas wie ‚gültiges', überprüfbares Wissen entstehen kann:

> „If sharp limits on attainable knowledge did not exist, we could never have such extensive knowledge as that of language. For the simple reason that without these prior limitations, we could construct an enormous number of possible systems of knowledge, each compatible with what is given in experience. So the uniform attainment of some specific system of knowledge that extends far beyond experience would be impossible […]." (Chomsky 1976: 119)

Und zweitens verortet er ‚Substanz' und Grund der „sharp limits" in der menschlichen Natur, genauer gesagt in der auch biologisch bestimmbaren Funktionsweise des menschlichen Gehirns:

> „We find ourselves faced with what may seem a paradox, though it is in fact not a paradox at all: where rich and complex knowledge can be constructed in a uniform way, as in the case of knowledge, there must exist constraints, limitations imposed by biological endowment on the cognitive systems that can be developed by the mind. The scope of attainable knowledge is linked in a fundamental way with its limits." (Chomsky 1976: 118)

Chomsky ist damit sehr nahe an den oben von Kemp (2003) zitierten Aussagen, denen zufolge das Sehen von Gestalten, das Konstruieren und ‚Entdecken' von sinnhaften Ganzheiten eine evolutionär entwickelte notwendige Komponente der menschlichen Natur ist.[48]

Im Unterschied dazu konzentrieren sich die Ansätze von Foucault – der der für Chomsky zentralen Kategorie der ‚human nature' ausdrücklich skeptisch gegenübersteht – und auch von Fleck nicht auf die individuelle, gar biologisch manifeste ‚Natur' des menschlichen Verstandes, der die Strukturen, Ordnungen, Wesenheiten und Ganzheiten entdeckt, die ihm fundamental vorgegeben bzw. auf die er in einem grundsätzlichen Sinne beschränkt ist. Foucault und Fleck stellen die soziale Natur von Wissen und Erkenntnis in den Mittelpunkt – es ist jedoch festzuhalten, dass zumindest Chomsky hier im Unterschied zu anderen Autoren, die Foucaults Ansatz vor allem im Rückblick sehr polemisch von seiner Sprach- und Wissensphilosophie absetzen, hier eher eine Verschiedenheit in der Herangehensweise und im Interesse als einen wirklichen, gar unüberbrückbaren Gegensatz sieht:

> „We [Foucault und Chomsky während der TV-Debatte; B. R.] found ourselves in at least partial agreement, it seemed to me, on the question of ‚human nature' […] In my view, scientific creativity depends on two facts: on the one hand, on an intrinsic property of mind, and on the other, on a combination of social and intellectual conditions. There is no question of choosing between these. In order to understand the interaction between these factors. But personally I am more interested in the first, while Foucault stresses the second." (Chomsky 1976: 132)

Fleck nimmt hier unseres Erachtens eine ‚Mittelstellung' ein: Weder beschränkt er seinen Blick so weitgehend wie Chomsky und die von ihm geprägte Linguistik auf die Perspektive der individuellen kognitiven Kompetenzen, noch erklärt er das Individuum mit seinen psychischen Voraussetzungen der elementaren und komplexeren Art für so nachgelagert gegenüber den sozialen Strukturen und Prozessen, wie das bei Foucault und den Diskurstheorien in seiner Nachfolge der Fall ist. Wenn auch unfertig und an manchen Stellen in sich wenig transparent vermittelt geht es bei Flecks Denkstil-Konzeption gerade um die Verbindung der beiden Seiten, der beiden Dimensionen von Wissen. Schon Fleck ist sich so sicher wie Chomsky einige Jahrzehnte später, dass es keinen Sinn hat, Wissen *entweder*

48 Vgl. dazu auch Pöppel 2000.

als soziales *oder* als individuelles Phänomen zu betrachten und zu analysieren. Beachtlich ist das unter anderem darum, weil diese ‚Doppeltheit' des Wissens auch heute kein ‚Gemeingut' in den einschlägigen Wissenschaften ist. So schreibt Weber im Rahmen eines Sammelbandes über Wissenstransfer:

> „Derjenige Wissensbegriff, in Bezug auf den die zentrale Frage nach seinem ‚Träger', nach demjenigen, der (etwas Bestimmtes) weiß, beantwortet werden kann, handelt vom *individuellen* Wissen. [...] Dabei scheint noch ganz ungeklärt, wie sich die verschiedenen Phänomene, die wir alle mit dem Terminus *Wissen* bezeichnen, zueinander verhalten. Ganz besonders gilt das für das Verhältnis von propositionalem und prozeduralem Wissen. Bezüglich eines Begriffspaars scheint die Unklarheit geringer zu sein. Ich meine hier den Gegensatz zwischen individuellem und so genanntem kollektivem Wissen. Ich schlage eine radikale Lösung vor: Wissen ist immer individuell. Von kollektivem Wissen kann erst dann sinnvoll gesprochen werden, wenn geklärt ist, wie Kollektive ein Wissen ‚haben' können, dass [sic!] sich von der Schnittmenge der Wissensbestände ihrer Mitglieder qualitativ unterscheidet." (Weber 2009: 20)

Den anderen Pol, beides als vollständig disjunkt zu denken, markiert u. a. die schon zitierte Stellung Möllers (2007), der Fleck vorwirft, dass der sich überhaupt noch mit dem Individuum als Träger von Wissen beschäftigt, was seiner Meinung nach dem hoffnungslos veralteten bewusstseinsphilosophischen Herkommen der Fleck'schen Überlegungen geschuldet ist.

Im Unterschied zu diesen beiden vereinseitigenden Positionen versucht Fleck mit der Kategorie Denkstil in Chomskys Worten „to understand the interaction between these factors". Seine grundlegende Annahme dabei ist die, dass jede individuelle kognitive Leistung angefangen von so elementaren Aktivitäten wie der optischen Wahrnehmung bis hin zu komplexen Leistungen wie Bildung und Elaboration von Theorien von geistigen Dispositionen vorgeprägt sind, die als solche ein ‚Kollektivgut' darstellen. Es ist dieser Zusammenhang, den Fleck mit für den heutigen wissenschaftlichen Geschmack womöglich sonderbar anmutenden Bildern verdeutlichen will, wie z. B. dem vom ‚Eindringen' des Kollektivs in die Prozesse individueller Kognition:

> „Mit den sich aufzwingenden ganzheitlichen Gestalten, mit der verbreiteten allgemeinen Auffassung in einem Gebiet, mit der allgemein angenommenen Analyse der Elemente, mit der Technik, der Kunst und der

> Wissenschaft, mit der Alltagsgewohnheit, der Legende, der Religion, selbst bereits mit der benutzten Sprache dringt das Kollektiv in den Prozeß des Schauens und Sehens, Denkens und Erkennens ein." (Fleck 2011 [1947]: 411)

Schon in dieser Eigenschaft des Prägenden, des Rahmenden für die individuelle Kognition ist das ‚kollektive Wissen' mehr als die von Weber apostrophierte „Schnittmenge der Wissensbestände" der Mitglieder des Kollektivs. Es ist auch nur das Wissen in dieser ‚kollektiven Trägerschaft', das das oben besprochene negative, restriktive Moment notwendig an sich hat: Nur Denkstile als Ganze wirken als begrenzende Rahmen für individuelle Kognition, schließen die Denk- und Sagbarkeit einer Menge von Aussagen ebenso ein, wie sie die Denk- und Sagbarkeit einer Menge von anderen Aussagen, zulässigen Wissenselementen ausschließen. In Kategorien des Diskurses ausgedrückt sind es eben nicht die bestimmten Inhalte bestimmter Aussagen, die bestimmte andere Aussagen mit bestimmten anderen Inhalten innerhalb der jeweiligen diskursiven Formation ausschließen bzw. verunmöglichen, sondern es sind die Regeln und Strukturen der diskursiven Formation selber, die für wechselseitigen Ausschluss oder Koinzidenz von Aussagen sorgen:

> „Man wird *Formationsregeln* Bedingungen nennen, denen die Elemente dieser Verteilung unterworfen sind (Gegenstände, Äußerungsmodalität, Begriffe, thematische Wahl). Die Formationsregeln sind Existenzbedingungen (aber auch Bedingungen der Koexistenz, der Aufrechterhaltung, der Modifizierung und des Verschwindens) in einer gegebenen diskursiven Verteilung." (Foucault 1973a: 58; Hervorheb. im Original)

Zwar sind *Denkstil* und *Diskurs* auch an dieser Stelle nicht identisch, aber sie sind zumindest auf der gleichen Ebene angesiedelt: Beide sind in ihren Strukturmerkmalen nicht auf ihre Elemente rückführbar; Denkstil ist nicht die Summe der (individuellen) Gedanken, Diskurs ist nicht die Summe des Sagbaren bzw. wirklich Gesagten. Insofern stimmen wir nicht mit Warnke überein, wenn/falls er die „Handlungsabsicht" von Texten mit der Intention der Autorschaft gleichsetzt:

> „Er [Warnke] geht dabei von der These aus, dass die Analyse von Einzeltexten für eine historisch ausgerichtete Textlinguistik unzureichend sei. Statt dessen müsste man ‚gleichgerichtete Vertextungen' [Warnke 2000: 219], also Texte mit übereinstimmender Intention, analysieren.

> Für diese ‚gleichgerichteten Vertextungen' schlägt Warnke in Anlehnung an Foucault den Terminus ‚Diskurs' vor. Ein Diskurs ist damit zunächst nichts anderes als ein Bündel von Texten mit gleichgerichteter Handlungsabsicht" (Spitzmüller/Warnke 2011: 115)

Nach unserem Verständnis lehnt Foucault eine solche intentionale Definition gerade ab. Er sieht in der Zuhilfenahme der Kategorie Intention, Absicht ein Hilfsmittel der *Interpretation* von Diskursen, die in eine diskurs-ontologische Analyse eine (nachholende) Rationalisierung vom Standpunkt des Betrachters einführen:

> „Aber wenn man im Verhältnis zur Sprache und zum Denken die Instanz des Aussageereignisses isoliert, geschieht dies nicht, um eine zahllose Menge von Fakten zu verstreuen. Es geschieht, um sicher zu sein, sie nicht auf Verfahren der Synthese zu beziehen, die rein psychologischer Natur wären (die Absicht des Autors, die Form seines Geistes, die Strenge seines Denkens, die ihn beschäftigenden Themen, das Vorhaben, das seine Existenz durchläuft und ihr Bedeutung gibt) [...]." (Foucault 1973a: 44)

Sowohl Denkstil als auch Diskurs prägen sich als Ganzheiten ihren Elementen auf – das ist die Identität der beiden Konzeptionen an dieser Stelle. Bezogen auf diesen Punkt liegt der Unterschied zwischen beiden Ansätzen darin, dass Diskurs zumindest unter der von Foucault vertretenen Perspektive erstens deutlich als *strukturierte Gesamtheit von Regeln* der Verteilung der diskursiven Elemente gedacht wird und zweitens auf die textlichen Hervorbringungen unter Absehung des individuellen Prozesses der Hervorbringung abhebt, während Fleck als das vom Denkstil Geprägte eher die individuelle Kognition der Mitglieder des ‚Denkkollektivs' im Auge hat. Entscheidend ist aber darüber hinaus, dass in der Konzeptualisierung von Denkstil und Diskurs als gleichsam gestalthafte Ganzheiten inbegriffen ist, dass sie nur als diese, eben als Ganze veränderbar sind. Dafür scheint es gleichgültig, ob man sie mehr als regelhafte Verteilungsstruktur von diskursiven Elementen sensu Foucault denkt oder als das Gesamt der Prägungen und Dispositionen kognitiver Leistungen sensu Fleck. Vor allem in seiner frühen Werkphase hat Ersterer, „auch Foucault ist eben dem Diskurs seiner Zeit verpflichtet" (Spitzmüller/Warnke 2011: 69), des öfteren explizit Bezug genommen auf die strukturalistische Herangehensweise, mit der die Linguistik de Saussure'scher Provenienz auch in Foucaults Augen zum Vorbild für andere

Geistes- und Sozialwissenschaften avanciert ist.[49] Auch wenn er sich später vor allem negativ als Nicht-Strukturalist bezeichnet, so sind seine und dann auch die Diskurstheorien nach ihm durchzogen von dem strukturalistischen ‚Erbe', dass die Elemente (des Diskurses) wesentlich bestimmt sind von den diachronen und synchronen Beziehungen, innerhalb derer sie auftauchen. Diese Beziehungen können horizontaler Art sein, wenn es sich um Beziehungen zu Elementen der gleichen Ebene handelt, um andere diskursive Elemente, oder vertikaler Art, dann nämlich, wenn es sich um Beziehungen zu Elementen auf anderen Ebenen handelt, die ‚unterhalb' oder ‚überhalb' des Diskurses angesiedelt sind.

Für Fleck ist bezüglich der Analyse eines Wissensgebietes – synchron, erst recht aber diachron – ebenfalls entscheidend, dass die Elemente des als solches anerkannten und kommunizierten Wissens, ebenso die Tatsachen, die innerhalb des Denkkollektivs als ‚unmittelbar gegebene' genommen werden, nicht atomar bzw. modular das stiften, was dann als Denkstil deren Ganzes darstellt, sondern dass der spezifische Inhalt und Gehalt, innerer Sinn wie äußeres In-Beziehung-zu-anderen-Treten eines Elements jeweils von dem Stil-Ganzen definiert wird, innerhalb dessen es überhaupt als ‚Tatsache' oder ‚Wissen' gilt.

Dies gilt insbesondere für eine der zentralen Kategorien von Flecks Theorie-Entwurf: die Kategorie der *Tatsache*. Tatsachen sind demzufolge weder ontologische Realitäten, die vom Denken bloß ‚ent-' bzw. ‚aufgedeckt' werden müssten, noch sind sie völlig arbiträre Konstruktionen, die keinerlei Logik oder Systematik gehorchten. Was als Tatsache gilt, ist eine Frage des Denkstils, konkret nämlich das Verhältnis, das ein Element zu anderen einnimmt: Je weniger sich dieses Element durch ein beliebiges anderes ersetzen lässt, je mehr einer solchen versuchten Ersetzung ein, in Flecks Worten, „Widerstand' seitens des bestehenden Systems entgegentritt, je mehr, umgekehrt ausgedrückt, sich die kognitive Aktivität wie ein bloß passiver Nachvollzug des vom bereits als gegeben anerkannten stileigenen Systems von Elementen aufdrängt, desto näher ist ein solches Element am Status der Tatsache und hat ihn schließlich inne.

> „Die Arbeit des Forschers heißt: im verwickelten Gemenge, im Chaos, dem er gegenübersteht, das, was seinem Willen gehorcht, von dem, was sich von selbst ergibt und sich seinem Willen widersetzt, zu unterscheiden. Dies ist der feste Boden, den er, oder eigentlich das Denkkollektiv, sucht, und immer wieder sucht. […] Die allgemeine Richtung der Erkenntnisar-

49 Vgl. hierfür insbesondere Foucault 2001 [1969]: 1042–1068.

> beit ist also: *größter Denkzwang bei kleinster Denkwillkürlichkeit.*“ (Fleck 1980 [1935]: 124; Hervorheb. im Original)

Abgesehen davon, dass diese Gedankenführung wieder exemplarisch für Flecks Bemühen um die Suche nach den verknüpfenden Elementen zwischen individueller, individual-psychologischer und kollektiver Dimension von Wissen bzw. Generierung von Wissen ist, wird also an dieser Stelle einmal mehr deutlich, dass und in welchem Maße Fleck alle Elemente des Wissenssystems als interdependent ansieht, ihre relative Gültigkeit innerhalb des Denkstils als Relation zu dessen anderen Elementen sowie zum Gesamtsystem begreift.

Für die synchrone Analyse eines Denkstils hat dies zur Konsequenz, dass man keines seiner Elemente herauslösen und ‚für sich' bestimmen kann – dabei kommt im besten Fall eine Interpretation vom Standpunkt des Analytikers gemäß seinem Denkstil heraus. Für die diachrone Analyse, die Frage nach der Entwicklung eines Denkstils hat dies zur Konsequenz, dass eine solche Entwicklung weder kontinuierlich noch additiv ist. Wissenschafts- oder allgemeiner Wissensentwicklung ist nicht die Bewegung von einem unklaren oder ‚unwahren' ‚Abbild' der Wirklichkeit, das von dieser zunächst weit entfernt ist, hin zu einem immer klareren, ‚wahreren', ‚näheren' Abbild:

> „Wenn es so wäre, gäbe es in der Wissenschaft einen stabilen, unveränderlichen Teil, das wissenschaftliche Wissen wüchse durch den einfachen Zuwachs an Kenntnissen; indessen lehrt die Erfahrung, daß es sich fortwährend als Ganzheit verändert. Die sichersten grundlegenden Elemente verändern sich. Jeder Fachmann unterscheidet ein altes Lehrbuch seiner Wissenschaft von einem neuen: Es ist in Ganzheit anachronistisch. Sei es ein Lehrbuch der Physik, der Chemie oder der Bakteriologie z.B. aus dem Jahre 1910 oder 1920; wir erkennen, daß es veraltet ist, nicht nur am Fehlen späterer Entdeckungen, sondern am ganzen Gang seiner grundlegenden Ausführungen. Die Wissenschaften wachsen nicht wie Kristalle durch Apposition, sondern wie lebende Organismen, die jede oder fast jede Einzelheit in Harmonie mit der Ganzheit entwickeln.“ (Fleck 2011 [1946]: 369)

Ausdrücklich betont Fleck, dass dies nichts ist, was etwa bloß am Beginn der Entwicklung eines – wissenschaftlichen oder anderen – Denkstils der Fall wäre, wenn er sich als System erst konstituieren muss, so dass entwickeltere, systematisch elaborierte Denkstile ihre Elemente tatsächlich nur noch integrieren ohne sich dadurch selbst zu verändern:

> „Deshalb wirkt jede Tatsache auf andere zurück, und jede Veränderung, jede Entdeckung übt eine Wirkung auf ein eigentlich grenzenloses Gebiet: ein entwickeltes, zu harmonischem System ausgebautes Wissen besitzt die Eigenschaft, daß jede neue Tatsache harmonisch alle früheren Tatsachen – wenn auch noch so geringfügig – ändert. Jede Entdeckung ist in diesem Falle eigentlich eine Neuschöpfung der ganzen Welt eines Denkkollektivs." (Fleck 1980 [1935]: 135)

Daraus ergibt sich eine weitere Antwort auf eine bereits angesprochene Frage, und es stellt sich eine neue Frage. Eine weitere Antwort kann man für die oben erwähnte, von einigen Autoren aufgeworfene Frage zum Verhältnis von individuellem und kollektivem Wissen ableiten. Ein Teil der von Weber geforderten Klärung des Problems, „wie Kollektive ein Wissen ‚haben' können, dass [sic!] sich von der Schnittmenge der Wissensbestände ihrer Mitglieder qualitativ unterscheidet", besteht darin, dass die von Fleck beschriebene „Eigenschaft, daß jede neue Tatsache harmonisch alle früheren Tatsachen [...] ändert" eben eine Eigenschaft des Wissenssystems bzw. Denkstils darstellt, den kein einzelnes Individuum als solchen als explizites bzw. deklaratives Wissen ‚hat'; für einen einzelnen wahrnehmenden, denkenden, Theorien entwickelnden Menschen kann sich eine neue Tatsache durchaus additiv den anderen von ihm als solchen betrachteten Tatsachen hinzugesellen; für ein Individuum kann eine neue Information völlig bezugslos, also auch bar jeder Auswirkungen auf andere Informationen sein, insofern sich diese Informationen auf verschiedene ‚Wissenswelten' beziehen. Es verhält sich nach dieser Seite hin mit dem Individuum und dem Denkkollektiv, dem es angehört, analog dazu, was wir zum Denkstil als solchem und seinen Elementen bereits ausgeführt haben – auch hier ist das kollektive Ganze nicht die Summe der Individuen, sondern kategorial von ihnen geschieden:

> „Obwohl das Denkkollektiv aus Individuen besteht, ist es nicht deren einfache Summe. Das Individuum hat nie, oder fast nie das Bewußtsein des kollektiven Denkstiles, der fast immer einen unabdingbaren Zwang auf

sein Denken ausübt und gegen den ein Widerspruch einfach undenkbar ist.“ (Fleck 1980 [1935]: 57)[50]

Der Kontrast zur von Weber vorgeschlagenen Lösung ist damit deutlich: Auch Letzterer sieht trotz bzw. bei aller Betonung der Gebundenheit von Wissen ans Individuum einen *Zusammenhang* zwischen der seiner Meinung nach rein dem Individuum angehörenden Kategorie Wissen und der Eingebundenheit des Individuums in kollektive Strukturen vor allem kommunikativer Art:

> „Das (die von Weber vertretene Position, dass Kollektive nicht Träger von Wissen sein können) bedeutet jedoch keinesfalls, dass individuelles Wissen unabhängig von kollektiven Prozessen ist. Im Gegenteil erwerben Einzelne Wissen zu einem großen Teil im Zuge kommunikativer Interaktionen, in deren Verlauf sie Äußerungen interpretieren und in bereits vorhandenes Wissen integrieren. Diese Äußerungen, [sic!] bzw. die Äußerungsformen werden in den interindividuellen Raum hinein vollzogen, sie können und sollen von Vielen wahrgenommen werden. Insofern die individuellen Mitglieder von Sprech- und Kulturgemeinschaften in weiten Teilen ähnliche kommunikative Erfahrungen machen – man denke an die Bildungsinstitutionen und die Massenmedien –, kann man hier mit Assmann sehr wohl davon sprechen, dass kollektive kommunikative Rahmen individuelles Wissen (mit-)prägen. Das Kollektive ist damit eine *Voraussetzung für* Wissen, nicht ein *Typ von* Wissen.“ (Weber 2009: 20)

Allerdings leistet Weber mit den sicherlich nicht zu bestreitenden Aussagen über die „kommunikativen Interaktionen“, im Rahmen derer „Einzelne Wissen zu einem großen Teil“ erwerben wenig Aufklärung, wenn er sie für die ganze Erklärung des Verhältnisses der beiden Seiten und ausdrücklich gegen die Idee kollektiven Wissens hält. Dies vor allem darum, weil er damit die eigentlich zu beantwortende Frage lediglich verschiebt oder, anders ausgedrückt, eine neue Leerstelle schafft, die theoretisch zu füllen ist. Diese Leerstelle besteht in exakt dem, was er mit Formulierungen wie „kollektiven Prozessen“ und ähnlichen zu periphrasieren versucht: Entweder hält er Wissen tatsächlich für eine, wie er ja – siehe oben – ausdrücklich schreibt, rein individuelle Angelegenheit – dann sind Wechselbeziehungen zu bzw. Einbettungen in überindividuelle Prozesse

50 Hier spielt das mehrfach uneindeutige Verhältnis zwischen Individuum und Denkkollektiv eine Rolle, das wir im Fortgang der Arbeit näher betrachten werden.

und Strukturen nicht wesenhaft, sondern vom Standpunkt einer Theorie über Wissen und Typen von Wissen lediglich akzidentell, äußerlich. Dann stellt sich freilich die Frage, warum er überhaupt auf die Ebene kollektiver, kommunikativ realisierter Interdependenzen abhebt. Oder er spricht dieser Ebene einen für die Erklärung von Wissen, Wissenstypen sowie Entstehungs- und Aneignungsprozessen von Wissen wesentlichen Charakter zu, dann offenbart seine Antwort einen Widerspruch: Er spricht dem Kollektiven eine Wirkmacht auf das Wissen des Einzelnen zu, er sieht das Kollektive sogar in notwendiger, unauflöslicher Verbindung mit den individuellen kognitiven Prozessen, und doch hat dieses Kollektive bei ihm keinen positiven Charakter, nichts für sich Bestimmbares, sondern erscheint so notwendig wie negativ bloß als dasjenige, ohne welches individuelles Wissen sich weder entwickeln noch äußern kann. *Was ist* „der kollektive Rahmen", von dem unter Verweis auf Assmann auch Weber spricht? *Was ist* der „interindividuelle Raum", in den „hinein vollzogen" die „Äußerungen und Äußerungsformen" von Wissen „vollzogen werden" sollen? *Was ist* dieses dem Einzelnen gegenübertretende Gesamt „der Vielen", und warum sind die Äußerungen individueller Wissensaneignung nach Webers Auffassung offensichtlich ontologisch dazu bestimmt „von Vielen wahrgenommen [zu] werden"? Es ist unseres Erachtens wenig plausibel, dem Kollektiven nicht nur eine, sondern eine Reihe von notwendigen Beziehungen und Wechselbeziehungen zum Wissen Einzelner zugestehen zu wollen und gleichzeitig zu bestreiten, dass Wissen etwas Kollektives sei, Kollektiven angehöre.

Die sich neu ergebende Frage lautet: Bedeuten die dargestellten Überlegungen, dass eine Analyse der Elemente eines Denkstils nach Fleck unmöglich ist? Wenn die Antwort „ja" hieße, dann wäre diese Konzeption für einen Anschluss an diskurs*linguistische* Überlegungen und die darauf aufbauenden analytischen Methodologien tatsächlich unbrauchbar; denn diskurslinguistische Beschreibungen und Analysen benötigen per se einen ‚Anfang', einen irgendwie fixen oder absichtsvoll fixierten Punkt, an dem, von dem aus die deskriptive und analytische Arbeit beginnen und ihren Fortgang nehmen kann. In der Tat scheint es zunächst, als ob der gestalttheoretische Ansatz, an dem Fleck nicht nur in Bezug auf die Struktur wissenschaftlicher und außerwissenschaftlicher Beobachtung konsequent festhält, sondern den er auf der nächst höheren Ebene auch auf den Denkstil bezieht, eine nach kleineren Einheiten suchende und diese analytische Herangehensweise ausschließt. Bei näherer Betrachtung bedeutet die dargestellte strukturelle Wirkung der Elemente aufeinander aber nicht die Unmöglichkeit, an irgendeinem Punkt zu beginnen, sondern verlangt vielmehr, dass die Untersuchung eines Denkstils und des Diskurses, in welchem dieser ontologisch und sozial real wird, sowohl mehrere Ebenen als auch mehrere Richtungen einschließen muss. Diese Forderung kann innerhalb der Diskurslinguistik inzwischen als anerkannte und durch eine Reihe von analytischen Methodologien praktizierte disziplinäre Notwendigkeit gelten.[51]

1.2.1.2 Wahrheit und Täuschung: Harmonische Zustände

Bisher haben wir mit der Kategorie der Tatsache nur eine, die positive Seite der für die Denkstil-Konzeption zentralen Auffassung von Wissenssystemen als ganzheitlichen Gestalten thematisiert. Genauso bedeutsam, vielleicht sogar noch bedeutsamer, sind die sich aus diesem Ansatz ergebenden Aussagen Flecks über die Natur und die Gründe von *Täuschungen*. Unserer Auffassung nach liegt hier eine der wichtigsten Inspirationen, die sich auch eine moderne Diskurslinguistik noch von Fleck holen kann. Die Diskussion von Täuschungen an dieser Stelle bietet sich an, weil diese Kategorie sehr eng verzahnt ist mit den eben diskutierten Bestimmungen von Wissenssystemen bzw. Meinungssystemen als harmonisch-ganzheitlichen Gestalten, insbesondere mit der systematischen Relativität der Wissenselemente, das heißt dem Umstand, dass sie ihren Stellenwert innerhalb des Systems bzw. Stils des Wissens nicht durch ihren sachlichen Inhalt, sondern durch ihr Bündel von Beziehungen zu anderen Elementen erhalten. Obwohl es sich also anbietet, hier auf das Phänomen individueller und kollektiver Täuschungen zu sprechen zu kommen, bleibt es zugleich problematisch; denn der andere wichtige Bezugspunkt und damit ein notwendiges Moment der Erklärung sind bestimmte Dynamiken innerhalb der Kollektive, die wir als Träger von kollektivem Wissen ansehen. So oder so wird dies aber immer eine Schwierigkeit bleiben, weil die Idee von den Denkstilen und Denkkollektiven im besten Sinne einen Autologismus darstellt: Flecks Theorie über Wissen als gestalthaften Systemen stellt selbst eine solche Gesamtheit dar, die sich ohne eine gewisse Willkür und dem damit einhergehenden – vorübergehenden – Verlust von Konsistenz nicht in ihre Einzelteile zerlegen lässt, die als Konstituenten dieser Gesamtheit keine von dieser getrennte positiv-ontologische Bestimmtheit und Realität haben. Der Schwierigkeit begegnen wir auch an dieser Stelle – wie schon des Öfteren im Verlaufe unserer Darstellungen bis hierher und wie noch des Öfteren in deren weiterem Gang – mit der Mischung aus Vorgriffen und einstweiligen Lücken, die den geringsten Verlust von Übersichtlichkeit und Plausibilität versprechen.

51 Hier sei insbesondere auf DIMEAN verwiesen, die von Spitzmüller/Warnke (2011) entwickelte Diskurslinguistisch-Mehr-Ebenen-Analyse.

Wir haben oben bereits gesehen, dass – ähnlich dem, wie man es von strukturalistischen Theorien und auch von Foucaults insbesondere frühen Entwürfen kennt – die Elemente von Denkstilen, d. h. Tatsachen und Erkenntnisse, ihren Wert aus ihrer Stellung im Netz der Beziehungen innerhalb des Wissenssystems, also der zu ihm gehörigen anderen Elemente beziehen. Solche Systeme von Wissen, die, wie schon mehrfach betont, keine wissenschaftlichen Aussagen- oder Theoriensysteme zu sein brauchen, sondern zu denen alle möglichen mehr oder weniger komplexen Auffassungen wie Religionen, politische Ideologien, Alltagsauffassungen zählen, weshalb Fleck mitunter auch von „Meinungssystemen"[52] spricht, gelten Fleck darum als *Stile*: Ihnen eigen ist eine spezifische Ästhetik ihrer inneren Verhältnisse, die weder nur auf der Ebene ‚amorpher' Gehalte noch ausschließlich auf der Ebene der von den Gehalten getrennten Formen zu denken sind. Ihre empfundene Stimmigkeit beruht auf der doppelten Einheit und Harmonie von Inhalt und Form der einzelnen Elemente wie der Elemente als diese Einheiten zueinander.[53] In dieser ästhetischen Natur bzw. ästhetischen Dimension von theoretisch konstruierten Systemen entdeckt Fleck ganz grundsätzlich das Potenzial für Täuschungen. Gemeint sind hier nicht individuelle, ephemere Deviationen im Rahmen ansonsten systematisch ‚korrekt' ablaufender kognitiver Prozesse, sondern systematische Täuschungen, die durch einfache ‚Korrekturen' nicht einfach aus der (Wissens-)Welt zu schaffen sind.[54] Das Thema selbst wirft zunächst die sehr grundsätzliche Frage nach der Erkennbarkeit der Welt und damit nach der Haltbarkeit und Angemessenheit von Begriffen wie ‚wahr', ‚falsch', ‚Täuschung' usw. auf. In Erinnerung gerufen sei darum an dieser Stelle, dass einer der Hauptstränge der Kritik an Fleck sich daraus speist, dass Fleck in diesem Zusammenhang nicht eindeutig und klar seine Position charakterisiere:

> „So müsste Fleck, wenn er die Kontextabhängigkeit des Erkennens mit einem Anspruch auf Allgemeingültigkeit (d. i. Kontextunabhängigkeit)

52 Z. B. Fleck 1980 [1935]: 53.

53 „Hier verbirgt sich ein fundamentales Prinzip unseres Wahrnehmens und Erkennens, nämlich nur dann etwas als richtig oder wahr begreifen zu können, wenn es in einfacher Form, sei es in einem einfachen Bild oder in einer einfachen Formel, dargestellt werden kann. Die Schönheit einer Lösung gilt in den Naturwissenschaften geradezu als ein Kriterium für Richtigkeit." (Pöppel 2000: 29)

54 Das betont Fleck anhand eines von ihm detailliert geschilderten Beispiels einer solchen, wie wir sie nennen, systematischen Täuschung: „Wir haben nicht einen einfachen Irrtum vor uns, sondern ein kompliziertes System von Irrtümern. Es ging nicht um das Feststellen einer isolierten Tatsache […], sondern um die Relation zahlreicher Tatsachen, also darum, was wir die Struktur eines bestimmten Bereichs nennen und was manche für eine intersubjektiv bestimmt nachweisbare Sache halten, d. h. das, worüber man sich anscheinend restlos verständigen kann." (Fleck 2011 [1946]: 379)

postuliert, einen übergeordneten epistemologischen Standpunkt voraussetzen, um diese Position widerspruchsfrei vertreten zu können – er lehnt dies aber ab.“ (Wasserloos 2007: 415)

Die von Wasserloos vertretene Argumentation geht an nicht weniger als das Fundament von Flecks epistemologischen Standpunkt, besteht sie doch darin, dass er der Position Flecks Inkonsequenz bzw. Widersprüchlichkeit bezüglich der von ihm postulierten Grundannahme vorwirft: Derzufolge kann Erkennen nicht als das von allen Bedingungen und Kontexten unabhängige Entschlüsseln dessen angesehen werden, was die ‚objektive Realität an sich‘ ist, sondern jede Erkenntnis ist grundsätzlich geprägt von den auf verschiedenen Ebenen angesiedelten Kontexten ihrer Entstehung (und, wie wir weiter unten[55] sehen werden, ihrer Zirkulation). Wasserloos argumentiert, dass für das Postulat der Kontextabhängigkeit ein Metastandpunkt vorauszusetzen sei, der seinerseits kontextunabhängig sein müsste, was aber zu der Position Flecks in geradem Widerspruch stünde, der solche Kontextunabhängigkeit kategorisch verneint. Nun ist es sicher richtig, dass zu diesem entscheidenden Thema eine deutlich formulierte, möglichst in sich und zu den anderen Elementen seines Entwurfs widerspruchsfreie Stellungnahme von Fleck nicht zu haben ist, was eines der sicherlich nicht wenigen von Fleck hinterlassenen Desiderate darstellt. Dennoch scheint uns die Kritik von Wasserloos selber nicht ganz frei von gewissen Unklarheiten und Widersprüchen:

Erstens ist es keinesfalls so, wie Wasserloos meint oder zumindest zu meinen scheint, dass Fleck sich zu besagter Problematik gar nicht äußert. So geht er beispielsweise mit seinem Artikel *Wissenschaftstheoretische Probleme* (2011 [1946]), gekleidet in die Form eines Dialogs zwischen den beiden fiktiven Charakteren *Simplicius* und *Sympathius*[56], explizit darauf ein:

> „*Simplicius*: Mir scheint, daß du wieder übertreibst. Denn du verneinst wohl nicht, daß unser heutiges Wissen dem objektiven Weltbild näher ist als das Wissen vor hundert Jahren? […]
> *Sympathius*: […] Ich meine nicht, daß das heutige Wissen dem objektiven Weltbild näher wäre als das Wissen vor hundert Jahren. Hingegen bin ich davon überzeugt, daß das heutige Wissen unserer heutigen Welt näher ist,

55 Siehe hierfür Abschnitt 1.2.2.

56 Innerhalb dieses ‚Streitgesprächs‘ vertritt Simplicius die Positionen, die Fleck, der sich die Rolle des Sympathius gibt, zu widerlegen gedenkt.

das Wissen vor hundert Jahren aber der damaligen Welt wissenschaftlicher Schöpfer näher war. Du sagst selbst, daß der *consensus omnium* letztes Kriterium der Wissenschaft ist. Haben in diesem Parlament die Nichtgeborenen Stimmrecht? Stimmen die Enkel für die Großväter ab? In einem solchen Fall versichere ich dir, daß unseren Enkeln das Wissen von 1940 nicht viel besser als das Wissen von 1840 erscheinen wird." (Fleck 2011 [1946]: 373)

Es ist aus der von Sympathius vorgetragenen Sichtweise heraus nicht nur schlecht möglich, sondern auch unnötig, sich *neben allen* Systemen von Wissen, Anschauungen, Meinungen auf eine Metaebene der Bewertung zu stellen, um von der aus die relative oder absolute ‚Richtigkeit' des jeweiligen Systems zu protokollieren. Ein solcher Meta-Standpunkt kann wegen der nach menschlichem Ermessen zu keinem Standpunkt abgeschlossenen Entwicklung des Wissens immer nur ein vorläufiger sein. Und dies schließt eingedenkt der von ihm nachdrücklich vertretenen und erläuterten Konzeptualisierung von Wissen als interdependentem System seiner Elemente eben ein, dass zukünftige Entwicklungen immer auch den Status bis dahin gewonnenen Wissens modifizieren, was bis zur Falsikfikation der Grundannahmen gehen kann, von deren vermeintlich sicherem Fundament aus die neuen Erkenntnisse überhaupt erst erschlossen werden konnten. Der wirkliche Test auf „falsch" oder „richtig" besteht in nichts anderem als in der Einpassungsfähigkeit von wissensmäßigen Aspiranten auf den Status von ‚Erkenntnissen' und ‚Tatsachen' in das zum jeweiligen Zeitpunkt, am jeweiligen Ort innerhalb der jeweiligen sozialen und natürlichen Kontexte gültige System von Tatsachen und Erkenntnissen. Weder bleibt den Menschen etwas anderes übrig, als von der ‚Objektivität' *dieser* Bewährung auszugehen, d. h. diese *als* jene zu *nehmen*, noch erweist sich etwas anderes als notwendig. Fleck betont, in Bezug auf andere, insbesondere frühere Vorstellungen,

„[...] vermögen wir ebenfalls nicht zu entscheiden, ob sie, aus ihrer zeitlichen Bindung herausgelöst, richtig oder falsch seien, denn sie entsprechen einem anderen Denkkollektiv, einem anderen Denkstil. Heutigem wissenschaftlichen Denken sind sie ungemäß, für ihre Schöpfer waren sie gewiß richtig.[57]

57 Vgl. dazu Foucault: „Gewiß, auf der Ebene eines Urteils innerhalb eines Diskurses ist die Grenzziehung zwischen dem Wahren und dem Falschen weder willkürlich noch veränderbar, weder institutionell noch gewaltsam. Begibt man sich aber auf eine andere Ebene, stellt man die Frage nach jenem Willen zur Wahrheit, der seit Jahrhunderten unsere Diskurse durchdringt, oder fragt

Das allgemeine Richtigkeitsurteil ist für fossile Sätze ebensowenig angebracht wie ein zeitabsolutes Anpassungsurteil für paläontologisches Geschehen: Der Bronthosaurus war gewiß für seine Umwelt ebenso passend organisiert wie die heutige Eidechse für ihre. Aus ihren Umwelten herausgelöst, können sie weder ‚angepaßt' noch ‚unangepaßt' genannt werden." (Fleck 1980 [1935]: 38)

Auf diese Relativität aller Objektivität, die letztlich in der theoretischen Genese aller Objektivitätskriterien begründet liegt, die eben selbst immer schon theoretische Konstruktionen sind, kommt es Fleck an:

> „Der Regreß zur Anwendbarkeit als Prüfstein für den biologischen Wert irgendeines Erkenntnisprozesses führt nur scheinbar an ein Ende, weil das Feststellen der Effektivität oder Nichteffektivität einer Handlung (die aus dieser Erkenntnis resultiert) ebenfalls ein Erkenntnisakt ist." (Fleck 2011 [1937]: 323)[58]

Worauf Fleck hinaus will, ist eben nicht, den Anspruch auf die Richtigkeit, Objektivität des zu entwickelnden und weiterzugebenden Wissens aufzugeben – das wäre das Ende aller Wissenschaft –, sondern sich der Relativität seiner Einlösbarkeit bewusst zu sein. Mit dem freilich etwas befremdlich anmutenden Bild von der Wissenschaft als „runde Frucht" (WtP DuT 374), die also weder „unten" ein sicheres Fundament, noch ‚oben' einen als solchen objektiv bestimmbaren „Gipfel" hat, versucht er, dies zu erläutern:

> „Damit diese wunderbare Frucht wachse, muß man sie in zwei Feuer nehmen: in das heiße, aber dunkle Feuer der Romantik und in das kalte, aber helle Feuer des Skeptizismus. Das romantische Träumen des Schöpfers ist ebenso notwendig wie der eifersüchtige Skeptizismus der Konkurrenten. Ich würde sogar sagen, daß gerade diese Eifersucht den sozialen Wert des Erkennens schafft, weil sie die Ergebnisse deprivatisiert. Meine Ausfüh-

man allgemeiner, welcher Grenzziehung unseren Willen zum Wissen bestimmt, so wird man vielleicht ein Ausschließungssystem [...] sich abzeichnen sehen." (Foucault 1991: 13f.)

58 In seiner Kontroverse mit Izydora Dąmbska (siehe dafür I. Dąmbska „Ist die intersubjektive Ähnlichkeit der Sinneseindrücke eine unentbehrliche Voraussetzung der Naturwissenschaften?" In: Dąmbska 2011 [1937]: 310–319) argumentiert Fleck gegen Dąmbskas Auffassung, jeder „würde gar jämmerlich untergehen, wenn er aufhören würde, mit den empirischen Thesen konsequent zu rechnen" (316f.): „Ein afrikanischer Urwaldbewohner ‚geht' überhaupt nicht ‚erbärmlich unter', obwohl keine Rede davon sein kann, daß er in unserem Sinne die ‚empirischen Thesen' konsequent berücksichtigt." (Dąmbska 2011 [1937]: 323)

rungen haben nicht zum Ziel, den Wert der Wissenschaft zu verringern, sondern umgekehrt – ihn zu heben." (Fleck 2011 [1946]: 374)

Zweitens irritiert an Wasserloos' Bedenken, dass er die Notwendigkeit eines vom Gegenstand der Untersuchung aparten epistemologischen Metastandpunkts ausdrücklich wegen des speziellen Inhalts von Flecks Epistemologie, nämlich dem Postulat der Kontextabhängigkeit von Wissen, zu beanspruchen scheint. Die Problematik der Definition, Verortung und verallgemeinerbaren Plausibilität eines solchen Metastandpunktes hat aber nicht, wer die Kontextabhängigkeit von Wissen behauptet, sondern wer ‚Wissen' als kategorial von allen Kontexten lösbar, im Wortsinne also ‚absolut' betrachtet.

Drittens rührt das an ein noch viel grundsätzlicheres Problem und lässt zumindest vom Standpunkt Wasserloos' zu dessen Lösung eigentlich nur noch die Beendigung aller Epistemologie und damit übrigens auch aller Diskurswissenschaft zu. Wasserloos formuliert die von uns keinesfalls geleugnete Problematik des Verhältnisses von Gegenstand und Mittel der theoretischen Befassung mit Wissen[59] gleich so, dass diese selbst qua ihrer Existenz nichts als eine Aporie sein kann: Entweder sie ist widerspruchsfrei konstruierbar – dann beweist ihre Existenz ganz getrennt von allem Inhalt, dass und wie Wissen objektiv ist und überführt sich damit als Tautologie der Überflüssigkeit. Oder sie problematisiert die Möglichkeit und Objektivität von Wissen; dann wäre gemäß ihrem Anspruch einer gültigen Theorie über alles Wissen dieser Skeptizismus auch auf sie selbst anzuwenden, womit die Autologie unmittelbar in eine völlige sich selbst aufhebende Heterologie umschlüge. Ähnlich hat Hegel gegen die Kant'sche Erkenntnistheorie polemisiert, was ihn allerdings nicht davon abgehalten hat, mit der „Wissenschaft der Logik" selber sehr umfänglich Epistemologie zu betreiben:

> „Vor der Wissenschaft aber schon über das Erkennen ins Reine kommen wollen, heißt verlangen, daß es außerhalb derselben erörtert werden sollte; außerhalb der Wissenschaft läßt sich dies wenigstens nicht auf wissenschaftliche Weise […] bewerkstelligen." (Hegel 1816: o. S.)
> „Man soll das Erkenntnisvermögen erkennen, ehe man erkennt; es ist dasselbe wie mit dem Schwimmenwollen, ehe man ins Wasser geht. Die Untersuchung des Erkenntnisvermögens ist selbst erkennend, kann nicht

59 Dies gilt ähnlich für Wissenschaften mit ‚autologischer Komponente' wie Sprachwissenschaft, überhaupt alle Geistes- und letztlich auch Gesellschaftswissenschaft. Den Terminus ‚autologische Komponente' übernehmen wir hier von Luhmann (1991: 13).

zu dem kommen, zu was es kommen will, weil es selbst dies ist – nicht zu sich kommen, weil es bei sich ist.“ (Hegel 1836: 555)

Ein solch absoluter Standpunkt macht letztlich *jede* Befassung mit den Problemen der Genese und Struktur menschlicher Kognition hinfällig. Letztlich ist es aber keineswegs so plausibel, wie es die Formulierung solcher Standpunkte suggeriert, dass die Reflexivität wissenstheoretischer Überlegungen im allgemeinen, diskurstheoretischer Überlegungen im besonderen nur den Schluss der Tautologie oder Antinomie zulassen sollten.[60] Lässt man diese Absolutsetzungen beiseite, so lässt sich durchaus auch die Kategorie der Täuschung in eine epistemologische Konzeption einführen, ohne dass man sich damit einem wie auch immer gearteten absoluten, objektiv-ontologischen Standpunkt verpflichtet hätte.

Und *viertens*: Nicht beantwortet ist mit allem Raisonnieren die Frage danach, wie es kommt, dass immer wieder Täuschungen als solche ausgemacht werden, ohne dass sie sich daraufhin umstandslos auflösten. Sowohl der Umstand, dass bestimmte Wissenselemente, Anschauungen usw. als ‚falsches Wissen' empfunden werden, als auch der Umstand, dass diese so regelmäßig und hartnäckig auftreten, bleiben auf diese Weise ungeklärt. Wird Täuschung dagegen als eine dem eigenen, an den entsprechenden Kriterien theoretischer Systemfähigkeit und Stilgemäßheit sowie praktischer Relevanz und ‚Widerstandsfähigkeit'[61] widersprechende Auffassung definiert, so braucht man also auf diesen Begriff keineswegs zu verzichten und hat umgekehrt nun den Blick dafür frei, was die Struktur und die Dynamik von Täuschungen ist.

Diese sind prinzipiell von der gleichen Natur wie die der Wissenselemente, die als richtige Erkenntnisse oder gegebene Tatsachen anerkannt sind: Sie beziehen sich ab ovo auf das System selber, von dem sie attrahiert und in es hinein sie integriert werden – oder von dem sie repelliert werden, wenn sie sich als nicht oder nur mit deutlich empfundener ‚Willkür'[62] integrierbar erweisen. Darauf beruht die Stabilität von wissenschaftlichen und außerwissenschaftlichen ‚Ge-

60 So heißt es bei Spitzmüller/Warnke (2011): „Wir wollen hier als abschließendes Beispiel uns selbst als Autoren dieses Buches in den Blick nehmen, sofern uns das überhaupt möglich ist: […] Die gegenwärtige Sprachwissenschaft […] ist unseres Erachtens nicht zuletzt deshalb disponiert für den Diskurs, weil sie sich im 20. Jahrhundert teilweise in Detailfragen an ihre eigenen Grenzen gebracht hat. Immer dort, wo Positionen verfestigt sind, mit Wahrheitsansprüchen auftreten, können sie ‚ideologisch' werden, dort wo ‚Mentalitäten' mit Herrschaftsansprüchen versehen sind, können sie ein Instrument im Gefüge der ‚Gouvernementalität' sein. Auch und gerade Wissenschaft ist nicht davon frei. Gerade deshalb plädieren wir als Wissenschaftler aber nicht für *die* Diskurslinguistik, sondern für *eine* Diskurslinguistik mit offenem Diskursbegriff.“ (197)

61 Im Sinne von Flecks Definition einer Tatsache als ‚Widerstandsaviso'. Vgl. dafür Fleck 2011 [1935]: 109–129.

62 Vgl. ebd.: 124.

dankengebäuden', gerade darin erweisen sie sich als die von Fleck beschriebenen „Gestalten":

> „Die Beharrungstendenz der Meinungssysteme beweist uns, daß sie gewissermaßen als Einheiten, als selbständige, stilvolle Gebilde zu betrachten sind. Sie sind nicht bloß Summe der Teilsätze, sie zeigen als harmonische Ganzheiten besondere Stilmerkmale, die jede einzelne Erkenntnisfunktion bestimmen und bedingen." (Fleck 1980 [1935]: 53)

Überdies belegen Täuschungen, ihr systematisches Auftreten und ihre Langlebigkeit somit, dass Denkstile *Systeme mit hoher dynamischer Stabilität* darstellen. Ihre grundsätzliche Natur als komplexe kognitive Gestalten, deren wichtigstes allgemeines Strukturmerkmal das der inneren Harmonie ist, stellt nichts Statisches dar, sondern ist als andauernder Prozess der stetigen Erneuerung dieser Harmonie der beteiligten Elemente zu denken. Das öffnet ein solches System für externe Elemente, für neue Tatsachen und Erkenntnisse, was zwar, wie erwähnt, jedes Mal alle anderen Elemente neu anordnet, auf alle rückkoppelt, aber ohne dass sich damit notwendigerweise das System als Ganzes ändert:

> „Gerade dieses Beispiel erhellt, wie sehr die Beharrungstendenz der Meinungssysteme, die als geschlossene Ganzheiten auftreten, unumgänglich zur Erkenntnis*physiologie* gehört. Nur in dieser und keiner anderen Reihenfolge wickelt sich der Erkenntnisprozeß ab: Fördernde Macht besitzt nur eine klassische Theorie mit ihren plausiblen (also in der Epoche wurzelnden), abgeschlossenen (also beschränkten), propagandafähigen (also stilgemäßen) Ideenverknüpfungen." (Fleck 1980 [1935]: 43; Hervorheb. von mir, B. R.)
>
> „Solches stilgemäße, geschlossene System ist keiner Neuerung unmittelbar zugänglich: es wird alles stilgemäß umdeuten." (Fleck 1980 [1935]: 45)

Diese Stabilität ist natürlich nicht mit einer völligen Hermetik gleichzusetzen; letztere wäre das absolute Hindernis für jegliche Veränderung eines Denkstils – das ist schon durch die pure Anschauung der Geschichte sich wandelnder Erkenntnisse und Wissenssysteme widerlegt. So sehr diese Stabilität aber eine relative ist, so sehr ist sie doch eine relative *Stabilität.* Wichtig ist für Flecks Standpunkt und darüber hinaus für jede Theorie, die Phänomene kollektiven Wissens und seiner diskursiven Existenz erstens überhaupt als existent annimmt und zweitens beschreiben will, dass diese Stabilität ein notwendiges Merkmal aller mehr oder weniger elaborierten, mehr oder weniger oder gar nicht wissenschaftlichen kognitiven Systeme und darum auch der sie sozial realisierenden und auf sie rückwirkenden Diskurse darstellt. Wenn man nämlich davon ausgeht, dass Wissen überhaupt nur als eine solche Verknüpfung, in Foucaults Terminologie: als solch ein Netz bzw. Feld von Aussagen und Aussagemöglichkeiten existiert, das im Wesentlichen bestimmt ist durch die Beziehungen, durch die Maschen zwischen den Elementen; wenn man weiter davon ausgeht, dass jede Veränderung an einer Stelle auf das Netz als Ganzes, auf die Verortung aller Elemente relativ zueinander zurückwirkt, dann wäre tatsächlich kein noch so kleines Aggregat von Wissen möglich, wenn sich das Beziehungssystem als gleichsam vollständig fluid, als durch jede Änderung äußerer Bedingungen, jeden Kontakt mit anderen Erkenntnissen bzw. Tatsachen vollständig destabilisierbar und auflösbar erwiese.

Das lenkt den Blick darauf, wie diese relative Stabilität erreicht wird. Zum einen geschieht das durch – ebenfalls nicht absolute, sondern relative – Abgrenzung nach außen. Das schließt den Bogen zu der oben bereits erörterten, sowohl von Fleck als auch von Foucault immer wieder betonten negativen Dimension von Denkstilen und Diskursen: Diese umfassen nicht nur faktisch eine bestimmte, eben keineswegs unendliche Menge von Elementen, Erkenntnissen, Aussagen, Aussagemöglichkeiten, sondern *sie leben von* dem Ausschluss aller anderen. Dieses exklusive Moment ist nicht eine Feststellung ex post, sondern gehört zu ihrem aktiven, lebendigen Dasein. Zum anderen wird die Stabilität durch die beständige Erneuerung der „inneren Harmonie“ erreicht, dem ständigen Neu-aufeinander-Beziehen der Elemente. Beide, die innere und die nach außen gerichtete Erneuerung dieser dynamischen Stabilität verlaufen dabei nicht isoliert von einander, sondern wiederum in beständiger Wechselwirkung: Die Umdeutung von zunächst unpassenden Ideen, gleichsam das kontrollierte Diffundieren-Lassen ist Moment der Abgrenzung nach außen und modifiziert zugleich die systematische Bezogenheit der Elemente im Innern. Und jede Neu-Justierung der systematischen Bezüge, jede Erneuerung der ‚Konsistenz‘ wirkt darauf zurück, wovon bzw. wogegen sich das Denksystem wie nach außen abgrenzt, was eventuell als störend definiert wird:

> „Eine einmal veröffentlichte Aussage gehört jedenfalls zu den sozialen Mächten, die Begriffe bilden und Denkgewöhnungen schaffen; sie bestimmt gemeinsam mit allen anderen Aussagen, was man ‚anders nicht denken kann‘. Auch wenn sie bekämpft wird, wächst man mit ihrer Problematik auf, die innerhalb der Gesellschaft kreisend, zur sozialen Verstärkung gelangt. Sie wird selbstverständliche Realität, die dann ihrerseits

> weitere Erkenntnisakte bedingt. Es entsteht so ein geschlossenes, harmonisches System, innerhalb dessen der logische Ursprung einzelner Elemente nicht mehr aufzufinden ist." (Fleck 1980 [1935]: 52f.)

Zwei Dinge gilt es dazu abschließend noch festzuhalten:

Erstens methodisch: Es lassen sich, wie gerade im letzten Zitat bereits angedeutet wird, zu dem, was wir als die Formen der „Erneuerung der dynamischen Stabilität" bezeichnet haben, auf der Ebene von Denkstilen gesprochen: die theoretischen Einschließungs-, Ausschließungs- und Umformungsbeziehungen, jeweils auf der Ebene des Diskurses die entsprechenden diskursiven Akte und Rollen auffinden, die sich in aller Regel sehr genau zuweisen lassen. Wir werden in den Abschnitten 1.2.2 und 1.2.3 sehen, in welcher erstaunlichen Nähe sich Fleck und Foucault z. B. auch da befunden haben, wo es um die Beschreibung von diskursiven Ausschließungsprozeduren geht.

Zweitens substanziell: Der bis zu diesem Punkt untersuchten Fleck'schen Konzeptualisierung von Wissenssystemen und -prozessen ist die kategoriale dichotomische Unterscheidung in ‚wirkliches Wissen' und ‚völligen Irrtum' ebenso fremd wie diejenige in ‚hermetische Wahn-' oder ‚Ideologiegebäude' und Standpunkte ‚absoluter Toleranz' und völlig unverbindlich ‚offener Systeme'. Es existiert einzig eine Skala der Mischungen von Variabilität, Offenheit für Äußeres, Integrationsfähigkeit für Neues einerseits und Beharrung, Hermetik, Ausschluss gegenüber allem Äußeren, Fremden, Neuen andererseits. Kein kollektives kognitives System, keine Wissenschaft, keine Ideologie, Religion o. ä. kann existieren, wenn sie ‚bloß offen' oder ‚bloß hermetisch' ist. Foucault, in seiner Nachfolge dann auch insbesondere die Kritische Diskursanalyse angelsächsischer und deutschsprachiger Provenienz haben darauf aufmerksam gemacht, wie heikel in dieser Hinsicht gerade das mitunter ostentativ vorgetragene Selbstbewusstsein demokratischer, in Poppers Worten: „offener Gesellschaften" ist, die mitunter, mit dem Verweis auf ihre diskursiven Modalitäten Gefahr laufen, diese in die Modalitäten ihrer Hermetik zu verwandeln. Die zweifellos gegebenen Möglichkeitsbedingungen für potenziell jedes mögliche Wissen wird auf diese Weise zum apriorischen Gütesiegel für das diskursiv wirklich Sagbare. Auch dafür lassen sich die entsprechenden diskursiven Prozeduren nachweisen und analysieren. Alle theoretischen Systeme beruhen auf einer wie auch immer gearteten ‚stimmigen' Struktur ihre Elemente, einer inneren Harmonie, die in spezifischen Grenzen und in spezifischen Weisen zur Selbstreproduktion fähig ist; psychologisch bzw. anthropologisch ausgedrückt besteht, wie oben in Abschnitt 1.1.3 bereits mit Kemp (2003) dargelegt, danach ein Bedürfnis, das in der menschlichen Psyche als Gattungskonstante verankert ist: Der Mensch ist fähig und willens, die von ihm wahrgenommene Welt gemäß den von ihm konstituierten Mustern und Logiken zu ordnen, diese *seine* kognitiven Muster als die *objektiven* Muster der Welt *an ihr* zu erkennen, sie als *ihm vorausgesetzte*, eben real gegebene zu nehmen.[63] Darin ist mit angelegt, dass Bestreitungen, Ein- und Widersprüche zu einmal sozial gültig in diesen Status gesetzten Wissenselementen nie einfach willkommen sind, sondern sich Widerstand dagegen regt, dass die bis dato für objektiv und womöglich selbstverständlich gehaltenen Tatsachen als bloße subjektive bzw. intersubjektive Konstrukte ‚blamiert' werden. Diese anthropologische Konstante wirkt überall; demokratische Prinzipien offener Diskurse, organisierter Skepsis und Kritik bilden ein Korrektiv dazu, ohne das Wirken dieser Konstante jedoch je völlig nivellieren zu können.[64]

*

Bei all unseren bisherigen Betrachtungen über Wissen sind wir ohne weitere Unterscheidungen von besonderen Typen von Wissen ausgekommen; die einzig vorkommende Unterscheidung von wissenschaftlichen und vor- bzw. außerwissenschaftlichen Systemen des Denkens sind bloß erwähnt worden, um ihre Identität in den oben besprochenen Hinsichten zu betonen. Es erweist sich jedoch in der von uns verfolgten Linie, wechselseitige Anknüpfungspunkte zwischen Denkstil-Konzeption und diskurslinguistischen Modellen zu finden, als notwendig und nützlich, solche Unterscheidungen zu treffen.

1.2.1.3 Wissen explizit und implizit; zum Verhältnis von Sprache und Wissen

Es gibt eine ganze Reihe von Unterscheidungskriterien für Typen von Wissen; die Kriterien selbst sind ganz unterschiedlicher Art und verdanken sich den jeweiligen Konzeptualisierungen von Wissen, die ihrerseits bedeutende Unterschiede aufweisen. Antos (2005) systematisiert sie in Zuordnung zu einer Reihe von bestimmten „Konzeptualisierungs-Familien" (374). Es führte zu weit aus

63 „Was fraglos gegeben ist, hält man bis zum Beweis des Gegenteils einfach als ‚gegeben' und ‚gegebensowieesmirscheint' – d. h. so wie ich oder andere, denen ich traue, es erfahren oder ausgelegt haben." (Schütz 1972: 89; zit. nach Antos 2005)

64 „Ich nenne die naturwissenschaftliche Denkart demokratisch, denn sie beruht auf Organisation und jederzeitigem Unter-Kontrolle-Stehen, lehnt das Privileg der göttlichen Herkunft ab und will jedem zugänglich und nützlich sein. Die Erfahrung lehrt jedoch, daß die Demokratie ihre kleinen Lügen hat; man will eben eine imponierende, majestätische Regierung, nicht bloß eine nützliche und kluge. Deshalb gibt es Orden, Titel, Fahnen und Präsidenten. Die Naturwissenschaften haben deshalb ihre Naturphilosophie und ihre Weltanschauung." (Fleck 2011 [1929]: 55)

der Logik unserer Argumentation und unseres Interesses heraus, wenn wir sie hier vollständig oder auch nur annähernd vollständig vorstellen und besprechen wollten. Darum sollen sie nur insoweit diskutiert werden, als sie im Zusammenhang dieser Arbeit relevant sind. In engem Zusammenhang stehen die Typen von Wissens*kommunikation*. Antos unterscheidet in diesem Bereich sechs grundsätzliche wissenskommunikative Typen: die Kommunikation

> „zwischen Laien und Laien (unterschiedlicher Gruppen), zwischen Laien und Experten (z. B. Bürgerinitiativen in der Politik, Patienten gegenüber Arzt), zwischen Experten und Laien, zwischen Experten und professionellen Praktikern/Professionals, zwischen Experten unterschiedlicher Fächer, Mensch-Maschine-Interaktion". (Antos 2005: 346)

Dabei scheint es klar und keine weiteren Schwierigkeiten zu bereiten, dass diese Typen der Kommunikation vom Charakter des jeweiligen Wissens abhängen: Kommunikation zwischen Experten und Laien kann es nur in Bereichen geben, in denen es Laien und Experten gibt, vornehmlich also im Bereich spezialisierter Wissenssysteme, v. a. in den Wissenschaften, aber auch auf anderen Feldern professioneller Spezialisierung, in der Politik usw. Diese Relation zwischen Wissen und Wissenskommunikation, in der die Kommunikation als abhängige Größe des Gehalts/Typs von Wissen erfasst wird, bedarf unseres Erachtens jedoch zweier wichtiger Ergänzungen: Erstens muss diese Abhängigkeitsrelation um ihre Umkehrfunktion ergänzt werden – die Kommunikation des Wissens wirkt auf dieses zurück. Wir werden dies im Abschnitt 1.2.2 diskutieren. Zweitens, und noch etwas grundsätzlicher, stellt sich die Frage, inwieweit Wissen kommuniziert wird, ja überhaupt kommunizier*bar* ist.

Relativ geläufig ist die Unterscheidung zwischen explizitem und implizitem Wissen.[65] Häufig wird dabei das Unterscheidungsmoment ‚explizit/implizit' mit anderen Momenten und Eigenschaften von Wissen verknüpft:

> „Explizites Wissen bedeutet, Bescheid zu wissen, Auskunft erteilen zu können. Explizites Wissen ist Information mit Bedeutung. Explizites Wissen ist einem bewusst, und wenn man es vergessen hat, dann kann man es sich zurückholen. Explizites Wissen ist katalogisiert und katalogisierbar; es steht in Enzyklopädien und Lehrbüchern; man eignet es sich als Kenntnisse an, die man dann besitzt. Es ist jenes Wissen, das uns in der

65 Siehe dafür u. a. Antos/Weber (2005), Antos (2005) und Pöppel 2000.

Geschichte der Neuzeit dominiert hat und das manche als das eigentliche Wissen ansehen." (Pöppel 2000: 22)

Implizites Wissen definiert sich in dieser Klassifikation folgendermaßen:

> „Die zweite Form des Wissens, das implizite, nicht-sprachliche Wissen, bezieht sich auf das, was wir können, ohne dass es uns möglich ist, dafür exakte sprachliche Entsprechungen zu finden." (Pöppel 2000: 23)
> „Ebenso ist das Können eines Experten, der ohne Reflexion und dennoch richtig handelt, vom impliziten Wissen geprägt. Im impliziten Wissen drücken sich unsere Intuitionen aus, ohne die ein Künstler, ein Wissenschaftler, ein Handwerker, ein Politiker, ein Unternehmer, ein Sportler, eine Hausfrau nicht wirken und nichts erreichen kann." (Pöppel 2000: 24)

Andere Autoren gebrauchen statt des Ausdrucks „explizit" das Adjektiv „deklarativ", cum grano salis wird damit aber die gleiche Sorte Wissen abgehoben und Gleiches oder zumindest sehr Ähnliches an ihr festgehalten. Gemeint sind die Formen des Wissens, die in der Regel in Form von indikativen Aussagen, als Propositionen versprachlicht werden können. Implizites Wissen bildet das Gegenteil davon. Bis dahin scheint diese Unterscheidung und ihr Gebrauch keine größeren Probleme bereitzuhalten, doch zeigen sich bei genauerem Hinsehen schon hier einige Schwierigkeiten, die sich vergrößern, wenn das binäre Merkmal ‚explizit/implizit' mit anderen Merkmalen verknüpft wird. Das soll pars pro toto an den Aussagen von Pöppel (2000) und Antos/Weber (2009), der sich in dieser Thematik eng an Pöppel anlehnt, erläutert werden.

So scheint es uns bei den zitierten Passagen von Pöppel (2000) problematisch, dass uneindeutig bleibt, ob das Merkmal ‚explizit/implizit' mit ‚explizier*bar*/nicht explizier*bar*' gleichgesetzt wird oder nicht. Die Erläuterung „ist katalogisiert und katalogisierbar" deutet darauf hin, dass Pöppel hier keine Unterscheidung zwischen der aktuellen oder bloß potenziellen Explizitheit machen will. Andererseits legen Formulierungen wie „Information mit Bedeutung" eher die Interpretation nahe, dass ‚explizit' tatsächlich im engeren Sinne als das tatsächlich geäußerte Wissen verstanden werden soll. Aus Sicht einer wissensorientierten Diskurslinguistik ist diese Indifferenz unbefriedigend. Nimmt man nämlich an, dass es für die Zuweisung des Merkmals ‚explizit' nicht von Bedeutung ist, ob Wissen tatsächlich geäußert wurde oder potenziell sprachlich äußerbar ist, dann ist darin u. E. *a priori* gesetzt, dass der Prozess des Äußerns und der Zirkulation des geäußerten Wissens keinen Einfluss auf dieses habe, es ‚als Ding' im Zustand des Geäußert-Seins ausschließlich identisch mit sich als nicht geäußertem bleibe – was der elementaren Grundannahme jedes diskurstheoretischen Ansatzes innerhalb oder außerhalb der Linguistik widerspricht. Und vice versa: Wenn die Differenz von ‚geäußert' und ‚äußerbar', ‚wirklich gesagt' und ‚sagbar' als bedeutungsvoll angesehen wird, fehlt mit der Reduzierung auf das Merkmal ‚explizit/implizit' das entscheidende klassifikatorische Instrumentarium. Zwei weitere Unschärfen bzw. unscharfe Merkmalskombinationen sind aber unseres Erachtens von weit größerer Bedeutung; in Auseinandersetzung mit ihnen wollen wir einige weitere entscheidende Bausteine unserer Auffassung vom Verhältnis von Denkstil- und Diskurskonzeptionen entwickeln.

a) Die Verknüpfung von explizit – implizit mit theoretisch – praktisch

Erstens betrifft das die Verknüpfung des Merkmals ‚explizit/implizit' mit dem Merkmal ‚theoretisch/praktisch, auf Handlungen bezogen'. Dies entspricht weitgehend der innerhalb anderer Klassifikationen und ihrer Terminologien konstruierten Disjunktion von ‚deklarativ' und ‚prozedural'. Darauf deutet die Erläuterung Pöppels hin, dass implizites Wissen „können" sei, ohne das niemand „wirken und nichts erreichen kann". Antos unterscheidet unter ausdrücklichem Bezug auf Pöppel „explizites (begriffliches) Wissen" und „implizites (Handlungs-)Wissen" (Antos 2005: 350). Problematisch zumindest im Sinne notwendiger Ergänzungen scheint uns die Gleichsetzung von implizitem mit Handlungswissen in mehrerlei Hinsicht: Einerseits ist Handlungswissen nicht per se einer sprachlichen oder sonstigen zeichenmäßigen Fassung unzugänglich. Sprachliche Gebrauchsanweisungen und Handlungsbeschreibungen mündlicher oder schriftlicher Art zeigen dies, desgleichen Darstellungen von Handlungen auf anderen Ikonisierungsstufen (z. B. die ikonisierenden Gebrauchsdarstellungen auf Feuerlöschern, die ‚Ampelmännchen' im öffentlichen Verkehr). Man mag problematisieren, in welchem Maße hier tatsächlich, wie Pöppel sie nennt, „exakte sprachliche Entsprechungen" vorliegen; das aber rührt an die viel generellere Problematik, inwieweit überhaupt, also auch im Bereich des ‚deklarativen' bzw. ‚expliziten' Wissens Versprachlichung als „exakte sprachliche Entsprechung" aufzufassen ist; die diesbezügliche Grundannahme der Diskurslinguistik besteht jedenfalls in der Verneinung einer irgendwie gearteten, mehr oder weniger exakten Entsprechungsrelation zwischen Signifikaten und Signifikanten.

Zum anderen, und dies ist noch wichtiger, ist es unserer Auffassung nach keineswegs so, dass – auf der anderen Seite der thematisierten kombinierten Merkmalsdisjunktion – Wissen über ‚die Welt', Annahmen über etwas, was jedenfalls nicht als praktische Fähigkeit des individuellen Subjekts von Wissen ganz mit diesem zusammenfällt, stets und nur explizierbares Wissen darstellt. Andeutungen in diesem Sinne finden sich bei Pöppel selbst:

> „Der Unterschied zwischen explizitem und implizitem Wissen lässt sich auch an einem klassischen Zitat von Augustinus erläutern. In den *Bekenntnissen* schreibt Augustinus: ‚Was also ist Zeit? Wenn mich niemand danach fragt, weiß ich es; will ich es einem Fragenden erklären, weiß ich es nicht.‘ Hier wird Wissen in zwei Bedeutungen verwendet, nämlich zuerst als implizites Wissen und dann als explizites Wissen.“ (Pöppel 2000: 23f.)

Wir halten dieses Beispiel für ausgesprochen interessant, zeigt sich daran doch, dass implizites Wissen keineswegs auf die Domäne praktischer Fertigkeiten, der – auch und gerade physischen – Beherrschung mehr oder weniger komplexer Abläufe beschränkt ist. Die Aussagen des Augustinus scheinen unmittelbar zustimmungsfähig. Wer nicht im Bereich der Philosophie oder der theoretischen Physik geschult ist, wird wie Augustinus größte Schwierigkeiten haben, darauf zu antworten, was Zeit ist. Dennoch hat in der Regel jeder eine alltagstaugliche Vorstellung von Zeit. Zwar bildet diese Vorstellung oder Ahnung die Grundlage für verschiedene Formen praktischer Fertigkeiten und praktisch relevanter Intuitionen bis hin zu dem, was man als ‚Zeitgefühl‘ oder als Fähigkeit zum Abschätzen von Geschwindigkeiten kennt. Dennoch fallen diese Fertigkeiten nicht mit dem impliziten Wissen über Zeit zusammen; vielmehr liegt letzteres ersteren zugrunde. Zugleich ist deutlich, dass dieses implizite Wissen über Zeit auch nicht einfach das *noch nicht* explizite Wissen über Zeit ist, welche innerhalb der Physik und der Philosophie auf je verschiedene Weisen konzeptualisiert ist. Noch deutlicher tritt dieser widersprüchlich erscheinende Aspekt von implizitem Wissen, ein deklaratives und dennoch nicht deklarierbar zu sein, in anderen Bereichen hervor, zu denen auch die Sphären der diversen Wissenschaften gehören.

Im Unterschied bzw. in Ergänzung zu Pöppel und Antos gehen wir mit Fleck davon aus, dass es Formen impliziten Wissens gibt, die sich nicht auf Praxen und praktische Prozeduren beziehen, sondern die mit dem nach üblicher Terminologie ‚deklarativen‘ bzw. ‚expliziten‘ Wissen das Moment teilen, Annahmen über die Beschaffenheit epistemischer Gegenstände zu sein, zugleich aber mit dem ‚prozeduralen/Handlungs-‘ bzw. ‚impliziten‘ Wissen die Gemeinsamkeit haben, nicht ausgedrückt und vor allem nicht ohne weiteres sprachlich ausdrück*bar* zu sein. Für Fleck stellen diese Wissenselemente einen notwendigen und absolut prägenden Bestandteil jedes Wissens(-systems) dar, er nennt sie Urideen bzw. Präideen:

> „Viele wissenschaftliche, bestbewährte Tatsachen verbinden sich durch unleugbare Entwicklungszusammenhänge mit vorwissenschaftlichen, mehr oder weniger unklaren verwandten Urideen (Präideen), ohne daß inhaltlich dieser Zusammenhang legitimiert werden könnte. Eine *unklare* Idee syphilitischer Blutveränderung gab es […] Jahrhunderte vor der naturwissenschaftlichen Beweisführung." (Fleck 1980 [1935]: 35; Hervorheb. von mir, B. R.)

Einige der Erläuterungen Flecks können zunächst die Vermutung nahelegen, dass er mit den Urideen lediglich auf die *Vorläufer* späterer, explizierter und elaborierter Ideen hinaus will; so schreibt er u. a.:

> „Die griechische Antike schenkte der modernen Atomtheorie ihre Präidee, die besonders Demokrit in seiner Ur-Atomistik lehrte. Die Historiker der Naturwissenschaften […] sind darin einig, ‚daß die moderne Atomenlehre durch die schrittweise Umwandlung aus der Atomistik Demokrits hervorgegangen ist'." (Fleck 1980 [1935]: 35f.)

Andererseits zeigt seine erläuternde Kapitelüberschrift „Über Urideen als Richtlinien der Entwicklung einer Erkenntnis" (Fleck 1980 [1935]: 35), dass er bei Ur- und Präideen an mehr als die zeitlichen Vorläufer für spätere Ideen denkt, die sich im Gang der geistigen Entwicklung verlieren, so dass dann nur die „moderne Atomenlehre" *statt* der „Atomistik Demokrits", der moderne Syphilisbegriff *statt* der Uridee vom syphilitischen Blut Bestand hätte. Fleck schreibt den Urideen den Status einer ebenso unklaren wie unbewussten Ebene unterhalb der, oder vielleicht besser ausgedrückt: zwischen den expliziten und bewussten, kommunizierten und sozial ausgehandelten Wissenselementen und ihren Relationen innerhalb des Denkstils zu.

> „Man kann die Existenz der Präideen zudem auch nicht so erklären, daß sich im Kreis der mehr oder weniger phantastischen und unklaren Ideen irgendwelche richtige finden ließen, die dort dauerhaft verblieben seien, während die falschen ganz verschwunden sind. Denn solche Ideen sind an sich weder richtig noch falsch, sondern vielmehr unklar. Sie stellen eher eine Denkrichtung als einen fertigen Gedanken, eher eine Aufgabe als eine Lösung dar." (Fleck 2011 [1934]: 187f.)

Die Bedeutung dieses besonderen Wissens-Stratums siedelt Fleck mithin in seiner Rolle als „Entwicklungsanlage" (Fleck 1980 [1935]: 38) an.[66] Als Entwicklungsanlage erlischt die unklare Uridee aber nicht im Resultat des Entwicklungsprozesses, sondern sie prägt den Prozess und sein Resultat, bleibt also präsent.

Mit dieser Kategorie eines das bewusste, als manifestes auch kommunizierbare Wissen prägenden Schicht von impliziten Ideen lässt sich die Lücke zwischen den expliziten und explizierbaren Wissenselementen und dem oben diskutierten Momenten des stilistisch-gestalthaften eines wissenschaftlichen, weltanschaulichen o. ä. Systems schließen. Die Urideen bilden die kohäsive Substanz eines solchen Systems *und* die Potenz ihrer Entwicklung. Für beides ist die Vagheit und Implizitheit entscheidend. Die Vagheit verbürgt die Offenheit und Entwicklungspotenz, die Implizitheit generiert die *Empfindung*[67] des harmonischen Ganzen, dem die stilgemäße Harmonie eigen ist, die sich auf ausschließlich logische Induktionen und Deduktionen nicht mehr zurückführen bzw. damit begründen lässt und aus der ihrerseits die oben besprochene dynamische Stabilität eines theoretischen Gebäudes gewonnen wird.

Wir haben oben schon mehrfach davon gesprochen, dass es inzwischen in der einschlägigen wissenschaftstheoretischen Literatur nahezu Konsens ist, dass allem Wissen und allen Kriterien für die Unterscheidung zwischen ‚richtigem' und ‚falschem' Wissen, also dem Moment der Akzeptabilität von Wissensansprüchen dieses Moment des nicht weiter explizierbaren, ästhetischen Prinzips ganzheitlicher Stimmigkeit der Teile zukommt.[68] Für eine Diskurs*linguistik* besonders

66 „Der Wert dieser Präidee liegt nicht in ihrem logischen und ‚sachlichen' Inhalte, sondern einzig in ihrer heuristischen Bedeutung als Entwicklungsanlage. Und die stufenweise Entwicklung einer Tatsache aus dieser unklaren, weder richtigen, noch unrichtigen Uridee unterliegt keinem Zweifel." (Fleck 1980 [1935]: 37f.)

67 „Die Tatsache der Präideen läßt vielleicht [folgendermaßen] schließen: Gedankliche Wiedergabe wäre ursprünglich nicht eindeutige Zuordnung im Sinne der Logik, sondern eine Übertragung der Erlebnisse in ein Material, das leicht formbar und stets bei der Hand sei. Der Zusammenhang zwischen Wiedergabe und Erlebnissen gliche nicht dem konventionellen Verhältnis zwischen einem Zeichen und dem Bezeichneten, sondern läge in einem psychischen Entsprechen beider. Die Evidenz wäre in derart entstandenen Denkgebilden unmittelbar enthalten." (Fleck 1980 [35]: 39; Hervorheb. von mir, B. R.)

68 Bei Pöppel heißt es dazu: „Hier stellt sich die Frage, ob das ästhetische Prinzip nicht nur für das Vorstellungswissen, um Sachverhalte in möglichst klarer Weise grafisch zu veranschaulichen, sondern ganz allgemein für alle Wissensformen gelten könnte und damit eine innere Verbindung zwischen den verschiedenen Formen des Wissens hergestellt würde. Ich bin in der Tat der Meinung, dass man vom ästhetischen Wissen als einem Grundprinzip ausgehen kann und dass alle drei Wissensformen nur dann gut in uns verankert sind, wenn dem ästhetischen Prinzip bei jedem Wissen Rechnung getragen wird." (Pöppel 2000: 28f.) „Explizites Wissen strebt immer nach Ordnung, um in das Chaos der uns umgebenden Information ein System zu bringen. Wenn explizites Wissen nicht selbstverständlich klassifiziert ist, entwickeln wir unser eigenes Schema, um dies zu tun. Stimmigkeit und Klarheit, die Kriterien, nach denen eine Klassifizierung als gelungen oder nicht gelungen betrachtet wird, sind ästhetischer Natur. Auch für die Stimmigkeit des impliziten Wissens gilt wiederum ein ästhetisches Kriterium: Wenn Handlungs- oder Bewegungs-

interessant sind in diesem Zusammenhang Positionen von denjenigen, die sich ihrerseits auf das Verhältnis von Wissen und Sprache konzentrieren. Sowohl von Chomsky als auch von Foucault gibt es – eingebettet in ihre jeweiligen theoretischen Kontexte – Äußerungen, die deutliche Gemeinsamkeiten mit der Fleck'schen Kategorie der Urideen, oder vorsichtiger ausgedrückt: mit unserer Interpretation dieser Fleck'schen Kategorie, aufweisen.

So finden sich in dem schon mehrfach zitierten Streitgespräch zwischen Foucault und Chomsky von Letzterem u. a. folgende Bemerkungen:

> „I think it is perfectly possible to go back to earlier stages of scientific thinking on the basis of our present understanding, and to perceive how great thinkers were, within the limitations of their time, groping toward concepts and ideas and insights that they themselves *could not be clearly aware of*. For example, I think that anyone can do this about his own thought. Without trying to compare oneself to the great thinkers of the past, anyone can consider what he now knows and can ask what he knew twenty years ageo, and can see that *in some unclear fashion* he was striving towards something which he can only now understand … if he is fortunate." (Chomsky in: Chomsky/Foucault 1971: 10f.; Hervorheb. von mir, B. R.)

Chomsky kreist hier nach unserem Verständnis um die gleiche Problematik, die Fleck mit seinen „unklaren Präideen" thematisiert. Auch Chomsky nimmt eine Form unklarer, unartikulierter und wohl auch, wenn überhaupt, nur begrenzt artikulierbarer Ideen an, einen Typus impliziten Wissens. Auch für Chomsky fällt implizites Wissen in diesem Sinne nicht zusammen mit prozeduralem oder Handlungswissen; er exemplifiziert dies im Laufe der Debatte an gewissen Theorien Descartes'. Chomsky führt vor, wie sich die ‚Ahnung', ein allgemeines Konzept von physischen Körpern und ihrem Verhalten seit Descartes und seiner Generation verändert hat. Für die damalige Zeit waren die Konzepte der Mechanik fester Körper untrennbar damit verbunden, dass es Beziehungen zwischen diesen Körpern nur durch direkte Berührung geben kann, wohingegen für spätere Generationen z. B. die Gravitation ein völlig selbstverständliches, wenn vielleicht auch nicht durch jeden erklärbares Moment von Physik darstellt:

abläufe harmonisch sind, wenn sie eine Gestalt bilden, dann werden sie als richtig empfunden." (Pöppel 2000: 29)

> „To the Cartesians, action at a distance was a mystical concept, and in fact to Newton himself it was an occult quality, a mystical entity, which didn't belong within science. To the common sense of a later generation, action at a distance has been incorporated within science." (Chomsky in: Chomsky/Foucault 1971: 8)

Diese impliziten Ideen über Physik, Substanz usw. spielen somit eine dreifache Rolle: Erstens bilden sie den Rahmen dessen, was überhaupt „within science", hier eben speziell in den Bereich der Physik fällt, und was als ‚mystisch' aus dem so gerahmten Bereich herausfällt und nicht den Status von gültigem Wissen zuerkannt bekommt. Zweitens bilden sie das, was wir vorhin ‚kohäsive Substanz' genannt haben: Innerhalb des Systems der wissenschaftlichen Erklärungen von Descartes bzw. des Cartesianismus verbürgen sie die Einheit und Harmonie. Und drittens sind sie, wie bei Fleck gerade aufgrund ihres vagen, abstrakten Charakters Möglichkeit und Motor der Entwicklung und Veränderung[69] des Wissens, welche schließlich zu einer Auf- und Ablösung eben dieser Urideen geführt haben.

Foucault steht dieser Auffassung grundsätzlich nicht ablehnend gegenüber.[70] An einer anderen Stelle während der TV-Debatte zitiert er zustimmend

> „[...] the idea that in the profundity of the mind is incorporated a whole web of logical relations which constitutes, in a certain sense, the rational unconscious of the consciousness, the not yet clarified and visible form of the reason itself, which is the monad or the individual develops little by little, and with which he understands the whole world." (Foucault in: Chomsky/Foucault 1971: 14)

Auch wenn die Leibniz'sche Monadologie sicherlich nicht das von Fleck mit Uridee exakt so Insinuierte ist, so findet sich doch auch hier die theoretische

69 „[...] Descartes and his followers were led to postulate mind as a thinking substance independent of the body. If you look at their reasons for postulating this second substance, mind, thinking entity, they were that Descartes was able to convince himself [...] that events in the physical world [...] were explicable in terms of what he considered to be physics – wrongly as we now believe – that is, in terms of things bumping into each other and turning and moving and so on. He thought that in those terms [...] he could explain a certain domain of phenomena; and then he observed that there was a range of phenomena that he argued could not be explained in those terms. And he therefore postulated a creative principle to account for that domain of phenomena." (Chomsky in: Chomsky/Foucault 1971: 11)

70 So wie u. E. die von vielen Autoren einzig ausgemachte „Rivalität" (Spitzmüller/Warnke 2011) auch in Bezug auf andere Punkte eine nicht ganz zutreffende Charakterisierung der wissenschaftlichen Beziehung zwischen diesen beiden Autoren ist.

Konstruktion einer un- oder vorbewussten Vernunft, die implizit bleibend sich als „Entwicklungsanlage" des Wissens verhält. Das ist insbesondere seitens Foucaults eine bemerkenswert positive Bezugnahme, weil er mit seinen Deskriptionen und Analysen stets auf das empirisch vorfindliche Wissen, das „wirklich Gesagte" abzielt. Ausdrücklich versteht er weder seine deskriptiv angelegten ‚archäologischen' Wissensgeschichten noch seine Diskursanalysen als die Suche nach einem unausgesprochenen Gemeinten in der Sphäre des Gesagten.

> „Man sucht unterhalb dessen, was manifest ist, nicht das halbverschwiegene Geschwätz eines anderen Diskurses; man muß zeigen, warum er nicht anders sein konnte, als er war, worin er gegenüber jedem anderen exklusiv ist, wie er inmitten der anderen und in Beziehung zu ihnen einen Platz einnimmt, den kein anderer besetzen konnte." (Foucault 1973a: 43)
> „Man muß nicht vom Diskurs in seinen inneren und verborgenen Kern eindringen, in die Mitte eines Denkens oder einer Bedeutung, die sich in ihm manifestieren. Sondern vom Diskurs aus, von seiner Erscheinung und seiner Regelhaftigkeit aus, muß man auf seine äußeren Möglichkeitsbedingungen zugehen [...]." (Foucault 1991: 35)

Trotzdem scheint Foucault darin keinen Gegensatz zu der Annahme zu sehen, dass es eine Sphäre der Implizitheit gibt, die das explizite Wissen und damit die Diskurse durchzieht. Es wird an den zitierten Äußerungen aber deutlich, wie Foucault diese Implizitheit fasst und wo er sie ansiedelt. Für Foucault ist das Implizite in erster Linie das Negative – das, was dem diskursiv manifesten Wissen widerspricht, was nicht, was so nicht gesagt wird, weil es nicht gesagt werden kann. Es ist diese schon oben thematisierte Funktion der Abgrenzung des Denksystems und seines Diskurses/seiner Diskurse von anderen, die Verwirklichung der Exklusivität, auf die sich Foucaults Untersuchungen vor allem richten. Für ihn ist das Nicht-Sagbare das Exkludierte, das nicht in diese Zeit, nicht an diesen Ort, nicht in diesen Kontext Gehörende. Die andere Seite der ziemlich deutlichen Differenz, die wir nicht als Gegensatz ansehen, betrifft die Frage, wo Foucault die Restriktionen, die Quellen der Nicht-Sagbarkeit ansiedelt. Viel mehr als Fleck verortet er sie institutionell und prozedural – hauptsächlich in den entsprechenden Techniken des Diskurses, die jedoch, wir erwähnten auch dies bereits kurz, Fleck alles andere als unbekannt waren. Siehe dafür Abschnitt 1.2.3.

In Ergänzung zu diesem *negativ Nicht-Sagbaren* sehen wir das gewissermaßen *positiv Nicht-Sagbare* in den vagen, unbewussten Ideen, die sich in der Anlage jedes Wissenssystems finden. Für ihre Rolle als kohäsive und zugleich gärende Substanz ist die Implizitheit, die nicht oder nur unterschwellig thematisierte Eingewobenheit in die manifesten Wissenselemente von zentraler Bedeutung. Daraus folgt, dass man sich der stilistischen Einheit und Eigenheit eines Denksystems im Wesentlichen nur ‚von außen' nähern kann – Präideen zu thematisieren und zu problematisieren kann nur von einem externen Standpunkt aus funktionieren. Das hat mit einem *überhalb aller* Wissens- und Denksysteme angesiedelten Meta-Standpunkt, wie ihn Wasserloos (Abschnitt 1.2.1) damit notwendiger Weise eingenommen sieht, nichts zu tun. Denkstile werden *als Stile* immer nur dann bewusst, wenn es nicht eigene sind. Dann sind sie auch explizierbar. Und umgekehrt: Je mehr man – individuell oder kollektiv – die Fähigkeit erlangt, die ‚dunklen' Urideen, „the unconscious rational of consciousness" bewusst, sprachlich explizit und diskursiv manifest zu machen, umso mehr kommt ihnen damit dieser Status abhanden. In diesem Sinne sind Sagbarkeit und Nicht-Sagbarkeit nie absolute, sondern stets nur relative Kategorien. In der Zusammenfassung und Skizze unseres um Flecks Denkstil-Perspektive bereicherten diskursiven Rollenmodells werden wir darauf im Zusammenhang mit der Rolle von Präsuppositionen noch einmal zu sprechen kommen.

b) Verknüpfung von implizit mit subjektnah explizit und kollektiv

Kommen wir zur zweiten Verknüpfung des Merkmals ‚explizit/implizit' mit anderen Merkmalen von Wissen, die sich bei Pöppel und anderen findet. Das implizite Wissen wird als subjektnah oder gar einzig dem Subjekt zugehörig definiert (Pöppel 2000: 30f.), das explizite Wissen, da es kommunizierbar ist und kommuniziert wird, als das Wissen, das über das Subjekt hinausgreift.

> „Explizites Wissen geht über den Einzelnen hinaus und fasst Kenntnisse von früher für später zusammen." (Pöppel 2000: 32)

Auch diese Eins-zu-Eins-Verknüpfung von Kollektivität/Sozialität des Wissen mit seiner Explizitheit halten wir für zumindest erweiterungsbedürftig. Sicherlich kann es eine Kommunikation von Wissen nicht ohne Explizierung geben – in welcher sprachlichen oder sonstigen symbolischen Form, über welche Medien auch immer. Bei Antos heißt es dagegen, dass die pure Tatsache der kommunikativen und weiter kommunizierbaren Entäußerung von Wissen, die materielle Explizitheit also, nicht ausreicht, um von kollektivem Wissen reden zu können, da „es […] kein petrifiziertes ‚Wissen in Texten' ohne kognitive Aneignung, Aktivierung und (Re-)Konstruktion von semiotisch repräsentierten

Informationsangeboten gibt" (Antos 2005: 347). In diesem Sinne kommt Antos zu dem Schluss:

> „Kollektives Wissen in diesem Sinn kann daher als Sediment von Prozessen der Wissenskommunikation verstanden werden. Dazu gehören sowohl die räumliche und zeitliche Diffusion, die sozio-kulturelle Distribution als auch die individuelle wie soziale Rezeption und die kommunikative Weiterverarbeitung von Wissen (z.B. in anderen semiotischen Medien und Formen). All diese Stationen der Wissensentfaltung sind wesentliche Aspekte der Infrastruktur des Wissenstranfers. Voraussetzung dafür ist aber ein dynamischer Wissensbegriff, der zwar von der Repräsentation und Verarbeitung von ‚innerem Wissen' ausgeht, sich aber erst in der Sphäre des öffentlichen Austauschs (Repräsentation in Erzählungen, in Büchern und digitalen Medien) manifestiert." (Antos 2005: 359)

Der Vorschlag, kollektives Wissen als „Sediment" kommunikativer Prozesse fassbar zu machen, scheint uns insofern hilfreich, als er zwar einen engen Zusammenhang zwischen den Prozessen der Wissenskommunikation, des Wissenstransfers und kollektivem Wissen postuliert, aber beides eben nicht gleichsetzt oder dies zumindest nicht zwangsläufig so verstanden werden muss. Als dieses „Sediment" ist kollektives Wissen etwas anderes als die Summe der Transfer- und Kommunikationsprozeduren und -prozesse, genauso wie es, eben auch nicht einfach die Summe bzw. die, wie Weber sich ausdrückt, „Schnittmenge" individueller „Wissensbestände" darstellt. Wir können an dieser Stelle zwei Überlegungen zusammenschließen: Erstens haben wir bereits oben in Abschnitt 1.2.1.1 skizziert, dass die stilgemäße Prägung der individuellen Wissenselemente, Anschauungen, Meinungen u. dgl. nur durch den Denkstil als gestalthaftes Ganzes wirkt, das er nur ‚kollektiver Trägerschaft' ist. Dann sind wir zweitens zu dem Schluss gelangt, dass zur Einheit eines Denkstils, oben bestimmt als seine dynamische Stabilität, zu der Abgrenzung, Exklusion nach außen und Kohäsion, Harmonie nach Innen gehören, in ganz wesentlichem Sinne die impliziten, teilweise unbewussten Wissenselemente und Vorstellungen beitragen. Beides verknüpft ergibt sich, dass implizites Wissen weder automatisch Handlungswissen, noch notwendigerweise bloß individuelles Wissen oder Können darstellt. Worüber sich Chomsky und Foucault in ihrem Gespräch einig geworden sind, was Fleck als „unklare" „Entwicklungsanlage" bestimmt hat, nämlich die sowohl negativ-restriktiv, als auch positiv-produktiv prägende Wirkung des Nicht-Bewussten, Nicht-Gesagten und Nicht-Sagbaren für das Bewusste, Sagbare, gewöhnlich als das ‚eigentliche' Wissen aufgefasste, gilt nicht nur und noch nicht einmal hauptsächlich für das Individuum: Das kollektive Wissen und Denken, das Autoren wie Weber umstandslos in den Bereich der Spekulation abgeschoben sehen wollen, ist ihnen gerade darum so unhandlich, weil es eben nicht einfach die Summe alles Gesagten oder Sagbaren ist, sondern das Gewebe aus Aussagen, Aussagemöglichkeiten, den Relationen zwischen ihnen und den durchwebenden Schichten des Impliziten. Dessen Einfluss auf das explizite Wissen, die Entfaltung der von Fleck sogenannten „Entwicklungsanlage" wird überhaupt erst auf überindividueller Ebene wirksam. Es ist die *kollektiv geteilte* Selbstverständlichkeit, die zwischen den Individuen unausgesprochen für gegeben und ‚natürlich' genommene Basis des zwischen ihnen Ausgesprochenen, die für die Individuen die ‚Natürlichkeit' und ‚Zwangsläufigkeit' des So-und-nicht-anders-Denkens, So-und-nicht-anders-Sprechens generiert. Wenn Fleck schreibt,

> „In einem gewissen Entwicklungsstadium werden die Denkgewohnheiten und Normen als selbstverständlich, als einzig möglich empfunden, als das, worüber nicht weiter nachgedacht werden kann." (Fleck 1980 [1935]: 140),

dann ist er sich zugleich sicher, dass dies nur eine Wirkung ihrer kollektiven Existenzweise sein kann. Die Harmonie eines Denkstils, die dynamische Stabilität, die ihn gleichzeitig beharrungs- und entwicklungsfähig macht, ist soziales Produkt von „sozialen Mächten, die Begriffe bilden und Denkgewöhnungen schaffen" (Fleck 1980 [1935]: 52), das „bestimmt [...], was man ‚anders nicht denken kann'" (ebd.). Besonders deutlich wird dies an den Denkgewohnheiten, die sich von einem externen Standpunkt aus als Täuschungen ausnehmen, aber da wird eben nur besonders deutlich, wie entscheidend das Soziale am Wissen für das Wissen des Einzelnen ist. Wir hatten bereits besprochen, dass es geradezu ein Bedürfnis der Denkenden, als des Denkens ist, die eigenen Konstruktionen nicht als diese wahrzunehmen, sondern von sich abzutrennen und sich als äußerliche, objektiv gegebene und insoweit feste, nicht in Frage zu stellende Tatsachen aufzufassen. Damit dies wirklich gelingt, ist das Individuum darauf angewiesen, dass es mit dieser Suche nach festem Grund nicht auf sich allein gestellt ist und doch immer wieder nur sich selbst begegnet, wo es doch objektiven, festen Halt sucht. Dafür, dass es ihn findet, ist die Rückkoppelung an kollektive Ansichten und Praxen des Denkens von entscheidender Wichtigkeit. Die sozial akzeptierte

Basis von Selbstverständlichkeiten und objektiven Tatsachen macht sie überhaupt für die Einzelnen und für das Kollektiv zu solchen.[71]

Das führt uns zu der Frage, wie sich das Verhältnis von implizitem und explizitem Wissen als Verhältnis der „wirklich gesagten Dinge" und der nicht gesagten Dinge im Diskurs gestaltet und inwiefern Flecks Denkstilkonzept auch zur Antwort auf diese Frage etwas beizusteuern vermag.

1.2.2 Konstitution von Wissen, Denkstil und Denkkollektiv – sprachliche Formen

In diesem Abschnitt soll es darum gehen, die Überlegungen zum Verhältnis über Gesagtes und Nicht-Gesagtes, Sagbares und Nicht-Sagbares weiterzuführen. Unsere zentrale These dabei ist, dass die von Fleck eingeführte Kategorie ‚Denkverkehr' den nächsten wichtigen, vielleicht den wichtigsten möglichen Anknüpfungspunkt an diskurslinguistische Konzepte darstellt, wenn es freilich auch hier wieder so ist – und eingedenk des jeweiligen theoretischen Kontextes gar nicht anders sein kann –, dass die Kategorien ‚Denkverkehr' sensu Fleck und ‚Diskurs' nach Foucault interferent, nicht aber identisch sind. Und wieder wollen wir zeigen, dass die deutliche Differenz zwischen beiden Kategorien nicht das Hindernis, sondern umgekehrt der Ausgangspunkt dafür ist, sie füreinander produktiv zu machen. Wir werden für die Argumentation Überlegungen aufgreifen, die ausführlich in „Seuchen, Ängste und Diskurse" (Radeiski 2011) sowie im Artikel „Zur Rhetorik der Selbstverständlichkeit in Denkkollektiven" (Radeiski 2014) entwickelt und diskutiert werden.

1.2.2.1 Sprache als Objektivierung von Wissen

Wenn vom Verhältnis von Sprache und Wissen die Rede ist, dann richtet sich die Aufmerksamkeit einerseits auf Sprache als Mittel der Kommunikation von Wissen ganz im Sinne der oben kritisch diskutierten Identifikation von (sprachlich, kommunikativ) explizitem Wissen mit kollektivem/subjektfernem Wissen. So sehr diese Fokussierung ihre Gründe und ihre theoretische Legitimation hat, so wenig sollte dies jedoch dazu führen, dass Sprache erst im Verhältnis der vielen individuellen Wissensträger bzw. -kommunikatoren zueinander in den Blick rückt. Tatsächlich ist es ja seit langer Zeit nicht nur eine sprach- und er-

71 „Im irrtümlichen wie im wahren Wissen spielen dieselben Gemeinschaftskräfte die Rolle des Motors, und das Individuum ist eher Repräsentant bestimmter sozialer Funktionen als bewußte Quelle der Handlung. Im irrtümlichen wie im wahren Wissen entsteht die Anschauung nicht durch logische Kalkulationen irgendwelcher Elemente, sondern durch einen komplizierten stilisierenden Prozeß." (Fleck 2011 [1946]: 381)

kenntnisphilosophisch und auch innerhalb der Linguistik vertretene Position, dass Sprache nicht nur als Mittel der Kommunikation, d. h. der Zirkulation und Distribution von Wissen eine Rolle spielt. Auch außerhalb sprachphilosophischer und sprachwissenschaftlicher Kreise – bis hinein in das populär- und vorwissenschaftliche Denken – gibt es ein Bewusstsein, mindestens eine Ahnung von der besonderen Rolle der Sprache für Erkenntnis und Wissen: So sind die oben ausführlich diskutierten bildwissenschaftlichen Ansätze und Untersuchungen im Rahmen der Wissens- und Wissenschaftstheorie gewissermaßen eine Absetzung davon, Ergänzung dazu. Darauf beziehen sich Heintz/Huber (2001), wenn sie in ihren einleitenden Bemerkungen schreiben:

> „Am Anfang dieses Buches stand die Feststellung einer Diskrepanz: Während sich die Öffentlichkeit am Beispiel der Genom-Entzifferung noch mit der Textstruktur der Natur beschäftigt und sich die Frage stellt, ob die Natur nicht doch als ‚Buch' zu begreifen ist, dessen Zeichen und Grammatik es zu entziffern gilt, scheint die Praxis der Naturwissenschaften eher nach kunsttheoretischer als nach sprachwissenschaftlicher Expertise zu verlangen." (Heintz/Huber 2001: 9)

Was hier wie in vielen ähnlich gelagerten Untersuchungen, Aufsatzsammlungen u. dgl. deutlich wird, ist ein noch immer deutlich empfundener Legitimationsbedarf für die wissenschafts- oder wissenstheoretische Befassung mit Momenten der Wissensproduktion innerhalb der Sphäre von Wissenschaft oder im Alltagsbereich, die sich nicht an Sprache festmachen lassen, die nichtsprachlicher Art sind: wissenschaftliche Bildproduktion, psychologische und handlungstheoretische Aspekte, Experimente usw. Offenbar rührt dieser Legitimationsbedarf daher, dass mündliche/schriftliche Sprachprodukte als zentrales Instrument und wichtigster Output jeder Wissensproduktion verstanden werden. In gewisser, unklarer, jedenfalls oft gar nicht explizierter Form wird in literaten Gesellschaften Sprache mit Wissen identifiziert[72], dass umgekehrt jegliche Erforschung der Welt als die Freilegung ihrer sprach-gleichen Strukturen verstanden wird, was zwar *so* selten ausgesprochen, aber in entsprechenden Metaphern mehr als deutlich wird:

72 Vgl. dazu Pöppel (2000), der darin die Gefahr sieht, das *Wissen* einseitig mit *explizitem Wissen* gleichgesetzt wird, so dass die anderen Wissenstypen (implizites Wissen, bildliches Wissen) nicht die nötige Aufmerksamkeit bekommen, was negative Auswirkungen auf die Ausgestaltung z. B. von Technologien des Wissenstransfers haben kann.

> „Oft werden Analogien zu Sprache und Schrift für die Beschreibung naturwissenschaftlichen Forschens gebraucht: Bachelards ‚Epigraphie der Materie' etwa benennt Schreiben als Ausdrucksform von Forschungsgegenständen. Die Metaphern vom Buch der Natur bis hin zum Buch des Lebens fordern Lesen-Können von jenen ein, die etwas von ‚Natur' und ‚Leben' erkennen wollen, und übertragen die Vorstellung sprachlicher Strukturen in Bereiche, wo man sie nicht unbedingt vermuten würde." (Pernkopf 2006: 144)

Mit dieser Art von metaphorischem Gebrauch von ‚Sprache' scheint sich nicht nur die Vorstellung von einer irgendwie logischen Struktur der dinglichen Welt, sondern immer auch die Vorstellung einer Hoffnung auf eine *entzifferbare* logische Struktur dieser Welt zu verbinden. Foucault äußert sich mitunter skeptisch[73] über dieses „Privileg des Diskurses":

> „Wir sind überzeugt, wir *wissen*, dass alles in der Kultur spricht: Die Strukturen der Sprache prägen der Ordnung der Dinge ihre Form auf. Eine weitere (und bekanntlich sehr fruchtbare) Version jenes Postulats von der Souveränität des Diskurses, das bereits die klassische Ikonographie voraussetzte. Für Émile Mále waren die plastischen Formen in Stein, Linien oder Farben gefasste Texte; ein Kapitell oder eine Buchmalerei analysieren hieß aufzeigen, was dieses Kapitell oder diese Miniatur ‚sagen wollte', hieß das Sprechen rekonstruieren, wo es sich wegen des unmittelbareren Ausdrucks seiner Worte entledigt hatte. Panofsky hebt das Privileg des Diskurses auf. Nicht um Autonomie für das plastische Universum zu fordern, sondern um die Komplexität der Beziehungen zu beschreiben: Überschneidung, Isomorphie, Transformation, Übersetzung, kurz: das ganze Feston des Sichtbaren und des Sagbaren, das eine Kultur in einem bestimmten geschichtlichen Augenblick kennzeichnet." (Foucault 2001: 795)

Der Grund für dieses Privileg der Sprache wird von den Vertretern der entsprechenden sprachphilosophischen/sprachwissenschaftlichen Position als *Sprachapriori* ausgemacht, dessen ursprüngliche Formulierung allgemein auf

73 Zugleich ist ihm solche Metaphorik nicht fremd. So gibt er als ein Merkmal des von ihm untersuchten Überganges der Medizin im 18. Jahrhundert an, dass „die Botanik der Symptome [...] von der Grammatik der Zeichen ersetzt" werde (Foucault 1973b: 16).

Humboldt zurückgeführt wird.[74] Demnach ist Sprache nicht nur die geistige Konstruktion par excellence, sozusagen der Archetyp kognitiver Strukturiertheit – sondern mehr noch: Anders als *in ihr* denkt das menschliche Individuum nicht; komplexe kognitive Phänomene sind in spezifischer Form an Sprache gebunden, die damit nicht nur deren Repräsentationsmedium ist – das unterstellt nämlich eine deutliche konzeptionelle Scheidung von Repräsentiertem und Repräsentierendem –, sondern deren erste (eben sprachliche) *Realisierung*:

> „Dabei spielt der Vollzug von Äußerungen eine wesentliche Rolle. Wie Humboldt bereits festgestellt hat, ermöglicht das Sagen nicht nur die Mitteilung an ein Gegenüber, sondern durch die Entäußerung eines Gedankens wird dieser zugleich für die Sprecher selbst objektiviert und das heißt als Objekt erfahrbar." (Warnke 2009: 117)

Dieser Gedanke ist für jede Form von Diskurswissenschaft und insbesondere Diskurslinguistik von entscheidender Bedeutung. In Sprache entäußert *sich* das Denken, in den sprachlichen Zeichen und ihren Verknüpfungen stellt es sich gleichsam sich selbst gegenüber, wird, wie Warnke schreibt, für die äußernden Subjekte „als Objekt erfahrbar" und damit weiter gestaltbar. Diesen Humboldt'schen Aspekt der Entäußerung und Objektivierung fasst Hegel in seiner Zeichentheorie – im Rahmen seiner universellen Geistesphilosophie – in folgende Worte:

> „Die wahrhafte Stelle des Zeichens [in einer systematischen Theorie des Geistes, B. R.] ist die aufgezeigte, daß die Intelligenz, welche als anschauend die Form der Zeit und des Raumes erzeugt, aber den sinnlichen Inhalt als aufnehmend und aus diesem Stoffe sich Vorstellungen bildend erscheint, nun ihren selbständigen Vorstellungen ein bestimmtes Dasein aus sich gibt, den erfüllten Raum und Zeit, die Anschauung als die ihrige gebraucht, deren unmittelbaren und eigentümlichen Inhalt tilgt und ihr einen anderen Inhalt zur Bedeutung und Seele gibt." (Hegel 2014, § 458: 270)
>
> „Bei dem Namen Löwe bedürfen wir wieder der Anschauung eines solchen Tieres noch auch selbst des Bildes, sondern der Name, indem wir

74 Vgl. dazu Warnke 2009.

> ihn verstehen, ist die bildlose einfache Vorstellung. Es ist in Namen, daß wir denken." (Hegel 2014, §462: 278)

Diese Betonung, dass sich das Subjekt im Akt der Entäußerung das Material seiner Wahrnehmung und weiteren geistigen Bearbeitung und Formung schafft, finden wir, wenn auch verkürzt, deutlich unschärfer und nicht systematisch hergeleitet, auch bei Fleck:

> „‚Worte seien ursprünglich nicht Lautgruppen, die bestimmten Gegenständen willkürlich zugeordnet worden seien; [...] vielmehr seien sie eine Übertragung der Erlebnisse und Gegenstände in ein Material, das leicht formbar und stets bei der Hand ist.' [...] Ideen sind ursprünglich lautliche und gedankliche Äquivalente der Erlebnisse, die gleichzeitig mit ihnen gegeben sind. Dies erklärt die magische Bedeutung der Worte und die dogmatische, religiöse Bedeutung der Sätze." (Fleck 1980 [1935]: 39)

Zwar lässt Fleck im Unklaren, was er damit genau meint, dass „Ideen" „ursprünglich lautliche und gedankliche Äquivalente der Erlebnisse" sind, „die gleichzeitig mit ihnen gegeben sind". Die vom sprachwissenschaftlichen Standpunkt aus ungenügende Vagheit solcher Begriffe wie *Äquivalent* oder *Erlebnis* lässt sich auch mit Spekulation darüber, was gemeint sein *könnte*, nicht befriedigend klären. Festzuhalten bleibt aber, dass Fleck vom Interesse der Skizzierung und Verplausibiliserung seines Denkstil-Konzepts aus, und vielleicht ohne es selber darauf anzulegen, dahin oder wenigstens in die Nähe davon kommt, was bei Foucault die Spezifik von Diskursen ist, „systematisch die Gegenstände [zu] bilden, von denen sie sprechen" (Foucault 1973a: 74), und was unter positiver Bezugnahme auf Foucault Warnke (2009) als Radikalisierung des Humboldt'schen Sprachapriori nachweist:

> „[...] Radikalisierung der Fragestellung des Sprachapriori [...]. Während man im Sprachapriori seit Humboldt davon ausgeht, dass Sprache die Bedingung der Möglichkeit von Wissen ist, gehen neuere linguistische Forschungen davon aus, dass vermittels Sprache überhaupt erst Wirklichkeit konstituiert wird, auf die dann wiederum mit Sprache ein Verweis möglich ist. Mithin sind nicht nur Denken und Erkennen sprachabhängig, sondern das, was wir erkennen, worüber wir nachdenken können, ist selbst abhängig von seiner sprachlichen Erfassung." (Warnke 2009: 116)

Dies gilt zum einen für jedes einzelne Subjekt, zum anderen aber und in potenzierter Weise für das Subjekt als in soziale Zusammenhänge integriertes. Wenn man sich an dieser Stelle den in anderem Zusammenhang bereits diskutierten Hinweis Flecks in Erinnerung ruft „Der Satz, alle Erkenntnis entspringe den Sinneseindrücken, ist irreführend, denn die Mehrzahl der Kenntnisse aller Menschen stammt einfach aus den Lehrbüchern" (Fleck 2011 [1933]: 561), und diesen mit dem Gedanken verknüpft, dass dies im Verhältnis des Subjekts zu seinem Denken und im Verhältnis verschiedener Subjekte zueinander unmittelbar an Sprache geknüpft ist, dann lässt sich das wie folgt zusammenfassen:

Im intersubjektiven Verkehr, im Diskurs, beziehen sich dessen Teilnehmer auf Wissen, das sie in doppelter Weise, nämlich als sich selbst entäußertes und als auf dieser Basis kommuniziertes sprachlich konstituiert haben. Mit ‚Konstituierung von Wissen' ist hier gemäß der Definition von Warnke (2009) „*Konstituierung* in der Bedeutung von ‚Anordnung von Wissen durch Äußerungen' als Oberbegriff für drei Typen der Wissenskonstituierung: *Konstruktion, Argumentation* und *Distribution*" (Warnke 2009: 119) gemeint, die für uns in den folgenden Abschnitten von Bedeutung sein werden.

Auf die genannten zentralen Gegenstände und Perspektiven der Diskurslinguistik stößt man in Flecks Überlegungen zum Denkstil in einer freilich gemessen an den in den vergangenen Jahrzehnten diskurslinguistischer Forschung erreichten Maßstäben eher vagen, unausgearbeiteten Form. Das größere Potenzial einer Nutzbarmachung von Aspekten des Denkstil-Konzeptes für eine diskurslinguistische Betrachtung von Wissen scheint uns da zu liegen, wo Fleck Denkstilen den Doppelcharakter von Beharrung und Entwicklung, Beharrungstendenz und Entwicklungspotenzial zuschreibt, die wir oben als deren dynamische Stabilität ausgedrückt haben. Interessant für die Diskurslinguistik wird Fleck insbesondere bezüglich seines Versuches, diese komplementären Eigenschaften von Denkstilen sowohl akteurs- als auch sprach- und wissensorientiert zu analysieren. Zwischen diesen beiden Ebenen lässt er Möglichkeiten der wechselseitigen Einwirkung zu, die möglicherweise noch deutlicher, aber jedenfalls anders als bei Foucault gezeichnet werden und die der diskurslinguistischen Grundannahme von der Sprache als Generator und Medium des Wissens und seiner Gegenstände die Annahme zur Seite stellen, dass dies untrennbar auch mit nichtsprachlichen Kollektivdynamiken verbunden ist.

1.2.2.2 Sprache zur Legitimation von Wissen – Diskurs und Denkkollektiv

Foucault und in Abstufungen die Diskursforschung nach ihm hat zu Recht darauf bestanden, den empirisch auffindbaren Äußerungen, den wirklich gesagten Dingen eben, sowohl synchron als auch diachron keine Systematik zu entnehmen, die nicht die ihre ist, sondern die des Betrachters und Interpreten *ex post*. So wenig Foucault ‚hinter' oder ‚unter' dem registrierbaren Diskurs einen gleichsam stummen Diskurs freilegen wollte – was der Ausdruck „Archäologie des Wissens" freilich nahelegen kann[75] –, so wenig wollte er dem Nacheinander der gesagten Dinge *per se* zusprechen, Ausdruck einer Kontinuität, einer historischen Folgerichtigkeit zu sein:

> „Man muss erneut jene völlig fertiggestellten Synthesen, jene Gruppierungen in Frage stellen, die man gewöhnlich vor jeder Prüfung anerkennt, jene Verbindungen, deren Gültigkeit ohne weiteres zugestanden wird. Man muß jene dunklen Formen und Kräfte aufstöbern, mit denen man gewöhnlich die Diskurse der Menschen miteinander verbindet." (Foucault 1973a: 34)

Auch Fleck warnt vor dem Fehler historisch-teleologischer Posthoc-Konstruktionen, den er jedoch anders fasst: Zum einen sieht er eine Überbewertung dessen, was bei ihm als das „sogenannte Genie" (Fleck 2011 [1934]: 181) figuriert. Zum anderen konstatiert er für solche rückwärtigen Betrachtungen: „Der historische Gedankenlauf wird rationalistisch, d. h. *als logische Entwicklung einer Idee* und nicht *als ein organisches Sich-Entwickeln einer Idee*, dargestellt". (ebd.)

Darin wird zugleich der Unterschied zu Foucault deutlich, wahrscheinlich ist dies einer der schwerwiegendsten Unterschiede überhaupt zwischen den Konzeptionen Flecks und Foucaults: Fleck geht vom Synthetischen aus. Seine Kategorie des Denkstils ist ja nichts anderes, wir haben dies oben gezeigt, als das Konzept einer Gesamtheit, einer synthetischen Einheit aller Denk- und Äußerungsereignisse, einer Einheit, die gemäß Flecks gestalttheoretischer Ausrichtung etwas anderes ist als die Summe ihrer Glieder. Folgerichtig richten sich seine Überlegungen darauf, wie diese Einheit entsteht und sich stabilisiert. Dabei zeigen sich neben Unterschieden deutliche Überschneidungen zwischen der Typisierung diskursiver Wissenskonstituierung nach Warnke, der die Untertypen

75 Vgl. dafür auch Spitzmüller und Warnke (2011): „Diese ‚Regelhaftigkeiten' [von diskursiven Ereignissen, B. R.] sucht Foucault allein in der ‚Positivität', […], nicht ‚hinter' dem Diskurs. Insofern ist die Metapher der *Archäologie* missverständlich." (71)

Konstruktion von Wissen, Argumentation von Wissensakteuren, Distribution von Geltungsansprüchen ausmacht, und Flecks Typisierung, die wir nun näher beleuchten wollen.

a) Konstruktion von Wissen durch Versprachlichung

Die erste und elementare Form, in der dies geschieht, ist die Äußerung des Wissens selbst. Im vorigen Abschnitt ist bereits argumentiert worden, dass die Äußerung von Wissen nicht einfach die Formveränderung einer sich ansonsten gleich bleibenden Substanz ist, sondern dass mit der Versprachlichung von Gedanken diese überhaupt einen eigenen Gehalt und Status bekommen. Das heißt im Umkehrschluss, dass das Ergebnis dieses also doppelt bestimmten Aktes wesentlich davon geprägt ist, welche sprachliche Materialien, welche darin enthaltenen Verbindungen von Worten und Begriffen[76] dafür zur Verfügung stehen. Wir folgen hier im Wesentlichen Warnke (2009), der die Konstruktion von Wissen als ersten Untertyp von Wissenskonstituierung definiert:

> „Jegliche Form sprachbezogener Sachverhaltskonstituierung, also all das, was in Propositionen die Konstruktion von Gegenständen des Wissens bestimmt, ist in diesem Verständnis Teil der *Wirklichkeit*, das heißt zunächst einer Konstruktion." (Warnke 2009: 119)

Nach Fleck sind diese Verbindungen vom Denkstil des Kollektives geprägt, dessen Mitglied das jeweilige Äußerungssubjekt ist, so dass „allen Worten eine mehr oder weniger ausgeprägte denkstilgemäße Färbung anhaftet" (Fleck 1980 [1935]: 143). Es sind also in den wenigsten Fällen die Worte selber, die es innerhalb eines Denkstils im Unterschied zu anderen gibt, sondern die mit den Worten verknüpften Begriffe: „Worte besitzen an sich keine fixe Bedeutung, sie erhalten ihren eigensten Sinn erst in einem Zusammenhange, in einem Denkgebiete." (Fleck 1980 [1935]: 72) Wer etwas äußert, äußert dies – bewusst oder nicht – als Ausdruck eines Denkstils. So stellt die Entäußerung, das *Heraus* immer auch ein *Hinein* dar: Wie auch immer die anfängliche Ahnung, Idee gefasst sein mag, im Resultat des Akts der (Ent-)Äußerung ist sie in das begriffliche Netz eines Denkstils eingepasst. In diesem Sinne steht der Denkstil schon qua Sprache dem Individuum als eigene Realität gegenüber, macht er sich als wirkmächtig geltend:

76 „Hinter den meisten Wörtern steht ein Begriff, und der Gebrauch eines Wortes ruft bei Sprechern automatisch diesen Begriff hervor." (Fellbaum/Felder 2013: 183)

„Wenn ich aus dem Komplex des im gegebenen Moment aktuell Erlebten heraus einen Gedanken formuliere, d. h. eine Aussage, also eine Wortfolge bilde, so bin ich vor allem durch den Aufbau der Sprache gebunden, die ich benutze, durch die in dem Milieu geltenden Normen und Gebräuche, zu dem ich gehöre." (Fleck 2011 [1936]: 267)[77]

In Verbindung damit, dass gerade in modernen Gesellschaften der größere Teil der Bestände individuellen Weltwissens *knowledge by description* sind und die *description* in aller Regel (auch) sprachlich erfolgt, ergibt sich Denkstil als eine Art „Zwang" – womit Fleck, ebensowenig wie dies Foucault tut,[78] nicht dem Individuum Willens- und Denkfreiheit per se abspricht; er weist darauf hin, dass sich die Freiheit nicht in einem Raum getrennt von den spezifischen sozialen und sprachlichen Möglichkeitsbedingungen ihrer Praxis betätigt: „Schon im Aufbau der Sprache liegt eine zwingende Philosophie der Gemeinschaft [...]" (Fleck 1980 [1935]: 58).

b) Konstruktion von Wissen für andere und deren Rezeption durch andere

Die zweite theoretisch komplexere Form der sprachlich vermittelten Einpassung individueller Kognition in das kollektiv getragene Schema eines Denkstils erfolgt innerhalb der Prozesse von sprachlicher Äußerung *für andere* und deren Rezeption *durch andere.* Fleck legt sehr viel Wert darauf, dass es einen Unterschied macht, ob die sprachliche Fassung einer Beobachtung, einer Erkenntnis, Beschreibung einer ‚Tatsache' durch das jeweilige Subjekt lediglich im Vollzug eines Selbstverhältnisses erfolgt oder mit kommunikativen Absichten. Schon im Abschnitt zu den visualisierten Typen wissenschaftlicher Darstellungen haben wir festgehalten, dass jede Mitteilung von Wissen an andere mit einem bestimmten Zweck erfolgt, so dass das *Was* der Mitteilung auch durch das *Wofür?* und damit verknüpft durch das *Durch wen?* und *An wen?* geprägt wird:

77 Johannes Fehr analysiert die Formulierung Flecks „Gedanke formuliere, d. h. eine Aussage, also eine Wortfolge bilde" sehr detailliert und sieht darin nicht einfach die Aneinanderreihung dreier sprachlicher Formen mit identischem Inhalt: „Sind sie aber nicht identisch, fragt sich, was sich, Schritt für Schritt, in der Bewegung von ‚Gedanke' über ‚Aussage' zu ‚Wortfolge' verändert. Das heißt, die von Fleck im intra- und interkollektiven Gedankenverkehr – andernorts spricht er auch von ‚Gedankenwanderung' oder ‚Ideengängen' – festgestellte unablässige Umgestaltung der Gedanken setzte nicht erst bei der intersubjektiven Verständigung ein, nicht erst ‚auf dem kurzen Wege von Mund zu Ohr', sondern wäre bereits bei deren Hervorbringung im Individuum am Werk." (Fehr 2005: 31)

78 Wir stimmen auch hier mit Spitzmüller/Warnke (2011) überein, die den Vorwurf/das Lob nicht teilen, Foucault überwinde jede Reflexion auf das Individuum.

> „Ich muss jedoch darüber [über den Aufbau der Sprache; B. R.] hinaus auf die Person oder das Milieu Rücksicht nehmen, für das ich meine Aussage forme, denn ich will doch zu irgendeinem bestimmten Zweck verstanden werden. Jeder formulierte Gedanke, zum tatsächlichen Gebrauch bestimmt, trägt also ein Herstellerzeichen und eine Bestimmungsadresse. Ein formulierter Gedanke, eine Aussage, ist also (wenn man diese Bezeichnung hier gebrauchen darf) eine gerichtete vektorielle Größe. Ein alleinstehender Satz, ohne Herstellerzeichen und Bestimmungsadresse und auch ohne Hinweis auf jene sozialen Kräfte, die seine Richtung und seinen Kreislauf bestimmen, ist unvollständig und eignet sich nicht für Betrachtungen einer vernünftigen Wissenschaft über das Erkennen. Nur der Satz in seinem natürlichen Zusammenhang, also in seiner sozialen Bedeutung innerhalb der Gesellschaft, enthält einen bestimmten Sinn, ein alleinstehender Satz kann unterschiedlich verstanden werden: er kann vieldeutig oder sinnlos sein, abhängig vom Milieu des Empfängers." (Fleck 2011 [1936]: 267f.)

Dieser ‚Aufdruck' von „Herstellerzeichen und Bestimmungsadresse" ist kein lässlicher Zusatz, keine ‚kommunikative Umverpackung' des eigentlich Mitzuteilenden, sondern selbst Moment des Inhalts.

Und zwar dadurch, dass das Subjekt der Äußerung nicht nur wie in Abschnitt 1.2.2.2 a) durch den Umstand, dass ihm nun einmal nur die(-se) Sprache zur Verfügung steht, sondern auch wegen seiner spezifischen Äußerungsabsichten gegenüber dem spezifischen Adressaten seinen Gedanken zu einer Äußerung formt, von der er annimmt, dass sie diesen Absichten adäquat ist. Im engeren Zusammenhang der Kommunikation von Wissen heißt das: Menschen äußern nicht nur Gedanken, sondern *argumentieren*. Es ist dies in der Systematik von Warnke (2009), der wir hier folgen, der zweite Typ bzw. das Moment der Konstituierung von Wissen im Diskurs:

> „Unter (b) Argumentation von Wissensakteuren ist die ‚Rechtfertigung von Faktizität durch Begründung oder Widerlegung von konstruiertem Wissen' zu verstehen. Argumente sind für die Durchsetzung von Geltungsansprüchen auf Wahrheit notwendig, weil Wissen nicht statisch ist. Die bloße Konstruktion von Wissen ist bei aller denkbaren immanenten Logik von Wissensbeständen nicht ausreichend für die intersubjektive Akzeptanz." (Warnke 2009: 119)

Die Argumentation, die Aufbereitung der Wissensbestände zum Zwecke der Herstellung der gewünschten Akzeptanz, zielt immer auf bestimmte Empfänger, die sich innerhalb bestimmter Denksysteme bzw. Denkstile bewegen. Damit ist der Rahmen und das wissensmäßige Netz vorgegeben, innerhalb derer eine Argumentation als akzeptabel erscheint. Jeder Wissensakteur, der argumentiert, appelliert damit an das, was er für die bei seinen Adressaten verankerten Wissensbestände, Schlussregeln usw., also die relevanten Denkstilelemente und deren Verknüpfungen hält; zwar nicht, *um* diese zu bekräftigen, das Ziel gilt ja dem eigenen Gedanken, der innerhalb des Denkstils erst verankert werden soll, aber im Effekt stellt ein solcher Appell eine Bekräftigung der Gültigkeit dieser vorausgesetzten denkstilspezifischen Elemente und Verknüpfungen dar. Sie haben und erneuern im Zuge solcher argumentativen Akte ihren Status als quasi-objektive, nämlich allen individuellen Wissensakteuren vorausgesetzte Maßstäbe dafür, was an neuen Äußerungen den Status von gültigem, d. h. intersubjektiv akzeptablem und akzeptiertem Wissen zugesprochen bekommt, also als Wissen diskursiv konstituiert wird. Dafür ist es zunächst gleichgültig, ob dieser ‚Appell' explizit oder implizit erfolgt und ob die denkstilgemäßen Argumentationsmaßstäbe selber innerhalb der expliziten und bewussten Schicht des Denkstils angesiedelt sind oder innerhalb der kollektiv unbewussten und impliziten Schicht. Diesem Untertyp *Argumentation von Wissensakteuren* sensu Warnke entspricht bei Fleck weitgehend der Typ „Legitimierung im Rahmen des stilgemäßen Ideensystems" (Fleck 2011 [1936]: 268).

Der Unterschied zwischen diesen beiden Unterfällen, die wie stets ‚weiche' Übergänge aufweisen, soll im Folgenden erläutert werden: Sehr häufig geht das Subjekt der Äußerung einfach davon aus, dass es in dem von ihm beabsichtigten Sinne verstanden wird. Das wird in aller Regel dann der Fall sein, wenn die Äußerungen an Adressaten gerichtet sind, die dem gleichen Denkkollektiv angehören. Der Produzent der Äußerung geht dann davon aus, dass er mit seinen Worten bestimmte Begriffe evoziert, die ihrerseits mit anderen kognitiven Elementen – anderen Begriffen, Urteilen auch normativer Art, Schlussregeln usw. – verknüpft sind. Er verlässt sich auf den *common ground*: auf das ‚Set' an gemeinsamen Verstehensvoraussetzungen, d. h. Präsuppositionen. Oft sind solche Präsuppositionen zwar nicht explizit, aber analytisch zumindest zum Teil explizierbar. Dabei kommt es auf den jeweiligen kommunikativen und situativen Kontext an, welche Präsuppositionen mit welcher Aussage verbunden sind. So präsupponiert in jedem plausibel konstruierbaren Kontext der Satz „Meine Schwester ist krank" beim Hörer „Der Sprecher hat eine Schwester". Es kann weiteres präsupponiert sein, wenn der Satz sich an einen Arbeitskollegen, einen Freund, die Sprechstundenhilfe einer Arztpraxis usw. richtet. Dabei besteht, und dies ist entscheidend, keineswegs die Notwendigkeit, dass die Präsupposition „Der Sprecher hat eine Schwester" beim Hörer schon *vor* der Äußerung von „Meine Schwester ist krank" als Wissensbestand verankert war. Warnke (2009) spricht in Anlehnung an Stalnaker (1975) für den Fall, dass der Hörer die Präsupposition gleichsam nachholend setzt, von Präsuppositions-Anpassung:

> „Notwendiges Wissen für die Gültigkeit von Lesarten, das wir auch als Kontextualisierung von Aussagen in textweltbezogenen Wissensrahmen bezeichnet haben, wird häufig weder explizit verhandelt noch tatsächlich vorausgesetzt, sondern entsteht als geteiltes Wissen durch Äußerungen selbst. Im Diskurs wird Wissen stets durch Präsuppositions-Anpassung erzeugt. Diese Anpassung an Voraussetzungen zur Gültigkeit von Lesarten ist nichts anderes als eine wissensbezogene Form der Vergesellschaftung durch Interessenverbindung und Interessenausgleich; im Diskurs wird common ground generiert [...]." (Warnke 2009: 129)

Es lohnt sich, die *Entstehung von geteiltem Wissen im Diskurs und durch ihn* noch unter einer mehr akteursbezogenen Perspektive zu betrachten. Wie bereits das oben angeführte einfache Beispiel zeigt, was jedoch in komplexeren Beispielen ungleich deutlicher hervortritt, ist die Eigenschaft kommunikativer Akte, dass sie immer praktizierte Vermutungen des Äußerungsproduzenten über den Rezipienten und umgekehrt des Rezipienten über den Produzenten sind. Die Äußerung präsupponiert gleichsam ihren Rezipienten, sie adressiert ihn als jemand Bestimmten, mit bestimmten Wissensbeständen usw.; will der Rezipient die Äußerung verstehen, oder weitergehend: will er an dem Diskurs teilnehmen, in dessen Rahmen sie erfolgt, so wird er in der einen oder anderen Weise *sich* anpassen. So schafft der Diskurs nicht nur das geteilte Wissen, sondern so und in diesem Sinne konstituiert der Diskurs auch die Diskursakteure. In Radeiski (2011) haben wir dafür den Ausdruck *diskursiver Charakter* verwendet, dessen Bedeutung hier kurz rekapituliert werden soll[79]: Mit diesem Ausdruck wird auf den Umstand Bezug genommen, dass Kommunikation einen ganz bestimmten Rezipienten unterstellt, den sie zugleich entsprechend selbst modelliert. Kommunikation einschließlich der durch sie praktizierten Vermutungen über den jeweils anderen Kommunikationspol mitsamt seinen Vermutungen über die eigene Seite

79 Ausführlich siehe Radeiski (2011): 164–175; zur Definition von „diskursiver Charakter" insbesondere Seite 170.

konstituiert den Rezipienten als Teil des Diskurses, dessen Teil sie ist. Diese diskursgenetische Eigenschaft bezeichnen wir als *diskursiven Charakter.* Damit soll also gekennzeichnet sein, dass nicht ein in anderen sozialen/kommunikativen Zusammenhängen längst agierendes, durch diese Zusammenhänge definiertes Subjekt nun auch innerhalb des diskursiven Zusammenhangs agiert,

> „sondern dass dieser Diskursteilnehmer seine spezifischen, für den Diskurs relevanten und innerhalb des Diskurses beobachtbaren und wirkenden Merkmale *wesentlich im Diskurs bzw. durch ihn erhalten hat*" (Radeiski 2011: 170).

Solche wechselseitigen, implizit in die Äußerung und das Rezipieren von Wissensäußerungen eingebauten Vermutungen über den jeweils anderen Akteur sind notwendigerweise immer bis zu einem gewissen Grad offene Akte auch in dem Sinn, dass Modifikationen des geteilten Wissens auftreten können, ohne dass sich einer oder mehrere Beteiligte missverstanden fühlen. Das gilt bei jeglicher Form von Wissenskommunikation, erst recht aber dann, wenn diese in schriftlicher Form erfolgt.

> „Sprache und Schrift ermöglichen nicht nur, über Abwesendes mit Abwesenden zu kommunizieren, sie ermöglichen auch, Anwesendes wie abwesend zu behandeln. Sprache und Schrift entlasten die Kommunikation von unmittelbaren Wahrnehmungssuggestionen und Reaktionen auf den Wahrnehmungskontext." (Bohn 1999: 67)

Rückbezogen auf Fleck heißt dies: Zwar kann Wissen nur gebunden an Sprache und das denkstilgeprägte Milieu überhaupt geäußert und verstanden werden, das schließt aber die Transformation des Wissen ausdrücklich mit ein:

> „Wenn ich einen Gedanken äußere, so […] entscheide [ich] mich, eine gewählte Richtung zuungunsten einer anderen zu betonen; *ich schaffe erst einen bestimmten Gedanken, indem ich mich an das Kollektiv, zu dem ich spreche, anpasse.* Allein schon der Aufbau einer Rede, die Gewohnheiten oder allgemein gültige Normen und auch der Wille selbst zwingen mich dazu, verständlich zu werden. Das, was ich ausdrücke, ist immer anders als das, was ich denke." (Fleck 2011 [1934]: 198)

Der Produzent einer Äußerung passt sie und damit sich als Wissensakteur und Diskursteilnehmer an den *common ground* an, auf dem er seine Äußerung platzieren, in dessen Netz von Wissensbeständen er sie einpassen und in dessen Rahmen er sie als geteiltes Wissen akzeptiert sehen will. Dabei modifiziert er seinen Gedanken bereits im Akt der Äußerung. Das Gleiche passiert potenziell auf der anderen Seite, schon allein weil eine kommunikative ‚Absicherung' aller Bedeutungsnuancen, Konnotationen und Präsuppositionen des Gesagten schlechterdings unmöglich ist, denn andernfalls müsst man

> „an jedes Wort eine Fußnote mit Einschränkungen und Explikationen anschließen, ja eigentlich an jedes Wort dieser Fußnoten eine zweite Wortpyramide, deren Gipfel es bildete, und so fort, woraus ein Gebilde entstünde, das sich nur in einem Raume von sehr vielen Dimensionen darstellen ließe" (Fleck 1980 [1935]: 152).

Weil dies aber weder machbar oder zweckmäßig noch im Bewusstsein der Diskursteilnehmer überhaupt notwendig ist, stellt jeder Akt diskursiver Konstruktion und Argumentation immer auch eine Modifikation des Wissens dar, da „der Empfänger den Gedanken nie vollkommen in dieser Weise [versteht], wie ihn der Sender verstanden haben wollte" (Fleck 1980 [1935]: 58). Fleck geht auf Grundlage dieses Urteils sehr weit in seinen Schlussfolgerungen dahingehend, was diese jeweilige Modifikation des diskursiv geteilten Wissens anbelangt; an manchen Stellen spricht er davon, dass regelmäßig nach einer Reihe diskursiver Äußerungs- und Verstehensakte „praktisch nichts mehr vom ursprünglichen Inhalte vorhanden" (Fleck 1980 [1935]: 58) sei. Man muss diese radikale Schlussfolgerung nicht teilen, um dem grundsätzlichen Gedanken zustimmen zu können, um den es hier geht: Die diskursive Konstruktion und Argumentation von Wissen schaffen geteiltes Wissen, indem sie sich auf – tatsächlich oder vermeintlich – schon geteiltes Wissen beziehen; möglich ist dies durch Präsuppositions-Anpassung sensu Stalnaker (1975) und Warnke (2009) sowie, wie nach den obigen Ausführungen hinzuzufügen wäre, durch Präsuppositions-Verschiebung: Auch das gar nicht weiter thematisierte Wissen, das vorher schon vorhanden sein mag, bleibt von den Prozessen der Propositionsanpassung nicht unberührt. Systematisch führt dies dazu, dass – und zwar ohne dass ihnen das bewusst sein muss – alle Diskursteilnehmer nicht nur in Bezug auf die explizit diskursiv ausgehandelten Wissenselemente, sondern auch auf die nicht ausdrücklich ausgehandelten Wissensbestände *sich* verändern und damit auch ihren Denkstil, gerade indem sie sich zu ihm als gegebener Größe verhalten, entwickelt haben.[80]

Diesen Punkt abschließend ist noch zu bemerken, dass diese jedesmalige Neu-Interpretation diskursiver Manifestationen und damit die diskursive Neu-Konstitution von Wissen, auch wenn scheinbar bloß wiederholte gleiche Äußerungen rezipiert werden, kein häufiger Zufall sind, sondern eine begründbare Notwendigkeit darstellen: Dass „andere Individuen [...] andere Assoziationen an sie [die geäußerten Gedanken] an[knüpfen]" (Fleck 1980 [1935]: 58), wird durch die zwangsläufige kontextuelle und präsuppositionelle ‚Offenheit' aller Aussagen *ermöglicht*, ihr notwendiger Grund besteht darin, dass es keine zwei Individuen gibt, die über den exakt gleichen Bestand an Wissen verfügen, der relativ zur jeweiligen Aussage entscheidend deren Produktions- und Rezeptionsakt bestimmt. Hier zahlt sich aus, dass Fleck das *Denkkollektiv*, das innerhalb seines Theorie-Entwurfs, gleichsam das soziale Komplement zu *Denkstil*, dessen Träger darstellt, konsequent innerhalb dieser funktionalen Relation auffasst: Ein Denkkollektiv wird wesentlich konstituiert durch seinen Denkstil, so dass alle anderen soziologischen Aspekte nur in Bezug darauf relevant sind. Nach Fleck ist demnach ein „Denkkollektiv [...] immer dann vorhanden, wenn zwei oder mehrere Menschen Gedanken austauschen" (Fleck 1980 [1935]: 60). Von daher ergibt sich leicht die Schlussfolgerung, dass es keine eineindeutigen oder auch nur eindeutigen Verhältnisse von Denkkollektiven und Individuen gibt: Wer zu einem Denkkollektiv gehört, ist damit den Dynamiken der Diskurse unterworfen, in denen Denkstile konstituiert und entwickelt werden, und umgekehrt gehört jedes Individuum genauso vielen Denkkollektiven an, wie es an unterschiedlichen stilisierten Denksystemen teilhat.[81] Auch wenn diese ‚Mehrfachprägung'

80 „Nach einer Reihe Rundgänge innerhalb der Gemeinschaft kehrt oft eine Erkenntnis wesentlich verändert zum ersten Verfasser zurück – und auch er sieht sie schon ganz anders an, erkennt sie nicht als seine eigene oder (ein häufiges Geschehen) glaubt sie ursprünglich in der jetzigen Gestalt gesehen zu haben." (Fleck 1980 [1935]: 58)

81 In der Rezeption der Fleck'schen Konzepte scheint dieser Punkt größere Schwierigkeiten zu bereiten. Neben den in Abschnitt 1.1.4 diskutierten Einwänden von Möller (2007) gegen Fleck kritisiert auch er, dass Fleck die Kategorie Denkkollektiv so anlegt, dass im Prinzip keine feste Zuordnung von Individuen zu Kollektiven möglich sei: „Ein weiteres Problem ergibt sich hinsichtlich der Frage nach der Zuordnung von Mensch zu Denkkollektiven. [...] An dieser Stelle entsteht nun die Frage, inwieweit das Denkkollektiv sich überhaupt als theoretisch konzeptionelle Grundlage eignet, wenn es sich aufgrund einer permanenten Veränderung in seiner Mitgliedsstruktur als sehr fluide erweist." (Möller 2007: 407)
Abgesehen davon, dass Möller offenbar einige von Flecks Definitionen missversteht, wenn er annimmt, Fleck zufolge höre ein Fachmann auf, einem Denkkollektiv anzugehören, „wenn [er] bei der Umformung eines Gedankens für den Laien einen ‚Fehler' begeh[t]" (ebd.), scheint es vor allem sein Misstrauen in die naturgemäß wenig festen, sondern sehr „fluiden" Kategorien sozialer Deskription und Analyse zu sein, aus dem sich dieser Einwand ergibt. Fleck hat übrigens exakt diesen Einwand antizipiert: „Jedem, der das Denkkollektiv Fiktion, Personifikation des durch Wechselwirkung entstandenen Gemeinschaftsergebnisses nennt, könnte zugestimmt werden.

des individuellen Denkens durch verschiedene Denkstile dem Individuum nicht unbedingt bewusst geschweige denn störend[82] bewusst sein muss, wirken sie doch auf die Art und Weise, wie es an der diskursiven Wissenskonstitution teilhat. Manche dieser Unterschiede innerhalb der Identität des Denkstils lassen sich wiederum systematisieren – Fleck hat dies am Verhältnis von „esoterischen" und „exoterischen" Kreisen innerhalb eines Denkkollektivs durchgeführt, die auf je spezifische Weise am Denkstil und seiner Dynamisierung mitwirken.

1.2.2.3 „Denkgewöhnung" und deren Unterwanderung durch sprachliche Routinen

a) Mittel und Formen der „Denkgewöhnung" = Durchsetzung von Geltungsansprüchen

Eine weitere Form, in der Sprache sowohl die Etablierung bewirkt und zur Tendenz der Stabilisierung als auch zur Dynamisierung eines Denkstils beiträgt und umgekehrt sich *Denkstil* zur Erklärung bestimmter diskurs-manifester sprachlicher Phänomene heranziehen lässt, liegt in dem Bereich sprachlicher Routinen. Eine sprachliche Routine ist nach Warnke (2009)

> „eine der Kreativität komplementäre sprachliche Verhaltensweise, die sich auch in der Beherrschung formelhafter Wendungen und Texte sowie in der Einhaltung von Formulierungsmustern äußert. Sprachliche Routine heißt weiterhin, daß sprachliche Fertigteile (Wendungen, Textbausteine, Texte) in der Sprachgemeinschaft etabliert und individuell gespeichert sind, so daß sie wiederholt eingesetzt werden können, ohne Planungs- und Produktionsaufwand treiben zu müssen." (Warnke 2009: 131)

Die Abgrenzung von sprachlichen Routinen zu anderen sprachlichen Akten und Ereignissen im Diskurs ist sicherlich nicht ganz einfach und muss ebenfalls als graduell angenommen werden. Die Bandbreite der potenziell zu sprachlichen Routinen zu zählenden Phänomenen ist gemäß der gegebenen Definition jedenfalls groß: Im Prinzip kann jede sprachliche Verhaltensweise dazu gezählt werden, die „reproduktiv, rekursiv und rekurrent" (Warnke 2009: 133) auftritt.

Was ist aber Persönlichkeit selbst, wenn nicht Personifikation sehr vieler differenter Augenblickspersönlichkeiten und ihrer gemeinsamen psychischen Gestalt? Ihr parallel besteht das Denkkollektiv aus differenten Individuen und hat ebenfalls seine besondere psychische Gestalt, besondere Gesetze des Verhaltens. Es ist in seiner Ganzheit sogar stabiler, konsequenter als das sogenannte Individuum, das immer aus widersprechenden Trieben sich aufbaut." (Fleck 1980 [1935]: 60)

82 Vgl. hierfür Fleck 1980 [1935]: 144.

Wichtig erscheint uns zudem ein Verständnis von Routinen, das diese sowohl produktions- als auch rezeptionsseitig ansiedelt. Warnke (2009) spricht in diesem Zusammenhang von „Produktionsroutinen und Verstehenspräferenzen" (Warnke 2009: 131). Damit scheinen sprachliche Routinen auf der Ebene des diskursiv Manifesten die Entsprechung zur kohäsiven Substanz in den impliziten Schichten eines Denkstiles zu sein: Primär durch diese wiederholten und akzeptierten[83] Verknüpfungen von Ausdrucksformen mit entsprechenden Begriffen, aufgerufenen Präsuppositionen und anderweitig aktivierten Wissensbeständen kommt es überhaupt zu der Festigkeit der Rubrizierung und Kategorisierung von Wirklichkeit, die die Grundlage für einen kollektiven Denkstil darstellt.

Eine wichtige Gruppe sprachlicher Routinen sind neben verschiedenen anderen Ausdrucksformen wie dem Terminus (insbesondere in wissenschaftlichen Diskursen) vor allem im Bereich öffentlicher gesellschaftlicher und insbesondere politischer Diskurse die Schlagworte und schlagwortartigen Wendungen. Fleck beleuchtet den Zusammenhang von Ausbildung stilgemäßer Gewöhnung und den entsprechenden sprachlichen Phänomenen wie folgt:

> „Worte, früher schlichte Benennungen, werden Schlagworte; Sätze, früher schlichte Feststellungen, werden Kampfrufe. Dies ändert vollständig ihren denksozialen Wert. Sie erwerben magische Kraft, denn sie wirken geistig nicht mehr durch ihren logischen Sinn – ja, oft gegen ihn –, sondern durch bloße Gegenwart. Man vergleiche die Wirkung der Worte ‚Materialismus' oder ‚Atheismus', die in einigen Ländern sofort diskreditieren, in anderen freilich erst kreditfähig machen. Die magische Kraft des Schlagwortes reicht bis in die Tiefe spezialistischer Forschung: ‚Vitalismus' in der Biologie, ‚Spezifität' in der Immunologie, ‚Bakterienumwandlung' in der Bakteriologie. Findet sich so eine Wort im wissenschaftlichen Text, so wird es nicht logisch geprüft, es macht sofort Feinde oder Freunde." (Fleck 1980 [1935]: 59)

Wie sind solche Schlagworte und schlagwortartige Wendungen („Kampfrufe") mit ihrer wichtigen, ja auf diskursiver Ebene offenbar konstituierenden Rolle für einen Denkstil linguistisch zu fassen? Dafür gibt es eine Reihe formaler und inhaltlicher Anhaltspunkte und Kriterien, die wir hier nicht ausführlich disku-

83 Warnke betont den Stellenwert der Akzeptanz für die Funktion von sprachlichen und anderen Routinen; vgl. dafür Warnke 2009: 133.

tieren, sondern nur überblicksartig darstellen wollen.[84] Nach Felbick (2003) kann erstens als formales Kriterium die Frequenz gelten: Schlagworte beweisen ihren Status u. a. dadurch, dass sie häufiger als andere sprachliche Ausdrucksweisen auftauchen.[85] Mit seiner Bemerkung, dass Worte *zu* Schlagworten *werden*, weist Fleck zweitens darauf hin, dass Schlagworte – die Ein- oder Mehrwortlexeme sein können – und die von ihm so genannten „Kampfrufe" in aller Regel formal keine Neubildungen sind, sondern innerhalb eines bestimmten Kollektivs eine von der standardsprachlichen abweichende Neusemantisierung und Neuverwendung erfahren.[86] Das macht zugleich das dritte Merkmal aus, das Felbick als „Gruppengebundenheit" bezeichnet:

> „Indem das Schlagwort nicht nur für einen programmatischen Gehalt, sondern vor allem für eine Meinung dazu steht, wird es bei Wiederholung als typisch für die Position seines Verwenders angesehen. Damit wird es zum Zeichen derjenigen, die es verwenden und eine bestimmte Meinung vertreten, und in der Folge auch derer, die diese Meinung teilen. Das Schlagwort wird zum Gruppenabzeichen, in der Wirkung anderen Abzeichen ähnlich, beispielsweise einer Fahne." (Felbick 2003: 24)

Spätestens hier wird deutlich, dass Schlagworte und verwandte sprachliche Erscheinungen Formen und Mittel der Distribution von diskursiven Geltungsansprüchen im Sinne von Warnkes Systematik sind, der darunter die „Streuung von Geltungsansprüchen auf Wahrheit" (Warnke 2009: 121) versteht.[87] In ihnen ist im Extremfall eine ganze Programmatik politischer oder wissenschaftlicher Art in einem einzigen Wort auf den Punkt gebracht. Das prädestiniert solche sprachlichen Routine-Einheiten zu appellativer Verwendung innerhalb diskursiver Kämpfe, weil sie auf mehreren Ebenen – explizit, wie auch implizit und affektiv – die Einheit des Denkstils als bedeutungs- und sinnstiftenden Rahmen aller diskursiv manifesten oder möglichen Wissensbestände konstitutiv erneuern und damit selbst zu Symbolen ihrer „organische[n] Ganzheit" (Fleck 2011 [1946]: 381) werden. Wie wir im zweiten Teil der Arbeit anhand der DDR-Forschung detailliert exemplifizieren werden, weisen gerade fest etablierte und elaborierte

84 Zur Problematik der Definition und Abgrenzung der Kategorie *Schlagwort* von ähnlichen sprachlich-diskursiven Phänomenen siehe Felbick (2003), dort insbesondere 17–39.

85 Vgl. Felbick 2003: 25.

86 „Ein Wort ist nicht Schlagwort, sondern wird als Schlagwort gebraucht." (Dieckmann 1975: 102)

87 „Die Wissensdistribution ist ausgeprägt vor allem in massenmedial organisierten Gesellschaften. Dabei geht es um die Durchsetzung normativer Geltungsansprüche in semantischen Kämpfen." (Warnke 2009: 121)

Denkstile eine Reihe von z. T. schlagwortartigen, jedenfalls für den jeweiligen Denkstil typischen, immer auch affektiv und appellativ wirkenden Denkfiguren auf, deren diskursive Funktionsweise im Sinne der Erneuerung und Festigung des Denkstiles entscheidend darauf beruht, dass sie als Netz angeordnet sind und ihren jeweiligen Stellenwert durch wechselseitiges Aufeinander-Verweise erhalten. Das ist einerseits der Ansatzpunkt zur sprachlichen Analyse von Denkstilen eben mittels der Freilegung dieses Gewebes diskursiv prominenter sprachlicher Äußerungen bzw. Äußerungsereignisse, ihrer Verteilung und ihres semantischen Bezuges aufeinander. Zugleich ist damit auch eine gewisse Grenze der diskurs-*linguistischen* Beschreibung und Analyse von Denkstilen markiert: Ein Denkstil entzieht sich zwar nicht einer Analyse aller seiner manifesten oder auf Subebenen freizulegenden Elemente, aber seine Identität wird dadurch nicht vollständig re-konstruierbar, eben weil er – auch wenn es hier verschiedene Ausprägungsgrade gibt – ein „organisches Ganzes" ist, das irreduzibel auf seine Konstituenten ist. Fleck thematisiert dieses Problem anhand der Schwierigkeit historischer Darstellungen bzw. didaktischer Einführungen:

> „Worte besitzen an sich keine fixe Bedeutung, sie erhalten ihren eigensten Sinn erst in einem Zusammennhange, in einem Denkgebiete. Diese Nuancierung der Wortbedeutung fühlt man nur nach einer ‚Einführung' heraus, möge sie nun eine historische oder didaktische sein. Beide Wege sind jedoch nicht rein rational, nicht schlechthin verstandesmäßig. [...] Je ausgearbeiteter, je differenzierter dann ein dargestelltes Denkgebiet wird, desto verwickelter, zusammenhängender, mehr sich gegenseitig definierend werden seine Begriffe. Sie wird zum logisch unentwirrbaren Geflecht, zu einem organischen, aus gemeinsamer Entwicklung hervorgehenden Gebilde, dessen Teile in gegenseitiger Wechselwirkung stehen. [...] Jede didaktische Einführung in ein Gebiet enthält eine Zeit, wo rein dogmatisches Lehren vorherrscht." (Fleck 1980 [1935]: 72f.)

Diese denkstiltheoretische Überlegung zeigt nicht nur die Grenzen der analytischen Rekonstruierbarkeit von Denkstilen in synchroner und diachroner Ordnung, sondern sie gibt für den Bereich innerhalb dieser Grenzen auch den Hinweis, wie wichtig gerade dort die Reflexion auf affektive Momente der Wissenskonstruktion und -kommunikation ist, wo scheinbar rein rational argumentiert oder schlicht auf gegebene Tatsachen referiert wird.

Was im Allgemeinen als eine Eigenschaft nur bestimmter, dann gern als *Ideologien* diskreditierter Denkstile (an-)erkannt wird: das Vorherrschen diskursiv gestreuter zirkulärer Argumentations- und Legitimationsmuster, bestimmt Fleck als notwendiges Merkmal jeglicher, auch naturwissenschaftlicher Denkstile. Wie weit die Wirkung von solchen und anderen Formen sprachlicher Routinisierung und Ritualisierung reicht, mittels derer, um in der Systematik von Warnke (2009) zu bleiben, Konstruktion, Argumentation und Distribution zusammengespannt werden, zeigt die sogenannte ‚Sokal-Affäre'.[88] Diskurslinguistisch/denkstiltheoretisch ist die Affäre damit zu erklären, dass der Autor des Artikels vor dessen Abfassung das Set der sprachlichen Routinen analysiert hat, die für die von ihm parodierte Disziplin einschlägig sind. Die Abfassung selbst bestand dann in der Anwendung der ebenfalls disziplinären bzw. denkstilgemäßen Verknüpfungsregeln für diese Routinen sowie in der Einbettung seiner Aussagen in das Netz weiterer diskursiver Restriktionen und Relationen, wozu u. a. das Zitieren der ‚richtigen' Autoren gehört.

b) Mittel der Dynamisierung, Erneuerung, Überwindung

Doch auch hier wirkt die Dialektik von Verfestigung und Dynamisierung. Alle besprochenen sprachlichen Formen und Methoden, die diskursiv zur Etablierung und Festigung von Denkstilen beitragen (können), machen sich immer auch – mehr oder weniger als erstere – als gegenwirkende Ursachen, als Motoren bzw. Katalysatoren der Dynamisierung, in manchen Stadien sogar der Auflösung von Denkstilen geltend.

Auf der Ebene der oben kurz skizzierten sprachlichen Einheiten der Schlagworte und analogen sprachlichen Bildungen beruht das Öffnungspotenzial in der Diskrepanz von aggregierter, in sich zusammengezogener sprachlicher Form und komplexem Inhalt. Folgt man Fleck darin, dass vor allem bei stark ausgebauten Denkstilen die ihnen entsprechenden diskursiven Manifestationen oft in sprachlich einfacher und einfachster – im Extremfall in Form von Einwortlexemen – Form auftreten, mit denen aber umfangreiche, in sich komplexe Inhalte diskursiv transportiert werden sollen, dann ist je nach diskurssituativem Kontext

88 Die Sokal-Affäre: Alan Sokal, ein amerikanischer Physiker, hat unter dem Titel „Transgressing the boundaries: towards a transformative hermeneutics of quantum gravity" einen parodistischen Aufsatz geschrieben, der von der Redaktion der Zeitschrift „Social Text" als ernst gemeinter Beitrag zur Disziplin der Cultural Studies anerkannt und in ihrer Zeitschrift veröffentlicht wurde. Später hat Alan Sokal öffentlich gemacht, dass er weitgehend sinnfrei passend klingende Formeln und Zitate einschlägiger Autoren kombiniert hat; zu seiner Kritik bestimmter kulturwissenschaftlicher, auch kulturalistisch-epistemologischer Theorielinien hat er später zusammen mit dem Belgier Jean Bricmont das Buch „Intellectual Nonsense" nachgeschoben. Bei einigen der explizit oder implizit Kritisierten hat Sokal sehr heftige Reaktionen provoziert; so wurden ihm u. a. nationalistisch inspirierte Vorbehalte gegenüber französischen Philosophen vorgeworfen.

eine Umdeutung sehr wahrscheinlich. In Felbicks (2003) Untersuchung findet sich dies als

> „semantischer Spielraum: Ein wichtiges Merkmal von Schlagwörtern ist [...] der Umstand, dass verschiedene Menschen Verschiedenes unter einem Schlagwort verstehen. [...] Dadurch dass Schlagwörter vereinfachend für Komplexes stehen, lassen sie dem Verwender und mehr noch dem Rezipienten einen Interpretationsspielraum. Bei nahezu jeder Verwendung können unterschiedliche Aspekte aktualisiert werden, auch vom gleich ideologischen Standpunkt aus." (Felbick 2003: 20)

Schlagworte – auch wenn ihre mitunter bewusste strategische Bildung und Verwendung darauf abzielen mag – beenden also keineswegs die Möglichkeit und Notwendigkeit diskursiven Aushandelns; von der manchmal sogar seitens der jeweiligen diskursiven Protagonisten gewollten Neubestimmung, Aktualisierung ihres Inhalts, über die unbewusste, dann oft erst *ex post* als Sprachwandel festgestellte Modifikation von Bedeutung und diskursivem Wert bis hin zum unerwünschten Aufgreifen von Schlagworten von Seiten der diskursiven Gegenseite sind auch sprachliche Routinen potenziell dazu geeignet, als Faktoren der Dynamik bis zur Ablösung eines Denkstils zu wirken.

Auf etwas höherer Ebene gilt dies für das gesamte Verhältnis von Denkstil und seinen sprachlich manifesten, diskursiv verhandelten Elementen. Weil ein Denkstil je nach dem Grade seiner Elaboriertheit als gestalthafter Organismus nicht einfach die Summe seiner Teile ist, in diesem Sinne sich als organische Einheit gegenüber jedem einzelnen Konstituenten als selbständig, nicht als durch die Konstituenten Bedingtes und Bestimmtes, sondern als deren Bedingung und Bestimmung behauptet und diese sich gemäß macht, ist ein Umschlagen dieses Verhältnisses möglich: Wenn zu viele Wissenselemente mit dem Ganzen in Widerspruch geraten, neue Verknüpfungen untereinander eingehen usw., dann erscheint irgendwann das Ganze als entleerte Hülle, die nicht länger Bestand hat oder die Fähigkeit besitzt, sich neu zu füllen. Die Fähigkeit eines Denkstils, sich äußerlich oder gegensätzlich zu ihm stehende Wissenselemente und Wahrheitsansprüche zu einem gewissen Grade anzupassen und in sich aufzunehmen – freilich immer schon um den ‚Preis' gewisser Modifikationen des Ganzen –, kann somit dazu führen, dass er ab einem bestimmten Punkt diese Fähigkeit überbeansprucht und die Integration von immer Neuem bewirkt, dass er aufhört, mit sich identisch zu sein. Fleck führt Beispiele dafür aus der Geschichte der Naturwissenschaften an und versucht sie in dem von uns erläuterten Sinn zu erklären:

> „Jede umfassende Theorie passiert eine Epoche der Klassizität, wo nur exakt hineinpassende Tatsachen gesehen werden, und eine der Komplikationen, wo sich erst die Ausnahmen melden. Das wußte der große Theorienschmied Paul Ehrlich[89] genau: ‚Leider ist es auch hier wie bei allen wissenschaftlichen Dingen: es wird immer komplizierter.' Häufig überwuchern schließlich die Ausnahmen die Zahl der regelmäßigen Fälle. [...] In der Natur kommen viel mehr kolloidale Reaktionen vor als klassisch-chemische; [...] Viele Erscheinungen in der Gerberei, Färberei, in der Leim-, Gummi- und Sprengstoffindustrie entsprechen nicht den Gesetzen klassischer Chemie; besondere Gesetze müssen [...] angenommen werden [...]." (Fleck 1980 [1935]: 42)[90]

Komplementär zum eben charakterisierten Fall funktioniert das dynamisierende, erneuernde, überwindende Potenzial bei der allen Formen der Legitimierung und ihrer stets nur denkstilbedingten Überzeugungskraft :

> „Jeder Legitimierungsversuch *konkret ausgeführt* hat einen nur beschränkten Wert: er ist an ein Denkkollektiv gebunden. [...] Eine Legitimierung ist also nur dort möglich, wo sie eigentlich nicht mehr von Nöten ist, nämlich unter Menschen derselben denkstilgemäßen geistigen Verfassung und speziell annähernd gleicher Vorbildung." (Fleck 1980 [1935]: 50)

Doch ist es hier wiederum nicht nur so, dass Legitimierung immer auf einem Zirkel beruht und von daher die Wirksamkeit von diskursiven Distributionsversuchen der Geltung der eigenen Wahrheitsansprüche keineswegs einfach oder einseitig mit dem kommunikativen, gar manipulativen Geschick der jeweiligen

89 Deutscher Arzt und Wissenschaftler, der verschiedene diagnostische und therapeutische Verfahren entwickelt bzw. mitentwickelt hat.

90 Hier ordnen sich auch die in Abschnitt 1.1.2 angesprochenen Para- und Pseudo-Begrifflichkeiten der Medizin ein, die sich zwar häufiger als anderswo, aber nicht ausschließlich in diesem Wissensgebiet finden. Ebenso einschlägig für die zumindest vorübergehende ‚Immunisierung' eines Denkstils durch Integration von Widersprüchen als Ausnahmen sind die empirischen Beobachtungen, die Fleck bei einer Forschungsgruppe im KZ Buchenwald machen konnte, die alle nicht zum Erwarteten passenden experimentellen Ergebnisse mit einer zur sprachlichen Routine geronnenen Gedanken stilgemäß eingeordnet hat: „Was nicht übereinstimmte, ging auf die Kerbe der zulässigen Diskrepanz der Meinungen in diesem Gebiet. [...] Und schließlich weiß man, daß die Biologie keine Mathematik ist. Die unvermeidliche biologische Unexaktheit wurde der Leitspruch." (Fleck 2011 [1946]: 377)

Diskursakteure steht und fällt. Gerade in der notwendigen Zirkelhaftigkeit aller diskursiven Legitimationsakte eines Denkstils liegt ihr aktives negatives Potenzial: Es ist prinzipiell nämlich immer möglich, dass diese Legitimationsversuche von den Rezipienten, gerade wenn sie als welche ins Auge gefasst werden, die erst noch zur Anerkennung der jeweils zu legitimierenden Wahrheitsansprüche gebracht werden sollen, ihres zirkulären Charakters überführt werden. Der Denkstil ist dann als *bloßer* Denkstil, als nur auf selbstbezüglicher Gültigkeit beruhendes Konstrukt entlarvt, der Legitimationsversuch schlägt in sein Gegenteil um.

1.2.3 Konstitution von Wissen, Denkstil und Denkkollektiv – diskursive Prozeduren

Wir haben im vorigen Abschnitt versucht zu zeigen, dass es zwischen Flecks *Denkstil* und *Denkkollektiv* einerseits und diskurslinguistischen Kategorien andererseits eine Reihe von Berührungspunkten gibt und dass es sich darüber hinaus lohnt, der Frage nachzugehen, inwieweit *Denkstil* und *Denkkollektiv* sich als Erklärungsmodelle für eine Reihe von Regelmäßigkeiten und funktionalen Verhältnissen im Bereich der „wirklich gesagten Dinge", d. h. der sprachlich manifesten Diskursereignisse, eignen. Insbesondere gilt dies für die doppelte Bestimmtheit von Denkstilen als einerseits sich selbst reproduzierende „organische Ganzheiten" (Fleck), die andererseits für Modifikationen und sogar grundlegendere Wechsel offen sind, was Warnke in Bezug auf die Kategorie *Epistem* als „Spannungsfeld von Verfestigung und Dynamik" (Warnke 2009: 123) bezeichnet; auf diese Weise scheint es möglich, den wissenskonstituierenden Charakter von Sprache, Akten sprachlicher Äußerungen zur Erklärung auch gegenläufiger Wirkungen heranzuziehen.

Damit ist jedoch auch klar, dass die Erklärung gesellschaftlichen Wissens auf der Ebene sprachlicher Äußerungen und ihres kognitiven Rahmens nicht stehen bleiben kann. Weil Präsuppositionen, sprachliche Routinen usw. ihre wissenskonstitutive Wirkung im Diskurs sowohl im Sinne einer Festigung bestehender Wissensbestände als auch im Sinne von deren Veränderung entfalten können, müssen weitere Erklärungsebenen in den Blick genommen werden, wenn man versucht zu begründen, warum sie jeweils die eine bestimmte Wirkung – und keine andere – gezeitigt haben. Auch dafür bieten *Denkstil* und insbesondere *Denkkollektiv* unseres Erachtens einige Anhaltspunkte, die sich wiederum zu nicht unwesentlichen Teilen mit diskurstheoretischen Kategorien berühren oder decken. Obwohl sich auch hier strikt kategorisierende Trennungen als wenig durchhaltbar erweisen, werden wir bei der Besprechung der ‚überhalb' der Ebene sprachlicher Formen angesiedelten Arten und Prozeduren der diskursiven Konstitution (denk)kollektiven Wissens drei Typen unterscheiden: restriktive Prozeduren der Gestaltung des Diskurses (Abschnitt 1.2.3.1), Handlungsroutinen und diskursive (Handlungs-)Rollen (Abschnitt 1.2.3.2) und die bewusste, mitunter inszenierte diskursive Auseinandersetzung mit anderen Denkstilen (vgl. späterer Abschnitt 2.2).

1.2.3.1 Restriktive Prozeduren: Ausschließung, Verknappung des Diskurses, Verknappung der Diskursakteure

Es ist bisher schon mehrfach dargelegt worden, dass sich Denkstile als Ganzheiten sowohl positiv – durch das, was sie sind, was zu ihnen gehört, was ihnen gemäß ist, – als auch negativ – durch das, was sie nicht sind, was nicht zu ihnen gehört, was ihnen nicht gemäß ist – konstituieren. Und wir haben auch schon erwähnt, dass diese negative Seite keine bloß theoretisch negative Reflexion darstellt, so wie sich ja gemäß dem Lehrsatz von Spinoza „omnis determinatio est negatio" für jedes Objekt einer theoretischen Bestimmung immer auch angeben lässt, was es *nicht* ist, sondern dass die negative Seite für *Denkstile* – darin haben wir eine entscheidende Gemeinsamkeit zu *Diskursen* ausgemacht – das Wesen von Denkstilen und Diskursen entscheidend prägt. Mills geht in diesem Zusammenhang so weit zu konstatieren, dass „die zentrale Struktur des Diskurses weniger in seinen konstituierenden Teilen, sondern vielmehr in seinen Ausschlussfunktionen liegt." (Mills 2007: 60)

Bezüglich dieses Punktes ist die Rezeption der Foucault'schen Theorie nicht ganz einfach, insbesondere wenn man versucht, sie als bruchlose Einheit aufzufassen. Festzustellen ist vielmehr, dass Foucault den in der *Archäologie des Wissens* als Forschungsprogramm und zugleich als Wesen des Diskurses formulierten strikten Standpunkt später relativiert hat, dass sich alle Beziehungen der getätigten Aussagen pur aus der manifesten Verteilung ohne Annahme irgendwelcher bestimmenden Faktoren ‚unterhalb' oder ‚überhalb' der Ebene der diskursiven Ereignisse ergeben und erschließen lassen. In der *Ordnung des Diskurses* wählt er geradezu den umgekehrten Ansatz: Er betont, dass die Mächtigkeit des Diskurses nicht dazu führen sollte zu übersehen, wie sehr der Diskurs selbst das Objekt von Restriktionen entsprechender Akteure in der Regel institutioneller Art ist, so dass der Diskurs wesenhaft über sich selbst hinausweist. Auf dieser Basis entwickelt Foucault in der *Ordnung des Diskurses* eine Systematik, mittels derer

> „in jeder Gesellschaft die Produktion des Diskurses zugleich kontrolliert, selektiert, organisiert und kanalisiert wird – und durch gewisse Prozedu-

> ren, deren Aufgabe es ist, die Kräfte und die Gefahren des Diskurses zu bändigen, sein unberechenbar Ereignishaftes zu bannen, seine schwere und bedrohliche Materialität zu umgehen" (Foucault 1991: 10f.).

Das ist nicht als theoretische Absage an die „Materialität" des Diskurses anzusehen, sondern als deren notwendiges Komplement: Gerade diese Materialität, die Wirkmächtigkeit von Diskurs macht ihn zum Objekt agonaler Zugriffsanstrengungen:

> „Denn der Diskurs [...] ist nicht einfach das, was das Begehren offenbart (oder verbirgt): er ist auch Gegenstand des Begehrens; und der Diskurs – dies lehrt uns immer wieder die Geschichte – ist auch nicht bloß das, was die Kämpfe oder die Systeme der Beherrschung in Sprache übersetzt: er ist dasjenige, worum und womit man kämpft; er ist die Macht deren man sich zu bemächtigen sucht." (Foucault 1991: 11)

Am deutlichsten Tritt dieses Moment von Diskursen, dass sie Objekte von ausschließenden Zugriffs- und Regulierungsansprüchen sind, mit denen akteursseitig jeweils der Versuch der bei Warnke als „Streuung von Wahrheitsansprüchen" verbunden ist, an der unmittelbar restriktiven Prozedur des Verbotes hervor, das gleich in drei Formen existiert, insofern nämlich, als Verbote fixieren, „daß man nicht das Recht hat, alles zu sagen, daß man nicht bei jeder Gelegenheit von allem sprechen kann, daß schließlich nicht jeder beliebige über alles sprechen kann" (Foucault 1991: 11). Auch – oder gerade – Fleck mit seinem erklärten Anspruch, eine vergleichende *Soziologie* des Wissens zu entwickeln, betont die Rolle solcher restriktiven Faktoren. Auch er bespricht das Wechselverhältnis von ideellen, gleichsam wissensimmanenten Faktoren der Einschränkung und praktischen, auf institutionalisierter, materialisierter Macht beruhenden.

Theoretisch interessanter, weil weniger offensichtlich sind aber solche Prozeduren, die sich im Diskurs selber verbergen, die, wie Foucault es ausdrückt, sich selbst „verschleiern" (Foucault 1991: 17). Diese „Prozeduren der Ausschließung" (Foucault 1991: 11) sind in aller Regel unmittelbar an das diskursiv geteilte Wissen und seine Argumentationsmuster und Geltungsansprüche geknüpft. Das bringt Foucault dazu, den „Willen zur Wahrheit" selbst als Motor von diskursiver Ausschließung zu bestimmen: Mit Wahrheitsansprüchen unmittelbar verknüpft sind Bestreitungen differenter Wahrheitsansprüche. Und das heißt, dass „der Diskurs keineswegs jenes transparente und neutrale Element" (Foucault 1991: 11) ist, *innerhalb* dessen Wahrheitsansprüche zumindest insoweit wechselseitig als Teile des Diskurses erkennbar sind, wie es für die argumentative Auseinandersetzung notwendig ist,[91] sondern die diskursiven Auseinandersetzungen drehen sich um bzw. zielen auf wechselseitigen Ausschluss aus dem Diskurs. Wer sich *im* Diskurs durchsetzt, verfügt *über* ihn. Diese Verfügung über den Diskurs macht die Unwiderstehlichkeit der innerdiskursiven Durchsetzung aus; zugleich camoufliert sie sich damit als das diskursiv gegebene, objektive Wissen.

Ganz ähnlich argumentiert Fleck. Er erläutert entlang der jedem Denkstil eigenen Tendenz der Stabilisierung und Immunisierung, die er „Beharrungstendenz" nennt. Er unterscheidet fünf Formen, in denen diese Beharrungstendenz sich äußert, von denen drei den Foucault'schen Ausschließungsprozeduren sehr ähnlich sind:

> „1. Ein Widerspruch gegen das System erscheint undenkbar. 2. Was in das System nicht hineinpasst, bleibt ungesehen, oder 3. es wird verschwiegen, auch wenn es bekannt ist, oder 4. es wird mittels großer Kraftanstrengung dem Systeme nicht widersprechend erklärt. 5. Man sieht, beschreibt und bildet sogar Sachverhalte ab, die den herrschenden Anschauungen entsprechen, d. h. die sozusagen ihre Realisierung sind – trotz aller Rechte widersprechender Anschauungen." (Fleck 1980 [1935]: 40)

Die Formulierung unter 1., dass ein „Widerspruch gegen das System" undenkbar erscheine, ist von Fleck nicht als macht- und harmlose logische Relation gemeint, sondern als das auch praktisch vollzogene Urteil über abweichende Wissenselemente bzw. Wahrheitsansprüche, dass diese nicht nur different, abweichend, sondern das System verletzend, also auszuschließen oder gar auszumerzen sind. Fleck weist darauf hin, dass von solch einem diskursiven Verbot mitunter auch bloße Frage- und Problemstellungen betroffen sein können:

> „Alle weiteren Fragen hat das Kollektiv als überflüssig, geradezu als unanständig befunden. Zu bestimmten Dingen darf man die Mitglieder reli-

91 Das markiert deutlich den Unterschied, ja Gegensatz zwischen dem Diskurs-Konzept Foucaults und auch Flecks Denkstil-, Denkkollektiv-Konzept einerseits und dem Diskurs-Konzept von Habermas: Der bestimmt Diskurs gerade als den Raum herrschaftsfreier Auseinandersetzung, in der nur „der zwanglose Zwang des besseren Arguments und das Motiv der kooperativen Wahrheitssuche" (Habermas 1992: 123) wirken soll. Für Habermas ist der Diskurs nicht die ‚Arena' der Bestreitung von Geltungsansprüchen, sondern der Raum, in welchem aufgrund anderer Faktoren erodierende oder zumindest fragwürdig gewordene Geltungsansprüche idealiter neutral geprüft werden: „Unter dem Stichwort ‚Diskurs' führte ich die durch Argumentation gekennzeichnete Form der Kommunikation ein, in der problematisch gewordene Geltungsansprüche zum Thema gemacht und auf ihre Berechtigung hin untersucht werden." (Habermas 1972: 130)

giöser, politischer oder wissenschaftlicher Kollektive nicht fragen." (Fleck 2011 [1946]: 380)

Der Grund dafür liegt in der im Abschnitt 1.2.1.1 b) erläuterten Rolle des Ungesagten für die Kohäsion eines Denkstils als epistemischer Ganzheit: Eine explizite Frage, die auf eine ebenso explizite Antwort drängt, nimmt allein durch die Transponation des jeweiligen Denkstilelements von der Schicht des Impliziten in die Schicht der expliziten Wissensbestände ihm den Status der selbstverständlichen, festen Grundlagen alles explizit auszuhandelnden Wissens; Fragestellungen sind auf diese Weise immer auch Infragestellungen und damit potenziell diskursive Angriffe auf die Kohäsion eines Denkstils.

Den von Foucault gezogenen kategorisierenden Grenzen zwischen den beiden Ausschließungsprozeduren „Ausgrenzung des Wahnsinns" (Foucault 1991: 16) und „Willen zur Wahrheit" (ebd.) kann Fleck mit einiger Plausibilität ihre Eindeutigkeit nehmen: Die Übergänge vom Verdikt der Undenkbarkeit und Unsagbarkeit zur Pathologisierung von Äußerungen und Äußerungssubjekten sind tatsächlich nicht sehr groß, sondern sind rasch und fließend zu vollziehen. Beide stehen zudem in einander potenziell verstärkender Rückkoppelung: Wer nicht nur Abweichendes, Falsches, sondern Undenkbares denkt, Unsagbares sagt, bei dem drängt sich die Frage nach der Fähigkeit zur Vernunft oder zum Ausgeliefertheit an den Wahnsinn auf. Diese beantwortet sich, einmal aufgeworfen, oft sehr schnell ‚von allein':

> „Wenn eine Auffassung genug stark ein Denkkollektiv durchtränkt [...], dann erscheint ein Widerspruch undenkbar, unvorstellbar. Man sprach gegen Kolumbus: ‚Ist wohl irgend jemand so von Sinnen, daß er glaubte, es gäbe Antipoden, die mit ihren Füßen gegen die unseren stehen. Menschen, die mit in die Höhe gekehrten Beinen und herunterhängenden Köpfen gehen? [...] Der Wahn, daß die Erde rund sei, ist die Ursache der thörichten Fabel'[92], usw." (Fleck 1980 [1935]: 41)[93]

92 Fleck gibt für das Zitat keine Quelle an. Entnommen ist es offenbar von Jakob Wassermann „Christoph Columbus – der Don Quichote des Ozeans" von 1929. Im Reprint vom Verlag Salzwasser 2011 findet sich das Zitat auf der Seite 26.

93 Dieses Beispiel zeigt nebenbei sehr deutlich, wie sehr Flecks Aussagen über die Formen der individuellen Befangenheit innerhalb eines kollektiven Denkstils und die vom Standpunkt des Einzelnen gleichsam automatischen Prozeduren ihre Konstituierung auch für ihn selber gelten: Aus dem weiteren Fortgang von Flecks Text ergibt sich, dass er selber der Auffassung ist, dass Kolumbus seinerzeit mit der machtvollen Unvorstellbarkeit der Kugelgestalt der Erde konfrontiert gewesen sei. Er argumentiert dann so, dass es an der „Verabsolutierung der Begriffe ‚oben', ‚unten'" (Fleck 1980 [1935]: 41) gelegen habe, die „diese Undenkbarkeit" (ebd.) verursacht habe. Es gilt inzwischen als erwiesen, dass die Annahme einer Scheibengestalt der Erde zu keinem

Und umgekehrt: Wer einmal mit dem Verdikt ‚wahnsinnig' versehen (und damit aus dem Denkkollektiv exkommuniziert und des Diskurses verwiesen ist), an dessen Äußerungen haftet dieses Urteil gleichermaßen, die mit ihnen ja gleichfalls transportierten Geltungsansprüche sind „null und nichtig" (Foucault 191: 12) – weitgehend unbenommen ihres ‚eigenen' Gehalts.[94]

Zum Abschluss der keinerlei Vollständigkeit beanspruchenden Überlegungen zu restriktiven Prozeduren und Mitteln des Diskurses, die dieser bereithält und von denen er betroffen ist, sei noch darauf hingewiesen, dass sich auch hier Rückbindungen an die bereits besprochenen anderen Ebenen diskursiver Konstruktion und diskursanalytischer Re-Konstruktion von Wissen ergeben: So lässt sich feststellen, dass sich diskursive Ausschließungsprozeduren oft in sprachlichen Routinen manifestieren bzw. mittels solcher Routinen vollzogen werden. Zu denken ist dabei an die zahlreichen sprachlichen Formeln der Zuweisung des diskursiven (Un-)Status der Unsagbarkeit, Undenkbarkeit, Unvorstellbarkeit usw. Auch die verschiedenen mehr oder weniger verfestigten sprachlichen Elemente, mittels derer Äußerungen bzw. Äußerungssubjekte in Richtung ‚Wahnsinn' pathologisiert werden, können dazu gezählt werden.

1.2.3.2 Handlungsroutinen, Akteure und diskursive Rollen

a) Sprach- und Handlungsroutinen

Einer der schwierigsten Aspekte der theoretischen Analyse von Prozessen der diskursiven Wissenskonstitution, die zu kollektiven Stilen von Wissensbeständen mit ihren spezifischen Potenzialen der Selbstreproduktion und Entwicklung führen, ist die Frage des Verhältnisses von sprachlichen und nichtsprachlichen Momenten. Schwierigkeiten machen hier vor allem die Abgrenzungen: zwischen sprachlichen und nichtsprachlichen Handlungen; zwischen diskursiven und nichtdiskursiven Handlungen und Ereignissen bzw. Strukturen; diskurskonzeptionell kreuzt sich dies mit der Fragestellung, welche Handlungen und Strukturen als diskursiv, welche als nichtdiskursiv kategorisiert werden. Aus diskurslinguistischer Perspektive scheint es am plausibelsten zu sein, sprachliche Routinen

Zeitpunkt – auch nicht zur Lebenszeit von Kolumbus – die vorherrschende Meinung gewesen sei. Die Annahme einer Scheibengestalt ist demzufolge eine späte(re) Zuschreibung an das Mittelalter. Denkstiltheoretisch lässt sich dieser Irrtum aber erklären: Es gehört zur deren Selbst-Konstitutionsmechanismen, sich von anderen Denkstilen synchron und diachron abzusetzen. Zum herrschenden Denkstil einer „aufgeklärten Epoche" gehört ein verklärender Rückblick auf vorrationale Denkstile und unaufgeklärte Denkstile in früheren Epochen und/oder anderen Gegenden.

94 Über den Wahnsinnigen schreibt Foucault u. a.: „Zwar hat man an seinen Worten den Wahnsinnigen erkannt; seine Worte zogen die Grenze, aber niemals wurden sie gesammelt, niemals hörte man wirklich auf sie." (Foucault 1991: 12)

als Unterfall von Handlungsroutinen anzusehen, da es eine der Grundannahmen der Disziplin darstellt, dass Sprachäußerungen eine Form von *Handlungen* sind. *Dass* es Zusammenhänge zwischen sprachlichen und nichtsprachlichen Aspekten von Diskursen gibt, dürfte allerdings unstrittig sein. Das lässt sich an dem oben genannten Beispiel ‚Sokal-Affäre' zeigen: Die Befolgung bestimmter sprachlicher Routinen war da zwar der zentrale, aber eben nur ein Teil einer darüber hinausgehenden diskursiven Strategie. Zu deren anderen Elementen gehörte unter anderem: Sicherlich noch sehr nah am Bereich sprachlicher Routinen ist die sprachlich manifeste Bezugnahme auf anerkannte Autoren; die Wahl der Zeitschrift „Social Text" und – offenbar die adäquate, nämlich erfolgreiche Form des Kontaktes mit ihr, denen das Wissen oder wenigstens eine plausible Vermutung über den Stellenwert der Zeitschrift innerhalb der Disziplin zugrunde gelegen haben muss; der eigene Beruf und Status als anerkannter theoretischer Physiker usw. Wenn Foucault schreibt, dass *nicht* beliebige Diskursakteure an jedem beliebigen Ort bzw. in einem beliebigen Medium in beliebigen Kontexten beliebige Äußerungen über beliebige Themen machen *dürfen*, so kann man in Umkehrung dazu sagen: Wenn bestimmte Individuen in bestimmten Medien bestimmte Äußerungen zu bestimmten Themen tätigen, dann scheint die diskursive Akzeptanz, also die Statuszuweisung an die Äußerungen als geteiltes Wissen, zu einem hohen Grade vorbestimmt:

> „Neben deklarativen Routinen durch Wahl geprägter Ausdrucksformen sind es also die prozeduralen Routinen durch Wahl geprägter Handlungsformen, die die Regelhaftigkeit von Diskursen ausmachen." (Warnke 2009: 133)

Und die wiederum hat potenziell praktische Konsequenzen: hier eben den Abdruck eines Artikels in einer Fachzeitschrift. Es ist also festzuhalten, dass sprachliche und nichtsprachliche (Handlungs-)Routinen ineinander greifen; mitunter stellen sprachliche Routinen nicht mehr und nicht weniger dar als einen „Reflex akzeptierter Verhaltensweisen" (Warnke 2009: 133). Was dies für die diskursive Geltung von Wissen heißt, lässt sich vielleicht so zusammenfassen: Wissen wird nicht konstruiert und gelangt dann in den Diskurs, wo es als gültiges seine spezifische Stelle im Netz des diskursiven Wissens ‚zugeteilt' bekommt, sondern es muss, um zum Diskurs zu gehören, mitsamt dem Subjekt bzw. Akteur des Wissens immer schon ‚im Diskurs sein'. Damit soll ausgedrückt sein, dass man sich nicht mit Wissensäußerungen (allein) Zugang zum Diskurs verschafft, sondern dass eine Reihe von Bedingungen erfüllt sein muss, so dass man im

Diskurs ist – im Extremfall sogar *ohne* bedeutungsvolles Wissen, wie die ‚Sokal-Affäre' eindringlich, und für manche schmerzhaft, deutlich gemacht hat. In der *Ordnung des Diskurses* gibt Foucault eine Reihe solcher Bedingungen an, die nicht nur als Zugangsbedingungen für den Diskurs wirken, sondern immer auch (mit-)definieren, was für einen Stellenwert im Diskurs den jeweiligen Aussagen zuerkannt wird.

Fleck mit seinem Ausgangspunkt (und roten Faden an Beispielen) der Naturwissenschaften, insbesondere der medizinischen bzw. medizinnahen Wissenschaften entwickelt einen ähnlichen Gedanken entlang der Handlungsroutine *Experiment*. Innerhalb der (historisch vergleichenden) Wissenschaftsforschung kommt ihm – neben anderen Autoren – damit das Verdienst zu, das Experiment aus dem Schattendasein befreit zu haben, das es bis dahin gepflegt hat. Pernkopf (2006) hält Flecks diesbezügliche Überlegungen in mehrfacher Hinsicht für bedeutend:

> „Mit dem Hinweis auf das Experiment als gerichteter Beobachtung wird der intentionale Handlungsaspekt derjenigen in das wissenschaftliche Vorgehen eingetragen, die Naturwissenschaften betreiben. Zudem weist der Begriff des Denkstils über denjenigen der Theorie hinaus und lässt nicht allein Traditionen naturwissenschaftlicher Disziplinen, die auch deren gesammeltes Wissen umfassen, zur Geltung kommen und Einfluss nehmen, sondern auch die geschichtlichen, sozialen und persönlichen Momente, die für den einzelnen Forschungsprozess bedeutsam sind." (Pernkopf 2006: 32)

Wie in einem Brennglas verdichten sich im Experiment die unterschiedlichen verbalen und nonverbalen Handlungsmomente bei der Konstruktion von Wissen, die dann auch für die Argumentation und Distribution von Bedeutung sind und die Naturwissenschaften als einen Typ von diskursiver Wissenskonstituierung erkennen lassen, der weit weniger ‚objektiv' und damit weit stärker vom jeweiligen diskursiven Bedingungsgefüge geprägt ist, als es manche Fachvertreter wahrhaben woll(t)en. Pernkopf führt in ihrer Argumentation gegen die Vorstellung einer privilegierten Stellung der Naturwissenschaften jenseits diskursiver Regeln und Bedingungen unter anderem an, dass trotz der diversen Review-Prozeduren nach wie vor auch in naturwissenschaftlichen Disziplinen mitunter selbst grobe Fehler nicht immer entdeckt werden, „insbesondere nicht von solchen bereits etablierter Wissenschaftlerinnen und Wissenschaftler an renommierten Institutionen" (Pernkopf 2006: 88). Auch in diesen Bereichen seien experimenteller Erfolg und Akzeptanz in der Scientific Community nicht voneinander zu trennen, und dafür „kommen auch andere Kriterien zur Geltung als intersubjektiv nachvollziehbares erfolgreiches Kontrollieren experimenteller Verläufe" (Pernkopf 88). Die Kehrseite davon:

> „Leider ist es eher die Arbeit ‚namenloser' Studierender und Graduierter, die bei Reproduktionsversuchen von akzeptierten Ergebnissen für weiterführende Forschungen in Schwierigkeiten gerät, wobei die Ausführenden das Misslingen zunächst sich und ihrer fehlenden Erfahrung zuschreiben." (Pernkopf 2006: 88)

Verallgemeinert man diese Überlegungen vom begrenzten Fall naturwissenschaftlicher Denkkollektive und ihrer denkstilgemäßen Sprach- und Handlungsroutinen, die in ihrem Diskurs manifest werden, so gelangt man zur Aussage von Warnke (2009), dass diskursive bzw. diskursrelevante Handlungsroutinen und hier wiederum insbesondere die sprachlichen Routinen, in Art und Häufigkeit ihres Auftretens unmittelbar rückgekoppelt sind an ihre Akzeptanz innerhalb des Diskurses bzw. des Denkkollektives, dessen Diskurs es ist:

> „Die Geltung von Ausdrucks- und Handlungsroutinen als Modalität der Produktion von Äußerungen im Diskurs hängt selbstverständlich mit der Akzeptanz als Modalität der Rezeption zusammen. Denn sprachliche Routinen sind im Gegensatz zu vielen nicht-sprachlichen Handlungen reproduktiv, rekursiv und rekurrent." (Warnke 2009: 133)

Insofern, und dies markiert den Übergang zu unserem nächsten Abschnitt, scheint dann auch Warnkes Schlussfolgerung nicht zu bestreiten zu sein, dass „die Akzeptanz von Routinen der Wissenskonstruktion im Sinne einer Modalität der Rezeption [...] nichts anderes als soziale Kontrolle" ist (Warnke 2009: 133).

b) Akteure und Rollen

Schon bei der Besprechung der diskursiven Prozeduren und der Handlungen, die sich im und ‚um' den Diskurs ‚herum' gruppieren, sind wir nicht ohne Verweise auf die Akteure als solche ausgekommen. Für die Analyse und entsprechende Schlussfolgerungen hinsichtlich der Zusammenhänge von diskursivem Wissen, Diskurshandlungen und Diskursakteuren kann Flecks *Denkkollektiv* unseres Erachtens eine Hilfe darstellen. Der diskursive Gehalt sowie Stellenwert einer

(Sprach-)Handlung ist immer auch davon bestimmt, *wer* der jeweilige Akteur ist. Dieses *wer* hat seinerseits mindestens zwei Dimensionen.

Zum einen ist es so, dass Art und Status der sozialen Situiertheit eines Diskursakteurs wesentlich bestimmt, wie er innerhalb des Diskurses agieren kann, ja *ob* er es überhaupt (gemäß den Diskursregeln) *darf*. Foucault sieht hier eine der wichtigsten Gruppen von Regeln dafür, „die Gefahren des Diskurses zu bändigen" (Foucault 1991: 11), nämlich durch die „Verknappung [...] der sprechenden Subjekte" (Foucault 1991: 26). Auch hier gilt das oben Gesagte analog: „Niemand kann in die Ordnung des Diskurses eintreten, wenn er nicht gewissen Erfordernissen genügt, wenn er nicht von vornherein dazu qualifiziert ist." (Foucault 1991: 26) Ein ganzer Subtyp von Routinen, der des Rituals, ist Foucault zufolge dazu bestimmt, diese Verknappung zu organisieren und zu exekutieren:

> „Das Ritual definiert die Qualifikation, welche die sprechenden Individuen besitzen müssen; es definiert die Gesten, die Verhaltensweisen, die Umstände und alle Zeichen, welche den Diskurs begleiten müssen; es fixiert schließlich die vorausgesetzte oder erzwungene Wirksamkeit der Worte, ihre Wirkung auf ihre Adressaten und die Grenzen ihrer zwingenden Kräfte." (Foucault 1991: 27)

Die Unterschiede zwischen Diskursen ergeben sich demnach nicht nur, womöglich nicht einmal in erster Linie, durch den Gehalt des innerhalb der Diskurse konstituierten Wissens, sondern unter anderem dadurch, wie das System der diskursiven Regeln gestaltet ist, wie stark und in Bezug auf was sich für Akteure z. B. die gültigen Verknappungsregeln richten. Hier lassen sich beispielsweise Unterschiede dergestalt treffen, dass, wie Foucault schreibt, unter anderem religiöse und politische Diskurse stärker ritualisiert sind, als andere Diskurse, dass sie nämlich

> „von dem Einsatz des Rituals kaum zu trennen (sind), welches für die sprechenden Subjekte sowohl die besonderen Eigenschaften wie die allgemein anerkannten Rollen bestimmt." (Foucault 1991: 27)

Gleichwohl sind diese akteursbezogenen Rituale ein allgemeines Diskursmerkmal, das heißt, es gibt keine Diskurse, die frei von Verknappungsregeln dieser Art sind. Auch vermeintlich ganz dem ‚wahren Wissen' verpflichtete Diskurse kennen eine Reihe diesbezüglicher Verknappungsregeln; auch in den Wissenschaften wird sich nicht darauf verlassen, dass bloß das, *was* jemand sagt,

Ein- oder Ausschluss bestimmt, es ist „noch mehr notwendig – damit weniger möglich ist“ (Foucault 1991: 22), das heißt, damit es weniger potenziellen Akteuren möglich ist, im Diskurs zu agieren. Auch hier kommt es notwendiger- und mitunter beabsichtigterweise zu Wechselwirkungen zwischen der Qualifikation, mit der, dem Status, mit dem man im Diskurs an der Konstituierung von Wissen beteiligt ist, und den Produkten dieses Agierens: So hängen öffentlich, gar rechts-offiziell anerkannte Qualifikationen im Bereich der Wissenschaften auch davon ab, was für Aussagen in welchen Medien anerkannt werden, was für andere Diskursakteure jemand produziert hat, wie dann auch umgekehrt eine einmal erworbene Qualifikation auf die Aussagen selber ausstrahlt und ihnen von vornherein einen bestimmten diskursiven Status sichert – siehe dafür wiederum die ‚Sokal-Affäre‘. Dies führt überhaupt erst dazu, das Wissensbestände einen *Status* erlangen können, der graduell und hierarchisch unterschieden ist von anderen – ein Merkmal, das Wissen, wenn man es nicht-diskursiv aufzufassen versuchte, nicht haben könnte:

> „Diese Frage der Hierarchisierung und Evaluierung von Wissen manifestiert sich in Diskursen, in denen bestimmte Wissensbestände diskursiv weiter bearbeitet werden, andere jedoch keine prominente Erwähnung finden. Wissensbestände sind also an Diskursakteure und Bereitschaft, sie zu thematisieren, sowie darüber hinaus unmittelbar an das Prestige der Akteure und der entsprechenden Publikationsorgane gebunden.“ (Felder 2013: 15)

Mills fasst den gleichen Zusammenhang von der anderen Seite her ins Auge, wenn sie betont, dass sich Diskurse überhaupt definieren (und damit von anderen Diskursen unterscheiden) lassen, u. a. durch die konkrete „Menge von sanktionierten Aussagen, denen eine bestimmte institutionalisierte Kraft innewohnt“ (Mills 2007: 66). Auch an diesem Punkt begegnet uns die Dialektik von Verfestigung und Dynamik: Die Regeln, die manchen Aussagen einen privilegierten Status mit sanktionierten Konsequenzen verleihen, also die entsprechenden Akteure hierarchisch über anderen situieren, und manche Aussagen noch nicht einmal zum Diskurs zulassen, verfestigen Strukturen der Konstituierung von Wissen und damit verbundene soziale Strukturen zwischen den Wissensakteuren. Doch befinden sich diese Regeln selbst nicht jenseits diskursiven Zugriffes, und gerade wegen ihrer Bedeutung für die Erfolgsmöglichkeiten diskursiven Agierens sind sie umstritten. Das dynamisiert potenziell den Diskurs, seine und die ihn umgebenden Regeln und Strukturen. Felder (2006) bestimmt Diskurse wesenhaft als Kämpfe um die Durchsetzung von Geltungsansprüchen. Er konzeptualisiert damit, neben einer Reihe von anderen Autoren, Diskurs entschieden anders als die Richtung, die *Diskurs* im Singular nur für Gruppierungen von Aussagen gebraucht, die zu einem gegebenen Thema eine im Wesentlichen gleichgerichtete Art der Thematisierung manifestieren; nur zwischen *Diskursen* in der Mehrzahl ist in einem solchen Verständnis so etwas wie Kampf denkbar. Felder unterscheidet Diskurse bzw. diskursiv gestreute Wahrheitsansprüche danach, ob sie konsensual oder dissensual ausgehandelt werden (vgl. Felder 2013: 20f.)

> „Wenn zwei oder mehr Konzepte in einem Diskurs konfligieren und für einen Diskurs als charakteristisch gelten, dann spreche ich von agonalen Zentren, da in diesen diverse Geltungsansprüche mehr oder weniger unvereinbar aufeinandertreffen.“ (Felder 2013: 21)

Das Gegeneinander dieser Zentren macht dann den Diskurs aus, der durch das Agieren der agonalen Zentren nicht (notwendigerweise) als Diskurs ‚zerfällt‘, sondern seiner Struktur, seiner Dynamik und seinen Wirkungen nach eben dadurch bestimmt ist, dass innerhalb seines „Ordnungsrahmens“ (Felder 2013: 21) Geltungsansprüche gegeneinander ausgetragen werden.

Dabei ist es jedoch nicht so, dass sich Diskurse bzw. die innerhalb dieser Diskurse zu registrierenden Akteure vollständig am Kriterium Konsens/Dissens unterscheiden lassen. Es gibt zahlreiche Konstellationen, in denen Diskursakteure zueinander stehen können, die weder dadurch geprägt sind, dass alle Beteiligten identische Wissensbestände teilen und in identischer Weise an ihrer Konstruktion und Distribution teilhaben, noch dadurch, dass sich eine Konkurrenz von Ansprüchen auf die gleichen und beschränkten Ressourcen von Geltung richten, die innerhalb eines Diskurses zur Verfügung stehen bzw. geschaffen werden.

Eine Möglichkeit, diese Konstellationen zu beschreiben, bietet das Konzept der diskursiven Rolle, das in Radeiski (2011) vorgestellt wird und das hier kurz skizziert werden soll. Diese Konzeptualisierung von Diskursen als ‚Rollenspiele‘ hat eine Reihe von Ausgangspunkten: *Erstens* zählt dazu zunächst die gleiche Beobachtung, die v. a. Felder (2013) zur Ausarbeitung seines Konzepts der agonalen Zentren geführt hat: Was als Wissen diskursiv konstituiert wird, verdankt sich nicht konsensualen Prozessen gemeinsamer Überlegung und argumentativen Ringens, wie dies in der normativen Theorie Habermas'scher Diskursethik postuliert wird; Diskurse sind Prozesse des Aufeinander-Einwirkens, das oft gegensätzlichen Charakter hat; die Beteiligten einigen sich nicht auf ‚Regeln diskursiver Fairness‘, sondern nutzen die Macht, die sie haben, im Diskurs aus, um sich die

Macht, die der Diskurs selber generiert, anzueignen. Der *zweite* Ausgangspunkt besteht in der Beobachtung, dass Diskurse und das System der sie prägenden Aussagen und Gegenaussagen mitunter eine erstaunliche Festigkeit aufweisen, so dass sich auch über größere historische Zeiträume hinweg bestimmte diskursive Muster bzw. Typen von Diskursen herauspräparieren lassen, die auch gegenüber vermeintlich signifikanten Veränderungen ihres Gegenstandes bzw. Themas bemerkenswert indifferent sind. In Radeiski (2011) wird dies ausführlich am Beispiel von sogenannten Seuchendiskursen entwickelt. Obwohl die biologische Seuchenforschung in den vergangenen Jahrzehnten und erst recht Jahrhunderten deutliche Erkenntnisfortschritte erzielen konnte, wiederholen sich einige hervorstechende Muster und Eigenschaften von Diskursen zu Seuchen regelmäßig: Das Motiv bzw. der Topos[95] einer kollektiven Angst vor der dunkel und bedrohlich gezeichneten und versubjektivierten Seuchenursache tauchte und taucht ebenso häufig und vorhersagbar auf, wie das Bild eines kollektiven, kriegsähnlichen bzw. kriegsgleichen Kampfes usw. Daran schließt sich – *drittens* – die Annahme an, dass Diskurse *sich* auf bestimmte Weise *verhalten*. Damit ist gemeint, dass die Dynamiken von Diskursen durch das Auftreten und diskursive Handeln der beteiligten Akteure zwar beeinflusst und geprägt, aber nicht vollständig bestimmt wird, sondern offenbar den Kanälen eigener diskursiver Szenarien gehorcht, deren ‚Drehbuch' kein einzelner Diskursakteur und erst recht die Gesamtheit aller Diskursakteure verfasst hat. *Viertens* und in engem Zusammenhang damit scheint es vielmehr so zu sein, dass es eine für die theoretische Analyse von Diskursen relevante diskursive Ebene gibt, die nicht mit den Kategorien von Sprecher- bzw. Diskursakteurs-Intentionen bzw. Sprach- oder Diskurshandlungen, die aus solchen Intentionen erwachsen bzw. auf sie rückführbar sind, erklärt werden können. Diese Idee ist keinesfalls neu. Schon bei Foucault finden sich Äußerungen, die in diese Richtung zu zielen scheinen.

> „Aber wenn man im Verhältnis zur Sprache und zum Denken die Instanz des Aussageereignisses isoliert, geschieht dies nicht, um eine zahllose Menge von Fakten zu isolieren. Es geschieht, […] um andere Formen der Regelmäßigkeit, andere Typen der Beziehung erfassen zu können. Beziehungen der Aussagen untereinander (*selbst wenn diese Beziehungen dem Bewußtsein des Autors entgehen; selbst wenn es sich um Aussagen handelt, die nicht den gleichen Autor haben, selbst wenn diese Autoren einander nicht*

95 Für die Kategorie *Topos* siehe Wengeler (2003); der Terminus *Motiv* wird in ähnlicher, wenn auch nicht ganz identischer Bedeutung für die Erarbeitung des Konzepts des diskursiven Rollenspiels in Radeiski (2011) benutzt.

kennen); Beziehungen zwischen so aufgestellten Gruppen von Aussagen (selbst wenn diese Gruppen nicht die gleichen Gebiete oder benachbarte Gebiete treffen; selbst wenn sie nicht das gleiche formale Niveau haben; selbst wenn sie nicht der Ort bestimmbaren Austausches sind); Beziehungen zwischen Aussagen oder Gruppen von Aussagen oder Ereignissen einer ganz anderen (technischen, ökonomischen, sozialen, politischen) Ordnung." (Foucault 1973a: 44, Hervorheb. von mir, B. R.)

Foucault konstatiert hier für die Aussagenrelationen, dass diese, wenn ‚Aussage' eine diskursive Kategorie sui generis sein soll, irreduzibel auf die den Autoren bewussten sprachlichen Sachverhalte und Akte gedacht werden müssen. Nicht Autoren bzw. Diskursakteure setzen ihre sprachlichen Äußerungen ins Verhältnis zu den Äußerungen *als* Äußerungen von anderen Akteuren, sondern *Aussagen verhalten sich zu Aussagen*; die Aussagenrelationen müssen und können nicht betrachtet werden als bloße sprachliche Ausdrücke der Verhältnisse, die die menschlichen bzw. institutionellen Akteure als bewusst Handelnde zueinander eingehen. Anders ausgedrückt: Wenn man Diskurs als ein Geschehen mit verschiedenen Beteiligten konzeptualisiert, so sind auf dieser Ebene die Aussagen als die ‚Diskursbeteiligten' zu denken. Weder ihrem propositionalen Inhalt bzw. diskursiven Gehalt und entsprechend ihren wechselseitigen Relationen nach sind Aussagen hier die bloß unselbständigen, bloß produzierten Resultate bewussten, intentionalen Agierens ganz anderer und eigener ‚Subjekte'.[96] *Aussagen* sind die ‚Spieler' in diesem diskursiven Geschehen, das zwar mannigfaltige Bezüge zu den menschlichen Diskursakteuren und deren Intentionen ebenso wie zu den diversen sprachlichen (Analyse-)Ebenen hat, aber damit nicht identifizierbar oder darauf (vollständig) rückführbar sind:

> „Mit dem Konzept der ‚diskursiven Rolle' soll [...] dem Umstand Rechnung getragen werden, dass die Beziehungen zwischen bestimmten Texten zwar mitunter auch in kommunikativen Kategorien wie ‚Frage – Antwort', ‚Rede – Gegenrede' usw. zu erfassen und zu untersuchen sind, dies aber gar nicht notwendigerweise so sein muss: [...] Das Material, die unmittelbare

96 Es sei hier nur am Rande bemerkt, dass auch das vorwissenschaftliche Alltagsbewusstsein zwar keine elaborierte Vorstellung, wohl aber so etwas wie eine Ahnung davon hat, was sich immer dann offenbart, wenn sprachlich den eigenen oder – vor allem – fremden Sprachproduktionen quasi ein Subjektstatus zugeschrieben wird: Dann erläutert zum Beispiel nicht ein Autor mittels eines Textes/in einem Text ein Problem, sondern „der Text erläutert das Problem"; nicht ein kulinarischer Experte, sondern „das Rezept schreibt vor", dies und das zu tun. Texte werden als wütend, heuchlerisch, ehrlich usw. beschrieben; Texte stellen Fragen oder geben Antworten usf.

> Stofflichkeit des Diskurses sind immer Texte, insofern existiert im Diskurs auch nichts, was nicht sprachgebunden ist. […] Gleichzeitig ist evident, dass sich eine weitere Ebene darüber spannt; auf dieser Ebene tritt dann in den Vordergrund, was in der Gesamtheit der aufeinander bezogenen Texte *diskursiv geschieht.*" (Radeiski 2011: 162f.)

Dieses Herangehen scheint also mindestens zwei Modifikationen des analytischen Fokus zu ermöglichen: Zum einen werden die diskursiv bzw. im Diskurs sprachlich manifesten Aussagen in *ihren* Beziehungen zueinander betrachtet und nicht (bloß) als sprachliche Form der anderweitigen Beziehungen zwischen den menschlichen bzw. institutionellen Diskursakteuren. Weil die Aussagen selbst auf diese Weise zu den ‚Akteuren' ihrer diskursiven Relationen werden, können diese Relationen zum anderen auch in einem weiteren Sinne handlungstheoretisch aufgefasst werden: Während im engeren Sinne linguistische Beziehungen zwischen Äußerungen – Sätzen, Texten – begrenzt sind auf Verhältnisse wie Frage-Antwort, Aussage-Ergänzung, Aussage-Widerspruch u. dgl., können nun auch Beziehungen zwischen Aussagen angenommen und untersucht werden wie – Radeiski (2011) führt dies am Diskurs zur Vogelgrippe vor – die zwischen einem Angst erzeugenden Part und der ‚Antwort' auf ihn in Form eines verängstigten diskursiven Parts.

An diesem Beispiel wird auch deutlich, dass die Kategorie der diskursiven Rolle auch dazu geeignet ist, dem Ansatz gerecht zu werden, dass sich die diskursiven Positionen nicht notwendigerweise als solche, mehr oder weniger ‚fertige' in den Diskurs begeben, sondern dass sie erst im Diskurs voll ausgeprägt werden: Die Rolle des von der Virusgefahr verängstigten, diskursiv existenten Kollektivsubjekts bezieht sich auf die diskursiven Beschwörungen der Gefahr, die von dem Virus ausgeht, das gleichfalls als genuin diskursives Phänomen beängstigend wirkt. Wie auch umgekehrt die Aussagen, die diese Angst artikulieren und damit ein Subjekt konstituieren, das diese Angst fühlt, erst aus den entsprechenden Aussagen, auf die sie sich beziehen, solche der Verängstigung machen: Nur diese ‚diskursive Wirkung' macht die ‚diskursive Ursache' zu einer solchen. Für nichtsprachliche Kommunikationen entwickelt Schönrich (2005) am Beispiel von Wirt und Gast den gleichen Gedanken:

> „Ein Gast sitzt an einer Theke und schiebt sein leeres Bierglas von sich weg in Richtung Zapfhahn, an dem der Wirt steht. Der Wirt füllt das Bierglas. […] Was eine Handlung ist, wird durch die Anschlusshandlung bestimmt. Das Einschenken von Bier durch den Wirt individuiert das Wegschieben

des Glases als Bestellung [...] Ausgangshandlung und Anschlusshandlung – so die These der folgenden Überlegungen – schließen sich zu einer gemeinsamen Praxis zusammen. Und erst diese Praxis bestimmt, was die einzelnen Teilhandlungen sind." (Schönrich 2005: 297)

Gerade der letzte Satz erinnert schon seiner Formulierung nach nicht umsonst an die gestalttheoretisch inspirierte Herangehensweise, die wiederum für Fleck so typisch ist: Die systematische Einbindung der Elemente in die Struktur ihrer Beziehungen weist den einzelnen Elementen erst ihren Stellenwert, ihren eigentlichen Gehalt zu. In Radeiski (2011) wird dieser Aspekt durch die mit der *diskursiven Rolle* korrespondierende Kategorie des *diskursiven Charakters* aufgenommen und systematisiert, womit zugleich eine Brücke zu Warnkes Überlegungen hinsichtlich diskursiver Konstitution von Wissen geschlagen ist:

> „Von diskursiver Rolle sprechen wir, um zu kennzeichnen, das ‚jemand' im Diskurs eine Position vertritt, auf die sich andere Äußerungen innerhalb dieses Diskurses beziehen; diskursive Rollen beziehen sich wechselseitig aufeinander und *wirken* innerhalb des Diskurses aufeinander, sie sind Träger *diskursiver Handlungen*. Dahingegen zielt die Redeweise vom diskursiven Charakter darauf ab zu kennzeichnen, dass nicht eine in anderen sozialen/kommunikativen Zusammenhängen längst bestehende Position bzw. ein Subjekt, das eine solche Position bezieht, nun auch innerhalb des diskursiven Zusammenhangs ‚auftritt', sondern dass dieser Diskursteilnehmer seine spezifischen, für den Diskurs relevanten und innerhalb des Diskurses beobachtbaren und wirkenden Merkmale *wesentlich im Diskurs und durch ihn erhalten hat.*" (Radeiski 2011: 170)

c) Flecks esoterische und exoterische Kreise als Beispiele für diskursive Rollen

Wir wollen nun versuchen, das innerhalb von Flecks Entwurf prominent situierte Kategorienpaar *exoterischer* und *esoterischer Kreise* von Denkkollektiven auf Basis des bisher Dargelegten insbesondere bezüglich diskursiver Rollen in unsere Überlegungen zur Integration von denkstil- und diskurstheoretischen Ansätzen einzubauen. Dafür soll zunächst das Stichwort *Denkkollektiv* noch einmal aufgegriffen und Flecks Verständnis von dieser wissenssoziologischen Kategorie kurz dargestellt werden.

Denkkollektive werden, wir haben das weiter oben bereits ausführlich diskutiert, von Fleck streng funktional[97] verstanden: Er definiert sie als „gemeinschaftlichen Träger des Denkstils“ (Fleck 1980 [1935]: 135). Sie konstituieren sich zunächst rein über einen den Kollektivmitgliedern gemeinsamen Denkstil. Für Fleck ist es daher u. a. auch kein Problem, sondern, wie sich zeigen wird, im Gegenteil sogar von eigener analytischer Bedeutung, dass menschliche Individuen mehreren Denkkollektiven gleichzeitig angehören. Die erste systematische Unterscheidung, die Fleck in Bezug auf Denkkollektive vornimmt, ist folgerichtig die zwischen Ad-hoc-Denkkollektiven und solchen von größerer Stabilität. Zu ersteren zählt er bereits jede Situation, „wenn zwei oder mehrere Menschen Gedanken austauschen“ (Fleck 1980 [1935]: 135). Fleck bezeichnet sie als

> „momentane, zufällige Denkkollektive, die jeden Augenblick entstehen und vergehen. Doch auch in ihnen stellt sich eine besondere Stimmung ein, der keiner der Teilnehmer sonst habhaft wird, die aber oft wiederkehrt, wenn die bestimmten Personen zusammenkommen.“ (Fleck 1980 [1935]: 135)

Wichtiger und analytisch interessanter ist für Fleck jedoch der andere Typ von Denkkollektiven, es sind dies in seiner Terminologie „stabile oder verhältnismäßig stabile“ (Fleck 1980 [1935]: 135) Kollektive. Für diesen Kollektivtyp macht Fleck eine Reihe von strukturellen Gemeinsamkeiten aus, die allen Kollektiven dieses Typs zukommen und die insbesondere das dynamische Wechselverhältnis von Denkstil und Denkkollektiv betreffen. Denn es bleibt bei diesen stabilen Kollektiven nicht dabei, dass sie durch ihren kollektiven Denkstil konstituiert werden – dies bildet lediglich Basis und Ausgangspunkt für eine Reihe weiterer Wechselbeziehungen zwischen beiden. Allgemein und stark vereinfacht ausgedrückt sorgen die sich mit wachsender Stabilität des Denkkollektivs ausprägenden kollektiven, also sozialen Strukturen dafür, dass der Denkstil selbst eine zusätzliche Stabilität erhält, die er nicht allein aufgrund der oben diskutierten Eigenschaften des kollektiven Wissens und der Prozesse von dessen diskursiver Konstituierung erreichen könnte.

In diesem Zusammenhang ist ein Strukturmerkmal, das Fleck für alle dieser relativ stabilen Denkkollektive annimmt, von entscheidender und exemplarischer

97 „Dem Begriff des Denkkollektives, wie wir ihn als Untersuchungsmittel sozialer Bedingtheit des Denkens verwenden, kommt nicht der Wert einer fixen Gruppe oder Gesellschaftsklasse zu. Es ist sozusagen mehr funktioneller als substanzieller Begriff, dem Kraftfeldbegriffe der Physik z. B. vergleichbar.“ (Fleck 1980 [1935]: 135)

Bedeutung: die in allen derartigen Gruppen anzutreffende Binnendifferenzierung gemäß dem Verhältnis der Kollektivmitglieder zum gemeinsamen Denkstil, das jedes dem Kollektiv angehörende Individuum entweder im esoterischen oder in einem exoterischen Kreis situiert. Wie an vielen anderen Punkten bei Fleck werden auch hier nicht alle Details seines Konzepts ganz deutlich: So bleibt es u. a. mehrdeutig, ob er das Verhältnis von esoterischem Kreis und exoterischen Kreisen gleichsam konzentrisch oder anders denkt. Einige Formulierungen scheinen dies zu bestätigen: So schreibt Fleck, dass es „eine stufenweise Hierarchie des Eingeweihtseins und viele Fäden, die sowohl die einzelnen Stufen als auch die verschiedenen Kreise verbinden" (Fleck 1980 [1935]: 138f.), gebe. Wenn man jeden dieser exoterischen Kreise mit einer Hierarchiestufe identifizierte, ergäbe sich das Bild von exoterischen Kreisen, die sich je nach Entfernung von den Quellen bzw. diskursiven Orten der Konstituierung des jeweiligen Denksystems konzentrisch um den esoterischen Kern mit ihm als gemeinsamem Zentrum herum bilden. Sicherlich ist es plausibel, das Verhältnis der sich innerhalb eines in welchem Maße auch immer verfestigten Denkkollektivs herausbildenden Unterkollektive *auch* entlang einem quantifizierbar abnehmenden Maß an Beitrag und Zugang zum kollektiven Wissen zu bestimmen. Viele empirisch bekannte Hierarchiestufen, die man von institutionalisierten Denkkollektiven kennt, weisen eindeutig und oft auch ausdrücklich Verhältnisse quantitativer Art auf: Numerische Abfolgen von Schulklassen, raum-metaphorische Bezeichnungen wie ‚Ober-' oder ‚Unter-' in Zusammensetzungen (‚Ober-Prima') sind nur ein paar der deutlichsten Fälle dieser Erscheinung. Diese Unterschiede gemäß der ‚zunehmenden Entfernung' zum Denksystem des jeweiligen Kollektivs sind jedoch, davon scheint auch Fleck auszugehen, nicht die einzigen, die zwischen den diversen exoterischen Kreisen existieren: „Ein Denkkollektiv besteht aus vielen solchen sich überkreuzenden Kreisen, ein Individuum gehört mehreren exoterischen und wenigen, eventuell keinem esoterischen an." (Fleck 1980 [1935]: 138)

Hält man mit Fleck am streng funktionellen Charakter von Denkkollektiven fest, dann liegt zum einen der Schluss auf der Hand, dass ein Individuum mehreren solcher Kollektive angehört. Damit dürfte aber zum anderen auch feststehen, dass sich exoterische Kreise nicht nur durch ihre Distanz zum esoterischen Kreis von Fachleuten oder anderweitig (ein)geweihten Exponenten des Denkstils auszeichnen, sondern eben auch durch all das anders verfasste, mit anderem befasste Wissen, das sozusagen diese Distanz füllt. Wenn man, wiederum mit Fleck, davon ausgeht, dass Individuen sich „nie im Zustande der tabula rasa" (Fleck 2011 [1929]: 52) befinden, dann ist entfernte, lückenhafte Teilhabe an popularisiertem, vielleicht auch bewusst – z. B. didaktisch oder propagandistisch – gefärbtem

Wissen immer auch dadurch bestimmt, was die jeweiligen Individuen zu diesem Zeitpunkt wissen – gleichgültig, ob es vom Standpunkt des betreffenden Denkstils sich um richtiges oder überhaupt eine Art von Wissen handelt. Exoterische Kreise dürfte es damit so viele wie andere Denkkollektive mit personalen Überschneidungen zu dem jeweiligen Denkkollektiv bzw. dem Denkstil geben, die man der Untersuchung halber theoretisch ins Zentrum rückt: Betrachtet man z. B. die Physik, so wird die Biologie sich anders exoterisch dazu verhalten als die Chemie, die Mathematik oder die Soziologie und sich dieses ‚anders' nicht (vollständig) in ein ‚Mehr' oder ‚Weniger' auflösen lassen. Katholische Laien stehen zur katholischen Glaubenslehre nicht nur weniger exoterisch, sondern auch qualitativ anders als evangelische Christen, Buddhisten oder Atheisten usw.[98]

Betrachten wir nun das Verhältnis von esoterischem Kreis und exoterischen Kreisen unter einem etwas anderen Aspekt: Wie lässt sich der Kontakt zwischen esoterischem Kreis und exoterischen Kreisen, ihr ‚Denkverkehr' (Fleck) fassen und welche Rolle spielt er für die Ausprägung, Stabilisierung und Entwicklung eines Denkstils?

So lassen sich am Verhältnis von esoterischem Kreis und exoterischen Kreisen gut die oben allgemein über diskursive Rollen und diskursive Charaktere diskutierten Aussagen nachvollziehen. Das betrifft zum einen die relationale Bestimmtheit von *esoterisch* und *exoterisch*: Fachleute und Nicht-Fachleute, Laien und Experten sind ohne einander nicht zu definieren; von einem Laien auf einem bestimmten Gebiet kann man nur sprechen, wenn bezogen auf das gleiche Wissensgebiet und das gleiche Denksystem nur mindestens ein Individuum existiert, das über einen größeren Zugang zu dem entsprechenden Wissen verfügt. Und umgekehrt: Experte ist man nur im Vergleich zu einem Individuum oder einer Gruppe von Individuen mit deutlich weniger Teilhabe am jeweiligen Wissensvorrat.[99] Allerdings reicht dieser quantitative Unterschied nicht aus, um den Begriff *Laie* zu legitimieren. Mindestens zwei Bedingungen müssen dafür noch gegeben sein: Vor allem ist es die wechselseitige Anerkennung des jeweiligen Status, d. h. der Zugehörigkeit zum eso- bzw. einem exoterischen Kreis. Und in Verbindung damit scheint auch zumindest irgendeine rudimentäre Art

98 Im übrigen hat diese Erkenntnis ganz ohne irgendeinen expliziten oder impliziten Bezug auf Fleck schon seit sehr langer Zeit in vielen Bereichen praktische Umsetzung erfahren: Viele didaktische Bücher richten sich heutzutage an spezielle Leser: So gibt es Physikbücher für Mediziner, Mathematikbücher für Physiker; die Fremdsprachlehrforschung hat auf Basis kontrastiver Beschreibungen und Untersuchungen dazu beigetragen, dass sich Fremdsprachlehrwerke speziell an Lernende mit bestimmtem muttersprachlichen Hintergrund ausrichten usw.

99 Wobei hier unerheblich ist, welche Art von Wissen – prozedurales, deklaratives usw. – auf dem jeweiligen Gebiet welche Rolle spielt.

der Formalisierung des jeweiligen Status und damit der Überführung der quantitativen Wissensunterschiede in eine anerkannte unterschiedene Qualität des Wissens unumgänglich zu sein, damit von Laien und Experten, also esoterischem Kreis und exoterischen Kreisen in Flecks Terminologie gesprochen werden kann.

Dadurch löst sich ‚Expertentum' vom tatsächlichen individuellen Wissen zumindest tendenziell ab; ‚Experte' ist eine Rolle im Diskurs, in die das jeweilige Individuum schlüpft, die es ausfüllt, was sich auch so ausdrücken lässt: Am Diskurs nimmt zwar das Individuum teil, aber es agiert diskursiv nicht *als* dieses Individuum, sondern als Träger der Rolle des diskursiv handelnden und anerkannten Experten.[100] Das hat unter anderem zur Folge, dass ab einer gewissen Entwicklung und Festigung des formalen Status, also der formalen Abgrenzung zwischen esoterischem Kreis und exoterischen Kreisen, das individuelle Wissen nicht mehr Grund und Gehalt des Expertenstatus ist, sondern zu einer Bedingung (unter anderen) herabgesetzt wird, die erfüllt sein muss, damit man ‚als Experte' diskursiv handeln darf und auch als solcher wahrgenommen wird. Beispiele dafür sind Prüfungen, die als Aufnahmerituale in einen esoterischen bzw. dem esoterisch näheren Kreis angesehen werden können. Dabei spielt das Wissen selbstverständlich eine Rolle, allerdings auch dies schon in stark ritualisierter Form; nicht nur der Inhalt des abgefragten Wissens muss dem jeweiligen Denkstil entsprechen, auch eine Vertrautheit mit sprachlichen oder habituellen Besonderheiten des jeweiligen (Unter-)Kollektivs muss demonstriert werden. Auch das Wissen um die – lebenden oder verstorbenen – ‚Größen des Fachs', um die sich das Kollektiv versammelt und aus deren Ehrung es einen Teil seiner Selbstgewissheit bezieht ist gefragt, ebenso wie die Demonstration des Prüflings der Ehrerbietung für die über ihm Stehenden, die ihm in der Prüfung begegnen – etwa durch entsprechende Kleiderordnung usw. Wird das Aufnahmeritual bestanden, muss dies *bezeugt* werden – dafür existieren schriftliche Zeugnisse, Urkunden und dergleichen. Der Titel, den das Individuum gegebenenfalls zuerkannt bekommt, vollendet die Aufnahme in den esoterischen (oder den ihm eine Stufe näheren exoterischen) Kreis und vollendet damit auch die Umkehrung, die die gesamte Tendenz dieses Ritus ausmacht: Von nun an sorgt nicht mehr das im Rahmen des jeweiligen Denkstils überprüfbare Wissen für Status und Zugehörigkeit zu einem entsprechenden Kreis, sondern verbürgt sehr weitgehend getrennt von weiteren Überprüfungen dieser Status die Qualität und denkstil-

100 „Auch einzelne Individuen treten im intrakollektiven Denkverkehr in besondere Stellung zueinander. Besteht zwischen zwei Individuen das Verhältnis einer ausgesprochenen mentalen Über- und Unterordnung, wie zwischen Lehrer und Schüler z. B., so liegt eigentlich kein individuelles Verhältnis vor [...]." (Fleck 1980 [1935]: 139)

gemäße Gültigkeit des Wissens, das der ‚Experte' im Diskurs situiert; mit dem Titel werden Qualität und Relevanz der Äußerungen gleichsam zur Eigenschaft des Individuums, das diesen Titel führt. Fleck führt für dieses bekannte Phänomen der autoritativen Wahrnehmung von Wissen im Diskurs das Beispiel eines in einem nationalsozialistischen Konzentrationslager per Befehl zusammengewürfelten Forscherkollektives an, das dem Nachweis eines Krankheitserregers auf der Spur ist, und in den Ergebnissen seiner Laborstudien keinen Fehler entdecken kann bzw. jede auffällige Abweichung in irgendeiner Form plausibel im Rahmen des von ihm verfolgten Ansatzes zu interpretieren weiß. Die einzigen Irritationen kommen von Rückmeldungen auswärtiger Institutionen:

> „Eine interessante Erschütterung trat ein, als aus einem richtigen wissenschaftlichen Institut Kaninchenlungen mit Typhuserregern eintrafen. [...] Das, was überzeugend wirkte, war nicht die ‚Wahrhaftigkeit' des zugesandten Materials, sondern vor allem die Autorität ‚des wahren Instituts'." (Fleck 2011 [1946]: 373)

Hier kommt es ganz entscheidend darauf an zu erkennen, dass sich die Rolle der wissenschaftlichen Autorität und die der nachgeordneten Forschergemeinschaft, die in der Hierarchie des Faches unter dieser steht, im und durch den Verkehr miteinander wechselseitig erneuern: Die Anerkennung als übergeordnete fachliche Autorität vollendet selbst erst diesen Status, zu dem sich die Vertreter des Gegenübers gleichwohl so stellen, als ob es eine ontologische Realität getrennt von ihrem diskursiven und sonstigen Handeln sei.

Bei Foucault spielt diese Problematik eine eigene und vor allem in seinen späteren Schriften sehr prominente Rolle. Wie wir bereits erörtert haben, geht es Foucault unter anderem in der *Ordnung des Diskurses* um die Frage, wie frei in ‚freien' bzw. ‚offenen Gesellschaften' der Diskurs wirklich, d. h. von welchen Grenzen, Geboten, Verboten er umgeben und auch im Innern bestimmt ist. Aber auch bevor sich Foucault konzentriert dieser restriktiven, ‚ordnungsstiftenden' Funktion der diskursiven Rolle des Experten zuwendet, bemerkt er die diskursive Relevanz des *Status* der Beteiligten und die Wechselwirkung von speziellem Diskurs und Gesellschaft. In der *Geburt der Klinik* legt er dar, wie die ‚innere' Entwicklung des medizinischen Wissensgebietes während der von ihm untersuchten Periode im 18. Jahrhundert unmittelbar und untrennbar verknüpft war mit der Entwicklung bestimmter Strukturen des Diskurses und mit der Zuweisung von streng definierten Rollen, die der Medizin nicht nur zu einem neuen Denkstil verholfen, sondern sie zu einem neuen gesellschaftlichen, hierarchisch gegliederten Subsystem gemacht haben, „der in der Art des Klerus organisiert ist und auf der Ebene der Gesundheit und des Körpers mit ähnlichen Vollmachten ausgestattet ist wie jener im Hinblick auf die Seelen" (Foucault 1973b: 48); in diesem Zuge entwickelte sich, wie Foucault schreibt, „die rigorose, militante und dogmatische Medizinisierung der Gesellschaft durch eine quasi religiöse Bekehrung und die Einsetzung eines Klerus der Heilkunst" (Foucault 1973b: 49). Wie alle sozialen Beziehungen sind auch diese diskursiven Rollen der Intention des Individuums übergeordnet und vorgängig; es bringt sich in diese Rolle ein, aber es ist – wenn auch mit Abstrichen und Möglichkeiten der Modifikationen – zunächst durch diese definiert. Und zugleich leben diese Rollen, wie wir kurz versucht haben zu zeigen, überhaupt von ihrem wechselseitigen Bezug aufeinander: Ihr Aufeinander-Einwirken machen sie sich zu dem, als was sie sich zueinander ins Verhältnis setzen. Insofern finden sich an Flecks esoterischen und exoterischen Kreisen zugleich die entscheidenden Momente dessen, was oben als *diskursiver Charakter* bestimmt wurde. Im (Denk-)Verkehr zwischen Experten und Laien begegnen sich beide Seiten *als diese*; das heißt z. B., dass Mitglieder eines exoterischen Kreises sich nicht nur selber als Laien definieren, sondern darin eben auch die von ihnen adressierte andere Seite als Experten. Fragen werden so gestellt, dass sie als kommunikativ sinnvolle Antworten nur Expertise-Äußerungen zulassen; im Extremfall wird *jede*[101] Äußerung des als Experten diskursiv situierten Parts als Äußerung des von ihm erwarteten Fachwissens interpretiert. Et vice versa: Wenn Fachleute sich an nicht Nicht-Fachleute (bzw. wen sie dafür halten) wenden, dann didaktisieren sie ihr Fachwissen, gemäß dem vermuteten Wissensstand, dem Interesse und irgendeiner Annahme über das gemeinsam oder getrennt verfolgte Ziel der Wissenskommunikation. Was der Adressat erfährt und wie, definiert, macht ihn diskursiv zum Laien, und wenn er sich dem Diskurs bzw. der einzelnen kommunikativen Beziehung nicht entziehen will, so muss er um deren Gelingen willen diese Rolle annehmen. Das wiederum bestätigt und verstärkt unter Umständen die Rolle des Gegenübers, der als Experte offensichtlich damit richtig gelegen hat, was er nicht nur an Wissen über

101 Im Lichte dieser Überlegungen lässt sich eine Reihe bekannter und verbreiteter kommunikativ-sprachlicher Routinen als Abwehr dieser Rollenzuweisung interpretieren: Relativierungen der eigenen Aussagen gehören hier ebenso dazu wie ausdrückliche Aussagen darüber, ‚als was' man gerade spricht („Willst du eine Antwort als Freund oder als Arzt [Anwalt …]?"). Erfolgreiche Hochstapler beweisen nicht nur, vielleicht noch nicht einmal vorrangig, beim Fälschen von Zeugnissen, also der Imitation der einschlägigen Zeugnisse des erfolgreichen Aufnahme-Ritus Geschick, sondern verstehen sich darauf, die diskursiven Erwartungen, die an ein Mitglied eines bestimmten esoterischen Fach-Kreises gestellt werden, zu erfüllen – und zwar oft allein dadurch, dass sie den Erwartungen nicht ausdrücklich widersprechen, verbunden mit formalisierten und damit je nach Grad der Formalisierung abtrennbaren und als solche mechanisch erlernbaren sprachlichen und sonstigen diskursiven Routinen.

den jeweiligen Gegenstand, sondern auch an Vermutungen über den Adressaten des Wissens in die diskursive Beziehung eingebracht hat. Insofern also das Ausüben der Rollen von Experten und Laien immer auch damit einhergeht, dass die jeweiligen Diskursbeteiligten ihren Gegenpart in der jeweiligen Rolle diskursiv situieren, handelt es sich bei esoterischen und exoterischen Kreisen immer auch um diskursive Charaktere.

2 DDR-Forschung in der Kontroverse: (Re-)Konstitution des historischen Denkstils im geschichtswissenschaftlichen Denkverkehr zwischen diskursiver Selbstlegitimation und Delegitimation konträrer Auffassungen

2.1 Einstimmung, Quellen und Methode

In diesem Kapitel sollen die bis zu diesem Punkt entwickelten Überlegungen zur Möglichkeit und Attraktivität der Erschließung von Flecks Denkstil-Konzept für die Diskurswissenschaft in Bezug auf die zeithistorische Subdisziplin DDR-Forschung so exemplarisch wie skizzenhaft durchgespielt werden. Mit dieser geschichtswissenschaftlichen Teildisziplin habe ich mich im Rahmen des DFG-Forschungsprojektes „‚Denkstile' als kommunikative Paradigmen. Am Beispiel der Wirtschaftsberichterstattung in der DDR vor der ‚Wende'" (geleitet von Gerd Antos und Ulla Fix) über einen Zeitraum von drei Jahren intensiver befassen können. Dies ist aber zunächst nur der ganz äußerliche Anlass dafür, ausgerechnet anhand der DDR-Forschung die theoretischen und methodischen Aussagen über den Zusammenhang und die potenziell wechselseitige Fruchtbarkeit von Diskurswissenschaft und Denkstilforschung beispielhaft zu überprüfen. Inhaltlich motiviert ist diese Wahl des Beispiels durch einige deutliche Eigenheiten der DDR-Forschung, von denen nur die wichtigsten einleitend herausgestellt seien.

Zum einen ist die DDR-Forschung im Sinne der zeitgeschichtlichen Disziplin, um die es hier geht und die heutzutage allgemein so genannt wird, ihrem Gegenstand geschuldet relativ jung. An ihr lässt sich damit ab ovo studieren, wie sie sich, das heißt ihre Hauptlinien, ihre Hauptmethoden, Hauptperspektiven usw. entwickelt haben und welches die großen Streitpunkte und die Bereiche des innerdisziplinären Konsenses sind. Ebenso stellt sich die Frage, welche sprachlichen Mittel typisch für den innerwissenschaftlichen Diskurs und die Darstellung der Disziplin nach außen sind.

Zum anderen ist der Gegenstand dieser Disziplin von einem Interesse, das weit über den eng begrenzten Bereich approbierter Experten hinausreicht. Von daher bietet sich die DDR-Forschung für Untersuchungen dahingehend an, wie sich der innerwissenschaftliche Diskurs mit dem außerwissenschaftlichen verschränkt, ob und wie sich beide wechselseitig beeinflussen und dergleichen. Oder um es in den Kategorien Flecks zu fassen: Was sind die Eigenheiten und die Verbindungslinien des Denkverkehrs zwischen esoterischen und exoterischen Kreisen? Wie – und mit welchen Absichten – beziehen sich Experten auf Laien?

Was in aller Regel schwer ist, nämlich die Beantwortung der Frage danach, wo und wie man einen Einstieg findet, das erleichtern die Entwicklung und immer noch auch der Stand der DDR-Forschung dem an Fleck orientierten Beobachter zumindest in einer gewissen Hinsicht. „Es ist schwer", so schreibt Ludwik Fleck,

> „die Geschichte eines Wissensgebietes richtig zu beschreiben. Sie besteht aus vielen sich überkreuzenden und wechselseitig sich beeinflussenden Entwicklungslinien der Gedanken, die alle erstens als stetige Linie und zweitens in ihrem jedesmaligen Zusammenhang miteinander darzustellen wären. Drittens müßte man die Hauptrichtung der Entwicklung, die eine idealisierte Durchschnittslinie ist, gleichzeitig, separat zeichnen." (Fleck 1980 [1935]: 23)

Fleck vergleicht in diesem Zusammenhang die „Geschichte eines Wissensgebietes" mit einem „erregten Gespräch" (Fleck 1980 [1935]: 23). Wollte man es wiedergeben, so müsse man sich auf die Suche nach einem „gemeinsamen Gedanken", nach einer „zeitlich stetigen Gedankenlinie", nach einer „idealisierten Hauptlinie" begeben. Es ist eben diese Idee Flecks, eine Wissenschaft in ihrem Gang als ein großes Gespräch zu betrachten, der die DDR-Forschung in geradezu perfekter Weise entspricht. Es ist – vor dem Hintergrund der in den vorherigen Kapiteln erläuterten und diskutierten Auffassungen Flecks – dass „Gespräch", das hier den bildhaften Ausdruck für die zentrale Fleck'sche Kategorie des Denkverkehrs darstellt.

Um mit dem „Drittens" aus obigem Zitat zu beginnen: Diese Hauptrichtung besteht bei der DDR-Forschung bis dato zwar nicht in einem isolier- und als solchem darstellbaren Residuum geteilter Auffassungen, aber dafür umso deutlicher in einer Frage: ‚Was ist die DDR wirklich gewesen?' – darum drehen sich im Prinzip alle theoretischen Anstrengungen; auf eine Antwort oder einen Beitrag zu einer Antwort laufen im Prinzip alle Arbeiten hinaus. Es gibt nahezu keine Arbeit, die sich nicht auf diese Debatte bezieht und sich innerhalb ihrer positioniert. Flecks Vorschlag, Wissenschaft nicht als irgendein, sondern als ein erregtes Gespräch aufzufassen, drängt sich hier umso mehr auf, als das Ringen um eine Antwort auf die Frage, was die DDR denn nun wirklich gewesen sei, per se keine bloß wissenschaftliche ist. Unmittelbar verbunden mit dieser Frage bzw. mit ihrer Beantwortung ist ja ganz offensichtlich eine moralische Einordnung des Forschungsgegenstandes, eine wie auch immer zusammenfassende Bewertung auf Basis entsprechender normativer Kriterien, seien diese nun – auch davon wird im Folgenden zu sprechen sein – expliziter oder mehr latenter, präsumtiver Art.

Wenn man die Frage ‚Was war die DDR wirklich?' im Sinne Flecks als idealisierte Hauptlinie des hier betrachteten Forschungszweigs annimmt, dann wird sehr schnell deutlich, dass sich um diesen gedachten Strang zwei Hauptlinien winden, zwei konträre Varianten der Beantwortung dieser Frage. Es sollen daher im Weiteren die zwei wichtigsten Vertreter dieser Auseinandersetzung mit ihren jeweils wichtigsten Arbeiten zum Gegenstand der Betrachtung gemacht werden: zum einen Mary Fulbrook (u. a. 2008) und zum anderen Klaus Schroeder (u. a. 2013).

Für die Analyse der Linie, als deren Vertreterin Mary Fulbrooks hier steht, wird ihr Buch *Ein ganz normales Leben. Alltag und Gesellschaft in der DDR und Der SED-Staat. Geschichte und Strukturen der DDR 1949–1990* als Quelle dienen. Fulbrooks englische Originalausgabe ihrer Monographie erschien im Jahr 2005. Die uns vorliegende Übersetzung von Karl Nicolai wurde im Jahr 2008 veröffentlicht. Mit Blick auf die Zeitzeugen versucht sie zu verstehen,

> „wie es nach Meinung vieler Ostdeutscher möglich war, in der DDR ein ganz ‚normales' Leben zu führen, und zu erforschen, wie sich zusammen mit umfassenderen Veränderungen in der sozialen Struktur und Erfahrung Auffassungen von ‚Normalität' entwickelten" (Fulbrook 2008: 10).

Der SED-Staat. Geschichte und Strukturen der DDR 1949–1990 von Klaus Schroeder erschien 2013 als vollständig überarbeitete und stark erweiterte Neuausgabe, welche im Folgenden analysiert werden wird. Die Erstausgabe wurde bereits im Jahr 1998 veröffentlicht. „Schroeders Dritte" – wie es in der F.A.Z. heißt – umfasst mehrere Teile zur Geschichte und Struktur der DDR sowie eine begriffliche Einordnung der DDR in der Zeitgeschichtsforschung (Teil D). Ein Dokumententeil, in dem 45 Zeitdokumente wiedergegeben werden und 73 Kurzbiographien der „wichtigsten politischen Akteure der DDR" beschließt das 1134 Seiten starke Buch.

Meine Untersuchung beschränkt sich aus zweierlei Gründen im Wesentlichen auf diese beiden Bücher: Zum einen stellen sie für diese Untersuchung geeignete Quellen dar, weil sie den wissenschaftlichen Diskurs zur DDR, aber auch den öffentlichen Diskurs zu dieser Thematik stark geprägt haben. Fulbrook und

Schroeder zeichnen sich dadurch aus, dass ihre Werke Teil eines gesellschaftlich-wissenschaftlichen Diskurses sind (vgl. Mählert 2016). Diese beiden Bücher werden breit rezensiert und sind damit sowohl im wissenschaftlichen als auch im öffentlichen Diskurs präsent. Es wäre zu viel behauptet, man könne bei diesen zwei Büchern von den „Schlüsseltexten" der DDR-Forschung schlechthin sprechen; mit dem Begriff der „Repräsentanztexte" (vgl. Fix 2005: 320ff.) aber ist die Rolle, die sie im Diskurs einnehmen, passend bezeichnet. Es handelt sich bei diesen beiden nicht um Texte, die im Vergleich zu anderen wissenschaftlichen Arbeiten der DDR-Forschung etwas „Besonderes leisten" oder besonders „unumstrittenes Gewicht" haben (Fix 2005: 321). Sie sind jedoch aufgrund ihrer Bekanntheit in wissenschaftlichen und öffentlichen Diskursen sehr gut dafür geeignet, diskurslinguistisch Relevantes bzw. Denkstilrelevantes offen zu legen; wie sehr sie und inwiefern sie sowohl den wissenschaftlichen als auch den öffentlichen Diskurs repräsentieren, soll in erster Linie durch die Analyse selbst gezeigt werden.

Zum anderen erweist sich hier die besondere Produktivität des Konzepts vom Denkstil ebenso wie des oben skizzierten Diskurskonzeptes: darin nämlich, dass beide es erlauben, ihren Gegenstand in gewissem Maße als fraktales, selbstähnliches Phänomen aufzufassen. Angespielt ist damit auf die aus der Geometrie bekannte Erscheinung, dass die Konstituenten einer Figur, eines Körpers o. ä. die gleiche Gestalt wie eben der Körper haben, den sie konstituieren; bekannteste Beispiele sind die Längenverhältnisse des Goldenen Schnitts, bei dem sich bei einer aus zwei Teilstrecken zusammengesetzten Gesamtstrecke das Verhältnis der Gesamtlänge zur größeren in der Relation von größerer Teilstrecke und kleinerer Teilstrecke wiederholt. Wie ich in Radeiski (2011) gezeigt habe, lassen sich auch Diskurse so begreifen, dass sie durch Texte gebildet und fortgeschrieben werden, innerhalb derer sich zum Teil die diskursiven Diskursstrukturen in miniaturisierter Form wieder auffinden lassen, sodass Texte nicht nur als unselbstständige Konstituenten, sondern zugleich in begrenzter Weise als Repräsentanten des Diskurses aufzufassen sind. Gleiches – auch dies habe ich in Radeiski (2011) versucht nachzuweisen – wiederholt sich in bestimmten Fällen auf der Ebene von Sätzen und sogar Satzgliedern. Um es anders auszudrücken: So sehr, wie sich ein Denkstil bzw. wissenschaftlicher Diskurs seinen Konstituenten nach analysieren lässt, so sehr sind diese Konstituenten wiederum davon geprägt, dass sie eben diesen Diskurs, diesen Denkstil konstituieren und keinen anderen. Dieses Phänomen der Wechselwirkung von Mikro- und Makrostrukturen und -elementen aufeinander lässt sich wiederum bei der DDR-Forschung deutlicher beobachten als in anderen wissenschaftlichen oder sonstigen diskursiven Bereichen: Gerade die hier als Material herangezogenen Schriften beweisen in ihrer Textualität zugleich ihrer Diskursivität, ihren Charakter als Bestandteile eines größeren diskursiven Ganzen, das sich umgekehrt in sie einprägt; zahlreiche auf der Ebene der sprachlichen Mittel und Elemente zu analysierende Phänomene bei Fulbrook und Schroeder lassen sich überhaupt nur dadurch erklären, dass sie zur Auseinandersetzung mit der Gegenposition beitragen sollen, dass sie aus dieser Auseinandersetzung heraus also entstanden sind. Eine umfassende Korpusanalyse wäre zu einer Beleuchtung dieses Aspekts nicht nur nicht besser geeignet, sie verunklarte im Gegenteil geradezu diese Seite des „erregten Gesprächs", dass es hier zu skizzieren gilt.

Etwas Drittes kommt hinzu: Gerade die hier betrachteten Texte von Fulbrook und Schroeder zeigen, dass bestimmte innerhalb von Flecks System zentrale Elemente wie das der „Präidee", der Prägung des „Sehens" innerhalb eines besonders konträr sich entwickelnden Denkstils bzw. innerhalb eines besonders konträren Diskurses durch die Diskursakteure bzw. die Teilnehmer am Denkverkehr selbst explizit gemacht werden – stets jedoch unter den Vorzeichen des Anliegens, mit dem sie sich zu Wort melden; und dieses Anliegen besteht noch stets in einer spezifischen Bemühung darum, der eigenen Position den Status der ‚Norm', des in diesem Sinn absolute Geltung genießenden Bewertungskriteriums aller anderen Positionen zuzuschreiben und diesen Geltungsanspruch zu legitimieren. Dieses eigenartige Bewusst-Werden der Denkstilgeprägtheit, der diskursiven Natur aller vertretenen ‚Wahrheiten' und ‚Erkenntnisse', das dann doch nicht zu Transzendierung des eigenen Blicks auf die Meta-Ebene wird, sondern als methodischer Kommentar auf der Ebene der Auseinandersetzung verbleibt, ist hier insbesondere im Verhältnis der Vorworte, Einleitungen, Resümees zu den jeweiligen Hauptkorpora beobachtbar, auf die sie sich beziehen. Darum werden nicht nur, aber besonders im Folgenden die wissenschaftlichen Vorworte, Einleitungen und Schlussworte der beiden Bücher in den Blick genommen, weil in ihnen mehr als in den anderen Kapiteln diese Form verstetigter diskursiver Legitimationsarbeit stattfindet.

Die Analyse dieser drei Textsorten bietet darüber hinaus einen weiteren Vorteil. Eine Eigenart dieser Textsorten besteht darin, dass sie aufgrund ihrer spezifischen Funktion ihre jeweilige diskursive Rolle transparenter machen als andere. Sie sollen die Selbsteinordnung leisten, sind formell von außerhalb oder überhalb der vertretenen inhaltlichen Position geschrieben und erweisen sich doch als folgerichtiges Resultat von letzterer.

*

Genese und Durchsetzung des ‚Denkstils DDR-Forschung' bzw. der ihn konstituierenden Sub-Stile werden anhand der diversen, von Fulbrook und Schroeder verwendeten Sprachmuster analysiert, die es darum genauer in den Blick zunehmen gilt. Der Vergleich beider Diskursakteure dient der Betrachtung einerseits von Gemeinsamkeiten in der Denkstilhaftigkeit der zeitgeschichtlichen DDR-Forschung, andererseits wird es darum gehen, die konträren Elemente herauszustellen, die den übergeordneten Denkstil, den Diskurs, innerhalb dessen sich dieser bewegt, begründen.

Wichtig hierfür ist es, die Repräsentativität des jeweiligen Textes für den gesamten Diskurs genau zu prüfen (vgl. Fix 2015b). In den vorliegenden Fällen wird durch die Einzeltextanalyse nur das Denkstilgemäße dieser einzelnen Texte im Diskurs beschrieben, eine Einordnung der Bedeutung der Texte für den Diskurs findet innerhalb der Analyse durch die Bezüge statt, die die einzelnen Texte auf den Diskurs nehmen. Denn letztendlich fungiert jeder dieser Texte als ein diskursives Ereignis, das nach Warnke „aus einer Streuung, Überschneidung, Anhäufung und Selektion von Texten" (2002: 133) resultiert.

Obwohl sich auch hier strikt kategorisierende Trennungen als wenig durchhaltbar erweisen, werden wir für die Besprechung der sprachlichen Formen der diskursiven Konstitution (denk-)kollektiven Wissens drei Ebenen unterscheiden: Übergreifende, also ausschließende Geltungsansprüche (2.2.1), diskursive Strategien und sprachliche Mittel (2.2.2) und die Einheit des Denkstils: DDR-Geschichte als prozessierender Sinn (2.2.3).

2.2 Analysen: Konstitution des Forschungsgegenstandes im diskursiven Wechselspiel konträrer Geltungsansprüche

Wir wollen im Folgenden von der Voraussetzung ausgehen, dass jede Wissenschaft, so auch die DDR-Forschung Diskurs *ist*. Im Weiteren sehen wir es auf Basis des in den Eingangskapiteln dieses Buches Erläuterten als gegeben an, dass jeder Diskurs das Zusammenspiel von verschiedenen diskursiven Rollen darstellt, die von den Diskurs-Akteuren gespielt werden, wobei die jeweils isolier- und darstellbaren diskursiven Rollen und die beteiligten Diskursakteure nicht notwendig eineindeutig aufeinander abbildbar sein müssen, also ein und derselbe Diskursakteur durchaus mehrere diskursive Rollen spielen wie umgekehrt, ein und dieselbe diskursive Rolle von einem oder auch von mehreren Diskursakteuren gespielt werden kann.

Desgleichen wird die Analyse darauf Bezug nehmen, dass jeder (wissenschaftliche) Diskurs sensu Fleck *Denkverkehr* ist, und zwar – darauf kommt es hier vor allem an – auch zwischen unterschiedlich weit gefassten, eso- bis exoterisch zu fassenden Kreisen, zwischen denen die jeweiligen diskursiv vermittelten Ideen eine spezifische Ausprägung erfahren.

Auf Basis dieser Grundvoraussetzungen lassen sich die Fragen formulieren, für deren Beantwortung die Analyse der herangezogenen Beiträge behilflich sein soll. Diese lauten:

- Welche Geltungsansprüche erheben und verfolgen die beteiligten Wissenschaftler?
- Welches sind die diskursiven Strategien und sprachlichen Mittel ihren wissenschaftlich-diskursiven Geltungsansprüchen Anerkennung zu verschaffen?
- Wie lässt sich dieser Diskurs in Form eines Rollenspiels beschreiben und analysieren?
- Wie wirken die einzelnen Rollen aufeinander?
- Welche diskursive Rolle spielt dabei der diskursive Charakter des ‚Laien'?
- In welcher Weise beeinflussen sich der Denkverkehr zwischen innerem und äußerem Kreis einerseits und der konträre Denkverkehr zwischen den gegeneinander positionierten inneren Kreisen wechselseitig?

Die Einteilung und Abfolge der nun folgenden Unterkapitel und -abschnitte wird dabei notwendigerweise nicht exakt dem Inhalt und der Reihenfolge der oben skizzierten Fragestellungen folgen können. Die Fragen werden darum im Anschluss an den analytischen Durchgang noch einmal aufgegriffen und beantwortet.

2.2.1 Übergreifende, also ausschließende Geltungsansprüche

Wie jeder Streit, also jeder nicht-konsensuale Diskurs setzt auch der mit der Etablierung und Entwicklung der DDR-Forschung von Beginn an verknüpfte Streit zwischen deren Hauptlinien ein gemeinsames Drittes, einen Gegenstand des Streits voraus. Dieser lässt sich – soweit die zunächst banale und übliche Eigenschaft jedes wissenschaftlichen Disputs – als Kampf darum beschreiben, wessen Auffassung sich gemäß den in der jeweiligen Disziplin geltenden Kriterien für ‚Wahrheit', ‚Objektivität', ‚Vollständigkeit' ‚Plausibilität', ‚Anwendbarkeit' usw. gegenüber oder zumindest neben der (oder den) anderen Auffassung(en) etabliert; wobei es – wiederum je nach dem Gegenstand und dem auch wissenschaftsgeschichtlich gewachsenen Selbstverständnis der jeweiligen Disziplin – Unterschiede dahingehend gibt, wie ausschließlich sich die verschiedenen innerdisziplinären Standpunkte auffassen.

2.2.1.1 Innerwissenschaftlich

Zum einen lässt sich diese allgemeine Aussage auch für die DDR-Forschung, insbesondere für den Streit zwischen Fulbrook und Schroeder treffen. Beide beanspruchen, das Wesen der DDR richtig zu erklären, und zwar ausdrücklich im Unterschied und im Gegensatz zur jeweils anderen Position. Zum anderen gehen beide darüber hinaus.

Deutlich wird nämlich in ihren Veröffentlichungen, dass sie nicht nur ihren Gegenstand – die DDR – irgendwie ‚richtig' und ausdrücklich im Unterschied zur Gegenposition zu analysieren beanspruchen, sondern dass sie damit die *Wissenschaftlichkeit* des Faches überhaupt (wieder) herzustellen, zu bewahren, zu verteidigen trachten.

So schreibt Fulbrook:

> [1] „Eine solche Untersuchung legt nahe, dass wir über die Wechselbeziehungen zwischen politischen Prozessen und gesellschaftlichen Veränderungen auf eine neue Weise nachdenken müssen, die über die alten dualistischen Modelle von Staat versus Gesellschaft oder Regime versus Volk hinausgeht. Daher will ich in diesem Buch durch das Erforschen der Schlüsselaspekte der ostdeutschen Sozialgeschichte einige Wege aufzeigen, die aus den allzu politisch bestimmten Debatten des ersten Jahrzehnts nach der deutschen Vereinigung herausführen und ein angemessenes Verständnis der komplexen Geschichte der ‚fünf neuen Länder' Deutschlands ermöglichen." (2008: 10)

Deutlich wird hier, dass Fulbrook den von ihr nicht geteilten *„Modellen"* nicht nur die wissenschaftliche Angemessenheit, sondern letztlich überhaupt die Wissenschaft*lichkeit* abspricht. Mit der – nicht weiter erklärten oder nachgewiesenen – *„allzu politisch bestimmten"* Eigenschaft der Debatten über die DDR insinuiert sie die Gleichung *politisch bestimmt = nicht wissenschaftlich bestimmt.* Dabei wirkt der angeführte Grund für den von ihr inkriminierten Mangel zugleich als dasjenige diskursiv-sprachliche Mittel, durch welches die damit zu begründende Sache überhaupt erst diskursiv konstituiert wird: Damit die Angabe des *Grundes für* den Mangel der bisherigen DDR-Forschung – *‚politisch bestimmt'* – diskursiv sinnvoll ist, braucht es die Unterstellung, die darin eben zugleich mittransportiert wird, dass es den auf diese Weise begründeten Mangel – *‚nicht wissenschaftlich'* –

tatsächlich gibt. Was innerhalb von Fulbrooks begründenden Überlegungen den Charakter einer Präsupposition hat, wird im Rahmen ihrer Argumentation, also ihres diskursiven Aktes zum Mittel der Präsuppositions-Anpassung auf der Seite derjenigen, bei denen sie Geltung für ihre Position beansprucht.

Ähnlich lässt sich die Funktionsweise des ersten Satzes des zitierten Ausschnitts in Beleg [1] analysieren: Fulbrook schreibt: „Eine solche Untersuchung legt nahe, dass wir über die Wechselbeziehungen zwischen politischen Prozessen und gesellschaftlichen Veränderungen auf eine neue Weise nachdenken müssen, die über die alten dualistischen Modelle von Staat versus Gesellschaft oder Regime versus Volk hinausgeht."

Diese Aussage besteht aus folgenden Aussageteilen:

(a) *Es gibt Wechselbeziehungen zwischen politischen Prozessen und gesellschaftlichen Veränderungen.*
(b) *Es gibt eine Untersuchung, die nahelegt, dass über diese Wechselbeziehungen auf neue Weise nachgedacht werden muss.*
(c) *Es gibt alte Weisen des Nachdenkens über eben diesen Gegenstand.*
(d) *Diese alten Weisen sind dualistische Modelle des einfachen und unvermittelten Gegensatzes zwischen Politik und Gesellschaft bzw. Regime und Volk.*

Widmen wir uns zunächst dem Verhältnis von *(a)* und *(b)*. Unstreitig ist sicherlich, dass es sich bei *(a)* nicht um eine resümierende Aussage über vorwissenschaftlich zu konstatierende ‚Tatsachen' handelt: Weder sind „*Wechselbeziehungen*" sensorisch oder auf ähnliche Weise ‚erfahrbare Tatsachen', noch kann erst recht bei „politischen Prozessen" davon die Rede sein, dass sie zum vortheoretisch erfahrenen Bestand individueller Erfahrung gehören. Und auch „*gesellschaftliche Veränderungen*" nimmt niemand als solche wahr, sondern stets nur – wenn überhaupt – Auswirkungen auf sein Dasein. Wenn Fulbrook also von „*Wechselbeziehungen zwischen politischen Prozessen und gesellschaftlichen Veränderungen*" spricht, dann handelt es sich dabei selbst bei flüchtigem Hinsehen um ein Resultat theoretischer Reflexion, also der einzelne Phänomene zusammenfassenden, sie in einen Zusammenhang stellenden, theoretisch bearbeitenden Geistestätigkeit. Es ist davon auszugehen, dass Fleck hier einen Fall davon ausgemacht hätte, wie sehr bereits entwickelte Theorie das scheinbar ganz untheoretische, prima vista bloß registrierende ‚Hinsehen' beeinflusst. Mit anderen Worten: *(a)* ist bereits das Resultat von theoretischem Nachdenken. Vor diesem Hintergrund erscheint *(b)* nicht mehr als die logisch folgerichtige Forderung nach einer angemessenen wissenschaftlichen Befassung mit einem bis dato nicht untersuchten Gegenstand, sondern vielmehr als Tautologie: *(b)* enthält sich selbst als seine eigene Prämisse.

Auch im Verhältnis zu *(c)* entdecken wir dieses Sich-selbst-Voraussetzen: Um die Darstellungen überhaupt als ‚*Weisen des Nachdenkens*' zu erkennen – und nicht etwa ihrerseits für bloße ‚Beobachtungen' zu halten –, braucht es eine Distanz zu ihnen auf ihrem, sc. auf theoretischem Niveau. Auch diese Charakterisierung des alten Nachdenkens *als Nachdenken* setzt also als bereits stattgefunden voraus, was damit zugleich als stattzufinden gefordert wird: ein neues Nachdenken über den Gegenstand DDR. Es ist nur folgerichtig, dass die gleiche (tauto-)logische Figur auch in Aussage *(d)* wieder deutlich wird. Dass Modelle des einfachen Gegensatzes und der unidirektionalen Wirkungsbeziehung (Politik wirkt auf Gesellschaft, Staat auf Volk) als unangemessen zu charakterisieren sind, wird zwar mit dem Terminus „*dualistisch*" als unmittelbar einsichtig behauptet – diese Vokabel selbst hat gerade in diesem Zusammenhang eine unverkennbar pejorative Konnotation –, jedoch präsupponiert die Gleichung *dualistisch = unangemessen* wiederum, dass der Forschungsgegenstand, auf den sich die Modelle beziehen, als nicht-dualer angenommen bzw. in diesem Sinne als bewiesen gilt. Von *(a)* bis *(d)* wiederholt Fulbrook also viermal die gleiche Aussage, dies jedoch in Form einer Gedankenbewegung, die sich den Charakter einer begründeten Forderung nach dem Gegenstand angemessener wissenschaftlicher Befassung mit ihm gibt.

Vor diesem Hintergrund wird auch der Zusammenhang zwischen dem ersten und dem zweiten Teil der zitierten Passage deutlich: Wenn die DDR-Forschung sich mit ihrem Gegenstand bis dato nicht in der Weise befasst hat, die ihm quasi selbstverständlich und scheinbar ganz ohne vorherige wissenschaftliche Betrachtung einsichtigerweise angemessen wäre, dann liegt nicht nur ein innerdisziplinärer Mangel, sondern sozusagen überhaupt keine Wissenschaft vor; dann muss sich diese Art der Befassung anderen Gründen als denen der Wissenschaft verdanken: eben „*allzu politisch bestimmten*".

Was Fulbrook auf diese Weise reklamiert, ist also nicht einfach die Anerkennung als *Beitrag zum Fach*, als Verbesserung bisheriger Mängel o. ä., sondern die Anerkennung als *eigentlicher Repräsentantin des Faches*. Diesen Anspruch legitimiert sie mit der Nicht-Wissenschaftlichkeit, d. h. Nicht-Repräsentativität der Gegenposition, welche sie wiederum damit zu beweisen sucht, dass sie sie im Kontrast zur eigenen Rolle darstellt.

Wie agiert im Verhältnis dazu Schroeder?

[2] „Da weitgehend unbestritten ist, dass die DDR primär eine „politische Gesellschaft" war, in der die Monopolpartei SED mit ihrem

> totalitären Anspruch auf umfassende Gestaltung, Beherrschung und Kontrolle von Staat und Gesellschaft dominierte, sollte daher auch bei der gesellschaftsgeschichtlichen Beschreibung der DDR die Analyse der Umsetzung und Realisierung des totalitären Herrschaftsanspruchs im Vordergrund stehen." (Schroeder 2013: 890)

Wir finden hier – das wird vor dem Hintergrund der Analyse von Fulbrooks Darstellung der Notwendigkeit einer neuen, die *„allzu politisch bestimmten Debatten"* korrigierenden Herangehensweise sicherlich unschwer deutlich – eine ähnliche diskursive Strategie vor: Schroeder beruft sich auf einen wissenschaftlichen Konsens darüber, dass die DDR eine *„politische Gesellschaft"* gewesen sei, d. h. eine Gesellschaft, die von einer alle ihre Bereiche umfassenden *„Beherrschung und Kontrolle"* seitens der Sphäre des Politischen, d. h. der politischen Herrschaft der Monopolpartei geprägt gewesen sei. Die Deklaration dieses Konsenses setzt Schroeder gegen die von Fulbrook vertretene Position. Dies scheint ein unmittelbarer und nicht auflösbarer Widerspruch zu sein: *Gegen* eine andere Position die eigene als nicht nur geforderten, sondern erreichten allgemeinen *Konsens* zu behaupten, scheint jeder Logik zu widersprechen.

Diese Behauptung eines Konsenses als Element einer polemischen Argumentation kann daher diskursiv nur unter einer zusätzlichen Annahme funktionieren: Die Position, gegen die Schroeder hier seinen Anspruch auf konsensuale Geltung setzt, wird per se als nicht auf der Ebene anzusiedeln gedacht, auf der er mit seiner Forderung nach einer wissenschaftlichen Darstellung der DDR Geltung und Repräsentativität für den wissenschaftlichen Konsens beansprucht. Auf diese Weise ergibt Schroeders Zweischritt diskursiven Sinn – wobei hier, wie immer, dahingestellt bleiben muss, ob die Rezipienten diese diskursive Geltungsforderung nachvollziehen oder nicht: Auf Basis der geteilten Prämisse – und *nur* auf dieser Basis –, dass es einen im Sinne von Schroeder charakterisierten Konsens gibt, dass die DDR eine totalitär regierte *„politische Gesellschaft"* gewesen sei, erweist sich seine Forderung als folgerichtig und im Prinzip alternativlos notwendig, dass jede wissenschaftliche Untersuchung die Aufgabe haben müsse, die Arten und Weisen der *„Umsetzung und Realisierung des totalitären Herrschaftsanspruchs"* in den Vordergrund zu stellen. Die Präsuppositions-Anpassung, auf die sein diskursives Agieren an dieser Stelle hinwirkt, funktioniert also wie folgt: Wer die als selbstverständlich vertretene Forderung nachvollziehen will, das *Wie* des SED-Herrschaftsanspruches über die DDR-Gesellschaft zu untersuchen, der muss die darin präsupponierte Aussage teilen, dass die DDR-Gesellschaft so unzweifelhaft wie umfassend vom SED-Herrschaftsanspruch – und zwar ohne wesentliche Wechselwirkungen zurück von der Gesellschaft auf die Sphäre des Politischen – bestimmt gewesen sei. Und wer Schroeders Aussage, dies sei Konsens, einen positiven Sinn zusprechen will, der darf Fulbrooks Position ihrerseits nicht als legitimierten Beitrag in der Disziplin denken, sondern muss ihn theoretisch außerhalb der Disziplin, jedenfalls außerhalb des rein wissenschaftlich motivierten und bestimmten disziplinären Diskurses verorten.

*

Wir können also eine erste Antwort auf die Frage geben, wodurch sich die DDR-Forschung in ihrer Diskursnatur auszeichnet: Dieser wissenschaftliche Diskurs ist davon geprägt, dass zwei Hauptlinien, gegebenenfalls zwei Gruppen von Vertreterinnen und Vertretern des Faches, im Prinzip die identische diskursive Rolle spielen: die des Vertreters der Wissenschaftlichkeit des Faches, die diese gegenüber den jeweils anderen verteidigt, denen sie den Status der Unwissenschaftlichkeit zuschreiben, die außerwissenschaftliche Prägung nachweisen will. Wir haben es hier mit der Eigenart eines wissenschaftlichen Diskurses zu tun, der im Prinzip durchweg zugleich ein Ausgrenzungsdiskurs ist. Zwar ist auch und gerade dieser Diskurs ein diskursives Rollenspiel, aber eines, das darin besteht, das jeweilige Gegenüber aus dem Diskurs herauszudrängen, der doch überhaupt nur durch diese wechselseitigen Versuche der wissenschaftlich-diskursiven ‚Ex-Territorialisierung' entsteht.

2.2.1.2 Außerwissenschaftlich

Wie oben schon angedeutet bezieht die DDR-Forschung bestimmte Merkmale ihres Inhalts und der Methoden ihrer innerdisziplinären Auseinandersetzungen aus dem positiven Bezug auf den außerwissenschaftlichen Diskurs.

So beschreibt Schroeder seine Motivation damit, dass er hofft, mit seiner Arbeit *„vielleicht ein Stück weit dazu beitragen [zu können], insbesondere junge Menschen gegen die kommunistische Heilsideologie zu immunisieren"* (Schroeder 2013: 915). Betrachten wir diese Aussage näher, so stechen drei Topoi hervor:

(a) „junge Menschen"
(b) „kommunistische Heilsideologie"
(c) „immunisieren"

Jedes dieser Elemente transportiert einen deutlich normativen Gehalt.

(a) „Junge Menschen“ fungieren hier nicht nur als Adressaten, die aus biografischen Gründen der Aufklärung, die Schroeder für seine Fassung von DDR-Forschung beansprucht, besonders bedürfen. Überhaupt nicht vermeid- und übersehbar – getrennt davon, ob dies von Schroeder so beabsichtigt ist oder nicht – macht sich hier die Konnotation geltend, die mit Begriffen wie *jung, Jugend, junge Menschen* verbunden ist: die Formulierung „junge Menschen“ in dieser Formulierung Schroeders evoziert die positive Besetzung des Prädikats jung, verbunden mit Vorstellungen wie *‚unsere Zukunft‘* u. ä. Schroeder intendiert für seinen wissenschaftlichen Geltungsanspruch schon mit dieser Benennung des von ihm ins Auge gefassten Nutznießers eine besondere außerwissenschaftliche Anerkennungswürdigkeit.

(b) „Kommunistische Heilsideologie“ kann strikt komplementär zu *(a)* als durchgehend pejorativ konnotiert gelten. Auch wenn das für die Attribuierung *„kommunistisch“* vielleicht nur mit Abstrichen gelten sollte, so ist doch der Terminus *„Heilsideologie“* in eindeutiger Weise nicht einfach eine objektiv zu verifizierende Charakterisierung, sondern zugleich die Bewertung einer bestimmten Stellung, politischen o. ä. Position als abzulehnend. Dies lässt sich mit einiger Zuverlässigkeit wie folgt prüfen: Ist – und sei es rein hypothetisch – die Möglichkeit der Selbstattribuierung in irgendeiner Weise plausibel vor- bzw. darstellbar? Wenn dies nicht plausibel erscheint, obwohl der Notation nach der Terminus eine solche Selbstattribuierung nicht ausschließt[102], dann liegt dies an dessen Konnotation. So ist schon der Terminus Ideologie heutzutage und in demokratischen Gesellschaften – im Unterschied z. B. zu den realsozialistischen Gesellschaften – negativ konnotiert.[103] Kaum jemand käme heute auf die Idee, die eigenen Vorstellungen, das eigene System von Werten und Anschauungen als *Ideologie* zu bezeichnen. Dies gilt erst recht in Verbindung mit dem Bestimmungswort *Heil*: Wer von *Heilsideologie* spricht, mit diesem Terminus eine andere als die seine Position charakterisiert, charakterisiert diese als inakzeptable, irrationale, quasi-religiöse, sogar quasi-eschatologische Position.[104]

102 Die Selbstattribuierung als „meine Ehefrau“ – z. B. in dem Satz *Ich bin meine Ehefrau* – ist der Notation von *Ehefrau* gemäß unlogisch.

103 Das lässt sich im Prinzip für das ganze Wortfeld mit dem Stamm *Ideolog-* festhalten.

104 Interessant hierbei ist nebenbei noch Folgendes: Die zur Denunzierung missliebiger Positionen gerne herangezogenen Begrifflichkeiten wie *Heilsideologie, Heilsbringer* usw. nehmen einen deutlichen Bezug auf den religiösen, in unserer Gesellschaft also v. a. christlichen Ursprung der Idee(n) von einem endgültigen, umfassenden *Heil*. Zugleich sind christliche Welt- und Wertevorstellungen so gut wie nie das Objekt von Vorwürfen wie *Heilsideologie* o. ä. Das gleiche Phänomen lässt sich da beobachten, wo der Terminus *Ersatzreligion* auch von denjenigen entschieden pejorativ gebraucht wird, die dem Terminus *Religion* eine solche Konnotation ganz und gar nicht zuschreiben.

Gerade in Bezug aufeinander – unterstützt durch die satztopologische Nähe, in der sie innerhalb dieser Konstruktion stehen – verstärken sich *(a)* und *(b)* wechselseitig: Bezogen auf besonders wertzuschätzende „*junge Menschen*“ muss eine „*kommunistische Heilsideologie*“ als besonders bedrohlich erscheinen; so wie vice versa die eo ipso positiv konnotierten „*jungen Menschen*“ gegenüber einer – sich warum und worin auch immer als solche erweisenden – „*kommunistischen Heilsideologie*“ als ganz besonders schutzwürdig erweisen.

(c) Über den Charakter des Schutzes lässt Schroeder keinen Zweifel aufkommen: Mit dem Terminus „*immunisieren*“ bedient er sich – wiederum braucht uns hier, auf der Ebene des Agierens nicht von Personen, sondern von diskursiven Rollen, die Frage der kommunikativen Intentionalität nicht zu interessieren – einer medizinischen oder zumindest medizinisch geprägten Vokabel. Wir können hier einen geradezu archetypischen Fall der Konstruktion eines diskursiven Charakters[105] mittels Präsuppositions-Anpassung studieren: Wer die Deklaration notwendiger bzw. wünschenswerter Immunisierung teilen soll, der muss die darin zweiteilige Präsupposition teilen, wird auf diese also angesprochen, zu dieser angeregt: Es gibt ein schutzwürdiges Objekt der Immunisierung und etwas, wogegen die Immunisierung angebracht und notwendig ist. Letzteres ist exakt dadurch, dass ‚*Immunisierung*‘ als adäquater Umgang angegeben wird, als Krankheit, Epidemie o. ä. gesetzt. Indem also in Schroeders Formulierung „*die kommunistische Heilsideologie*“ auf syntaktischer Ebene als präpositionales Objekt des infiniten verbalen Ausdrucks „*zu immunisieren gegen*“ figuriert, ist diese als pathologisches und infektiöses Phänomen *gesetzt*. Einmal als solches gesetzt, muss dann umgekehrt der Umgang mit ihm – *immunisieren* – als folgerichtig erscheinen.

Schroeder beansprucht folglich für seine *wissenschaftliche* Position einen Geltungsanspruch, den er gar nicht nur nebenbei auch *außer*wissenschaftlich, mit der notwendigen Rolle seiner Forschungen für die Immunisierung einer krankhaften oder krankheitsgleichen „*Heilsideologie*“, begründet. Auf diese Weise trifft der Vorwurf, den er mit „*Heilsideologie*“ erhebt, nicht nur die marxistisch-leninistische bzw. kommunistische Ideologie und Propaganda *an sich*, mit der die SED ihren Herrschaftsanspruch zu legitimieren versucht hat, sondern zugleich jede Befassung *mit ihr*, sofern sie diese Immunisierung nicht leistet. Das trifft per definitionem jede Auffassung, die Schroeders wissenschaftliche Position, dergemäß die DDR ein durchgehendes Produkt der SED-Herrschaft gewesen sei, nicht teilt. Die oben charakterisierte Ausgrenzung aus dem Zirkel der eigentlichen

105 Vgl. Radeiski 2011: u. a. 45.

wissenschaftlichen Befassung mit der DDR, die dem ‚Lager' von DDR-Forschern wie Fulbrook gilt, hat bei Schroeder also zugleich die andere Seite, diese von seinen abweichenden Forschungsansätze tendenziell als von der durch ihn nach Kräften bekämpften Heilsideologie infiziert zu delegitimieren.

Was ist die entsprechende Position Fulbrooks in dieser Hinsicht? Dazu wollen wir folgende Äußerung näher analysieren:

> [3] „[Die] historische Literatur über die DDR [ist] zum großen Teil offen oder stillschweigend politisch bestimmt [...], da sie die merkwürdigen Hinterlassenschaften der DDR verurteilen oder rechtfertigen, ‚überwinden' oder ‚sich damit abfinden' will. [...] Fast unvermeidlich hängen Darstellungen dieser umstrittenen Vergangenheit eng mit politischen und moralischen Positionen zusammen und erregen in gewissen Kreisen zwangsläufig beträchtliche Empörung." (Fulbrook 2008: 9)

Es erscheint wiederum zweckmäßig, diese Äußerung als Aussage aufzufassen, die sich in Teilaussagen zergliedern lässt:

(a) Die historische Literatur über die DDR ist zum großen Teil politisch bestimmt.

(b) Diese historische Bestimmtheit ist zum Teil offen, zum Teil stillschweigend.

(c) Der Grund dafür liegt in Motiven wie „verurteilen", „rechtfertigen", „überwinden" oder „sich abfinden".

(d) Darum hängen Darstellungen der DDR-Geschichte mit politischen und moralischen Positionen zusammen.

(e) Sie evozieren aus dem gleichen Grund „beträchtliche Empörung".

(f) Diese Empörung findet „in gewissen Kreisen" statt.

Zu *(a)* haben wir oben bereits das Wesentliche ausgeführt. Deutlich wird auch an dieser Stelle, dass Fulbrook nicht, zumindest nicht ausdrücklich bzw. irgendwie nachvollziehbar vom Inhalt der historischen Literatur auf ihren außerwissenschaftlichen, eben politischen Entstehungs- bzw. Bestimmungsgrund schließt, sondern dass sie umgekehrt argumentiert: Die politische Bestimmtheit ist die nicht weiter nachzuweisende Voraussetzung ihrer wissenschaftlichen Bezugnahme auf diese Literatur. Wir können hier – im Prinzip wie bei den oben bei Schroeder angestellten Überlegungen auch – von einer ‚inversen Argumentationsweise' sprechen. Erklärbar ist sie mit Flecks – oben unter Kapitel 1.2.2.2 b) besprochenen – Überlegungen dazu, dass es für Denkstile konstitutiv ist, dass sie, je elaborierter sie sind, desto mehr das Phänomen aufweisen, dass prima facie nicht zu den zentralen Grundannahmen passende Beobachtungen oder Aussagen denkstilgemäß anpassen, also in den Hauptstrom des Denkstils einpassen. Dies bedeutet hier: Fulbrook lehnt einen großen Teil der von anderen Vertreterinnen und Vertretern der DDR-Forschung nicht getroffenen Aussagen ab; mit der Zuschreibung *„politisch bestimmt"* vergewissert sie sich dagegen der Richtigkeit der eigenen Auffassungen.

In *(c)* wird dies besonders augenscheinlich: Sie ergänzt *„politisch bestimmt"* um die nähere adverbiale Bestimmung *„offen oder stillschweigend"*. Damit ist die Charakterisierung *„politisch bestimmt"* von jedem Anspruch auf Nachweis einer solchen Beeinflussung bzw. Bestimmung dispensiert: Wo sich eine solche Bestimmtheit wissenschaftlicher Aussagen durch die außerwissenschaftlichen *„politischen oder moralischen"* Positionen derer, die sie vertreten, nicht nachweisen lässt, liegt per definitionem der Fall einer *‚stillschweigenden'* Bestimmtheit der wissenschaftlichen durch die außerwissenschaftlichen Auffassungen vor.

Teilt man die Auffassung, dass die DDR-Forschung vor Fulbrook im Wesentlichen als *„politisch bestimmt"* anzusehen ist, dann bleibt nur noch die Frage, worin genau diese Bestimmtheit liegt, worauf Fulbrook in *(d)* eine formale Antwort gibt, indem sie eine Reihe einander komplementär gegenüberstehender diskursiver Anliegen angibt: *rechtfertigen vs. verurteilen* usw. Auch diese Aussage lässt sich nach dem Schema der Präsuppositions-Anpassung diskursiv einordnen: Die nicht weiter erläuterten diskursiven Absichten *verurteilen, rechtfertigen* usw. werden von Fulbrook als Erklärung für etwas angeboten, was mit dieser Erklärung zugleich erst gesetzt wird: die damit unzweifelhafte politische Bestimmtheit der wesentlichen Bestandteile von DDR-Forschung.

Die Teilausssagen *(e)* und *(f)* verstärken die Gesamtaussage wiederum dadurch, dass darauf verwiesen wird, wie sehr jegliche Position innerhalb der wissenschaftlichen Auseinandersetzung regelmäßig Reaktionen nichtwissenschaftlicher Art – *„beträchtliche Empörung"* – hervorruft, wobei sich Fulbrook mit der Formulierung *„gewisse Kreise"* wiederum davon befreit, näher zu charakterisieren, wer auf diese Weise – wissenschaftlich unangemessene Weise – auf die Ergebnisse der Disziplin reagiert, der sie zu einer neuen Angemessenheit gegenüber ihrem Gegenstand verhelfen will. Wie bei Schroeder so erfolgt auch bei Fulbrook diese legitimierende Bezugnahme auf das Verhältnis zwischen innerwissenschaftlicher Angemessenheit und Plausibilität und außerwissenschaftlichen Aspekten ebenso in die andere Richtung: Wer den eigenen

Forschungsansatz dadurch von anderen absetzt, dass er diese anderen als irgendwie ‚politisch bestimmt' apostrophiert, bezweifelt damit zugleich auch die politischen Positionen inhaltlich, von denen aus die wirkliche oder vermeintliche Einflussnahme auf den rein wissenschaftlichen Gang der Dinge erfolgt sei. So nimmt es nicht Wunder, dass Fulbrook, die sich einerseits von einer politisch bestimmten bzw. motivierten DDR-Forschung absetzt, andererseits sehr deutlich positiv Bezug nimmt auf außerwissenschaftliche Anliegen, die sie für legitim hält. So schreibt sie an anderer Stelle:

> [4] „Außerdem ist die Entwicklung einer spezifisch ostdeutschen Gesellschaft entscheidend für das Verstehen des vereinigten Deutschlands nach 1990. Sie ist ebenso ein Teil der komplexen und gespaltenen Geschichte der deutschen Gegenwart wie die Geschichte Westdeutschlands." (Fulbrook 2008: 32)

Sie macht hier deutlich, dass auch ihrer Meinung nach nicht nur nach innerwissenschaftlichen Kriterien zu beurteilen sei, welche Geltung eine Position im disziplinären Diskurs beanspruchen darf, sondern dass aus umgekehrter Warte, nämlich vom Standpunkt des außerwissenschaftlichen Nutzens auf die Disziplin und die innerhalb der Disziplin vertretenen Linien geschaut werden und ihre Beurteilung erfolgen müsse.

*

Bei Schroeder und Fulbrook sind, wenn auch in unterschiedlicher Art und Weise, Tendenzen analysierbar, im Zuge derer die eigenen disziplinären Geltungsansprüche darüber hinausreichende Momente erfahren. Aus der Perspektive der diskursiven Rollenspiel-Analyse betrachtet, lässt sich der Diskurs darum um eine Rolle erweitern: die des Vertreters unbedingt legitimer gesellschaftlicher Anliegen, für die die DDR-Forschung Beiträge zu erbringen habe. Wie schon die erste Rolle des von beiden ausschließend beanspruchten Repräsentanten des Faches, so ist auch diese zweite Rolle Objekt letztlich exklusiver, gegeneinander im Prinzip unduldsamer Geltungsansprüche, die – das soll die Analyse im Weiteren an einigen ausgewählten Beispielen deutlich machen – darum mit gewisser Notwendigkeit unter Rückgriff auf eine Reihe von Strategien und Mitteln der wechselseitigen Delegitimation bis hin zur mehr oder weniger offenen Verunglimpfung ausgefochten werden.

2.2.2 Diskursive Strategien und sprachliche Mittel

Es soll in diesem Abschnitt darum gehen, an ausgewählten Beispielen zu zeigen, in welchen Formen sich das diskursive Rollenspiel von wechselseitiger Delegitimation und Selbstlegitimation vom inner- wie vom außerwissenschaftlichen Standpunkt her vollzieht. Im Sinne Flecks lässt sich auf diese Weise zeigen, auf welche diskursiven Weisen sich der jeweilige Denkstil entwickelt und verfestigt, gegen Widersprüche unempfindlich macht und sogar vermeintliche Einwände in einer Weise verarbeitet, die seine Beharrungspotenzen stärken.

2.2.2.1 Evidenz und Latenz: Vorhandene oder fehlende Fakten als Berufungsinstanz

Sehen wir uns dafür noch einmal das schon oben untersuchte Zitat an:

> [5] „[Die] historische Literatur über die DDR [ist] zum großen Teil offen oder stillschweigend politisch bestimmt [...], da sie die merkwürdigen Hinterlassenschaften der DDR verurteilen oder rechtfertigen, ‚überwinden' oder ‚sich damit abfinden' will. [...] Fast unvermeidlich hängen Darstellungen dieser umstrittenen Vergangenheit eng mit politischen und moralischen Positionen zusammen und erregen in gewissen Kreisen zwangsläufig beträchtliche Empörung." (Fulbrook 2008: 9)

Wir wollen diese Aussage nun in folgende Teilaussagen sequentieren:

(a) Die historische Literatur über die DDR ist zum großen Teil politisch bestimmt.

(b) Diese Bestimmung geschieht offen oder stillschweigend.

(c) Dies wird erkennbar daran, dass die Hinterlassenschaften der DDR verurteilt oder rechtfertigt werden, bzw. daran, dass sie überwunden werden sollen und/oder sich mit ihnen abgefunden werden soll.

(d) Darstellungen der DDR-Vergangenheit hängen mit politischen und moralischen Positionen zusammen.

(e) Sie erregen Empörung in gewissen Kreisen.

Uns interessiert hier zunächst das logische Verhältnis zwischen *(a)* und *(c)*. Fulbrook stellt die Behauptung *(a)* auf, derzufolge die historische Literatur über die DDR politisch bestimmt sei, also die Forschungsprozesse das Objekt politischer Bestimmung und die Forschungsresultate das Ergebnis dieser Bestimmung seien

– wobei an dieser Stelle dahingestellt bleiben darf, ob unter Bestimmung bzw. Bestimmtheit eine intentionale Tätigkeit oder der unbewusst ablaufende Prozess zu verstehen sein soll, der zu diesem Ergebnis führt. *(c)* wird mit der Konjunktion „da" eingeleitet. Diese kausale Konjunktion wird hier im uneigentlichen Sinne gebraucht. Mit ‚uneigentlich' ist gemeint, dass kein wirkliches kausales Verhältnis zwischen *(a)* und *(c)* ausgedrückt werden soll, sondern ein beweisendes Verhältnis: *(c)* beweist *(a)*, *(a)* wird erkennbar an *(c)*.[106] Wie wir oben schon gezeigt haben, ist diese Beweisrelation nicht schlüssig, wenn man das zu Beweisende nicht schon als bewiesen annimmt. Ebenfalls haben wir kurz angemerkt, dass mit dem Adverb „stillschweigend" eine Argumentation a priori bzw. per definitionem vorliegt. Genau darum soll es hier noch einmal etwas detaillierter gehen. Bei genauerem Hinsehen lässt sich nämlich an dieser Stelle bei Fulbrook eine eigentümliche Argumentationsweise feststellen, die deutliche Züge der von Fleck – wie unter 1.1.3.2 gezeigt – charakterisierten Eigenschaft von verfestigten Denkstilen aufweist, sich selbst zum Grund immer wieder erneuerter Plausibilität zu machen:

Zum einen beweist sie die von ihr behauptete und kritisierte politische Bestimmtheit und Beeinflussung der DDR-Forschung durch die Reaktionen, die bestimmte Forschungsergebnisse bei bestimmten Kreisen hervorrufen. Schon dies ist kein plausibles Beweisverfahren, wenn der von ihr verfolgte Beweiszweck nicht schon geteilt ist. Denn dass Forschungsresultate diese oder jene Reaktionen hervorrufen, ist für sich genommen kein hinreichender logischer Beweis dafür, dass die entsprechenden Forschungsprozesse von denjenigen politischen und moralischen Standpunkten geprägt sein müssen, die sich im Nachhinein von den Resultaten der Forschungen zu bestimmten Reaktionen bewegt fühlen. Allenfalls ließe sich aus den beobachtbaren Reaktionen auf Forschungsergebnisse – eventuell sogar in der quantitativen Relation: je vehementer diese Reaktionen ausfallen, desto mehr – ableiten, dass es von Seiten der einschlägigen politischen

106 Dieser Gebrauch kausaler Konjunktionen und Wendungen ist relativ häufig anzutreffen; gemeint ist mit dem Unterschied zwischen eigentlicher und uneigentlicher Kausalrelation Folgendes: Bei der Aussage *„Die Straße ist jetzt nass, weil es bis eben geregnet hat"* handelt es sich um eine eigentliche oder engere Kausalrelation: Dass es bis eben noch geregnet hat, ist tatsächlich der sachliche Grund dafür, dass die Straße nun nass ist. Ganz anders ist die weil-Konstruktion in folgendem Dialog zu interpretieren: *A: „Fridolin hat sicherlich zu viele Bananen gegessen." – B: „Warum?" – A: „Weil er nun keinen Schokoladenpudding mehr essen mag."* Hier soll die mit weil eingeleitete Formulierung nicht insinuieren, dass der fehlende Appetit Fridolins auf Schokoladenpudding der Grund dafür sei, dass er mehr Bananen als verträglich gegessen hat. Schon die Frage *„Warum?"* fragt hier nicht eigentlich nach dem Grund des behaupteten Zuviel beim Bananen-Verzehr, sondern ist gemeint als die Frage nach dem Grund für die Gewissheit, die *A* dahingehend ausdrückt, dass Fridolin mehr Bananen gegessen habe, als ihm gut tut; die Tatsache der – offensichtlich unvermutet – fehlenden Lust auf die kakaohaltige Süßspeise ist nicht der sachliche Grund, sondern der logische Beweis dafür, dass Fridolin es mit den Bananen übertrieben hat.

bzw. moralischen Standpunkte mit an Sicherheit grenzender Wahrscheinlichkeit den Wunsch bzw. das Interesse gibt, die Forschungsabläufe zu beeinflussen, von deren Ergebnissen sie sich in der einen oder anderen Weise, in geringerem oder größerem Maße betroffen sehen. Aber aus dem Fakt als solchem, dass es nach Abschluss der Forschungen zu außerwissenschaftlichen Reaktionen kommt, lässt sich nicht schlüssig und notwendig deduzieren, dass es vorher von dieser Seite einen beeinflussenden, gar bestimmenden Bezug auf die Forschungen gegeben hat. Wir werden weiter unten (unter 2.2.2.2) noch auf einen weiteren Widerspruch dieser Argumentationsweise eingehen. Hier gilt es erst einmal festzuhalten, dass Fulbrook die politische Bestimmtheit von DDR-Forschung scheinbar dadurch beweist, dass Resultate von DDR-Forschung stets deutliche Reaktionen politischer Provenienz hervorrufen. Tatsächlich ist die Richtung ihrer Schlusslogik eine umgekehrte: Von den Resultaten (und den Reaktionen) die sie für unangemessen hält, ‚schließt' sie ‚zurück' auf außerwissenschaftliche Gründe dafür, näher: auf die Beeinflussung des Forschungsprozesses durch politische bzw. moralische Positionen. Der Verweis auf das Faktum solcher Reaktionen ist darum nicht für den Beweis geeignet, den sie damit anstrebt, wenn man das zu Beweisende nicht schon als Bewiesen annimmt.

Dieser denkstilgemäße Bezug auf Fakten kombiniert sich bei der hier untersuchten Aussage von Fulbrook damit, dass sie im Falle einer ‚unzureichenden Beweislage' daran festhält, was sie bewiesen sehen will und daher von der Behauptung der – wie wir eben versucht haben zu zeigen nur scheinbaren – Evidenz des Bewiesenen auf die Behauptung von dessen Latenz übergeht: Diese ‚von außen' betrachtet erstaunliche Leistung wird durch die bei erstem Hinsehen unscheinbare Kollokation *„offen oder stillschweigend"* erbracht. Mit der nur behaupteten Verknüpfung von Faktischem zum Beweis einer kritikablen Beeinflussung der DDR-Forschung korrespondiert die ausdrückliche Bezugnahme aufs Afaktische, das gerade als solches für sich spricht. Die Evidenz, die sie für die Beeinflussung der Wissenschaft auszumachen meint, beweist in dieser Logik da, wo diese nicht vorliegt, nicht die Absenz, sondern die Latenz von Beeinflussung und Bestimmung. Nur allzu deutlich wird man hier daran erinnert, was und wie Fleck darüber berichtet, dass die vorgängige Sicherheit über die Natur der Syphilis als Phänomen eines schlechten Blutes sich durch keinen Rückschlag beim Beweis dieses Ausgangspunktes hat beirren lassen, sondern gerade im Gegenteil jedes dazu vermeintlich nicht passende Forschungsergebnis dem Ausgangspunkt theoretisch an- und in dessen weitere Ausarbeitung eingepasst hat. Die au passage behauptete „stillschweigende" Natur der Beeinflussung von DDR-Forschung stellt von daher nicht einfach einen Notbehelf dar, sondern ist ihrerseits im Gegenteil produktiv dafür, die dieser Behauptung zugrundeliegende Auffassung zu verfestigen und zu elaborieren: „Stillschweigend" steht dann für ‚durchgehend', ‚systematisch', ‚lückenlos'. Latenz wird hier einerseits zum Verstärker der Ansicht, die sich auf die Evidenz als Beweismittel beruft, und verleiht andererseits den vermeintlich evidenten Fällen von Beeinflussung und Bestimmung erst ihren eigentlichen Stellenwert – streng gemäß derjenigen Logik, die sich in Metaphern wie der von der „Spitze des Eisbergs" ihre eigene diskursive Wirklichkeit zu verschaffen sucht.

Dieses Wechselspiel von Latenz und Evidenz als einander wechselseitig verstärkenden Momenten der Bestätigung des eigenen Denkens findet sich auch bei Schroeder. Eine etwas subtilere Form dieser Argumentation liegt in folgender Äußerung vor:

> [6] „Gegen die vorgenannten, sei es aus ideologischer Überzeugung oder mit Rücksicht auf die Empfindlichkeit der ostdeutschen Bevölkerung konstruierten Kennzeichnungen der DDR ist es analytisch sinnvoll, die DDR, wie im nächsten Abschnitt ausgeführt wird, weiterhin als einen (spät)totalitären, sowjetisierten deutschen Teilstaat zu kennzeichnen." (Schroeder 2013: 902)

Hier erfüllt die Konstruktion im Konjunktiv I *„sei es … oder …"* in doppelter Weise die gleiche Funktion, die bei Fulbrook mit der Verknüpfung *„offen oder stillschweigend"* geleistet wird. Erstens behauptet Schroeder einerseits einen unmittelbaren und als solchen nachweisbaren Zusammenhang zwischen extradisziplinären Positionen und den innerdisziplinär ausgearbeiteten und kommunizierten Resultaten. Zugleich dispensiert er sich mit der Formulierung *„sei es … oder …"* davon, diesen Zusammenhang im Einzelnen schlüssig nachzuweisen. Zweitens ist diese Unschärfe des behaupteten Verhältnisses von nicht geteilten „Kennzeichnungen" der DDR und außerwissenschaftlichen Gründen und Motiven nicht etwa nur der Umgang mit einem Mangel an Evidenz. Gerade die tonal ins Raunen übergehende Andeutung einer möglichen Mehr- oder Vielzahl solcher Motive kennzeichnet den durchgehenden, umso entschiedener zu bekämpfenden Charakter der aus der Sicht Schroeders wissenschaftlich nicht haltbaren und politisch-moralisch inakzeptablen Positionen.

*

Sowohl bei Fulbrook als auch bei Schroeder findet sich das von Fleck herausgearbeitete Merkmal von Denkstilen, dass deren Vertreter Fakten, die sich aus Sicht eines Außenstehenden nicht oder schlecht mit der innerhalb des jeweiligen Denkstils essenziellen Positionen vereinbaren lassen, ohne größere Schwierigkeiten in ihren eigenen Denkstil einpassen. Und es zeigt sich, dass dies selber noch als Beitrag zu dessen Verfestigung dienen kann: Mit dem Rüstzeug des Evidenten lässt sich alles Latente gerade in seiner Latenz zum umso schlagenderen Beleg für die Richtigkeit des eigenen Denkens machen: Letzteres ist ja – offensichtlich! – dazu in der Lage, das von anderen noch nicht einmal Wahrgenommene zu erklären.

2.2.2.2 Bezug auf abweichende Auffassungen: Differenz als Berufungsinstanz

In sehr engem Zusammenhang mit den unter 2.2.2.1 erläuterten, durch die Natur von Denkstilen plausibel erklärbaren Umgangsweisen der Vertreterinnen und Vertreter eines Denkstils mit Evidenz und Latenz stehen auch die Formen der Bezugnahme auf abweichende bzw. widersprechende innerdisziplinäre Positionen und Argumentationen. Beginnen wir diesmal mit zwei Zitaten von Schroeder:

> [7] „Angesichts der gewaltigen politischen und gesellschaftlichen Veränderungen in Deutschland sind solche Einstellungen nachvollziehbar, größtenteils auch verständlich. Bedenklich stimmt dagegen, dass sich – je länger die Zeit der Teilung zurückliegt – eine Stimmung breit macht, die den diktatorischen Charakter der DDR und seine negativen Dimensionen gerade auch im alltäglichen Leben in Frage stellt oder ausblendet, wenn nicht sogar leugnet." (Schroeder 2013: XVI)

> [8] „Da weitgehend unbestritten ist, dass die DDR primär eine ‚politische Gesellschaft' war, in der die Monopolpartei SED mit ihrem totalitären Anspruch auf umfassende Gestaltung, Beherrschung und Kontrolle von Staat und Gesellschaft dominierte, sollte daher auch bei der gesellschaftsgeschichtlichen Beschreibung der DDR die Analyse der Umsetzung und Realisierung des totalitären Herrschaftsanspruchs im Vordergrund stehen." (Schroeder 2013: 890)

Interessant für den nun zu erläuternden Aspekt von denkstilgemäßen Denkformen sind die beiden folgenden Auszüge:

(a) *„Bedenklich stimmt dagegen, dass sich – je länger die Zeit der Teilung zurückliegt – eine Stimmung breit macht, die den diktatorischen Charakter der DDR und seine negativen Dimensionen gerade auch im alltäglichen Leben in Frage stellt oder ausblendet, wenn nicht sogar leugnet."*

(b) *„Da weitgehend unbestritten ist, dass die DDR primär eine ‚politische Gesellschaft' war …"*

In *(b)* beruft sich Schroeder auf einen fast – „weitgehend" – erreichten Konsens über den Charakter der DDR als politischer Gesellschaft. Er leitet daraus die theoretische Plausibilität seiner Vorgehensweise ab, die DDR als politische Gesellschaft zu analysieren, und zwar mit allen theoretischen und im weiteren normativ-politischen Implikationen. Für die Richtigkeit dieses Konsenses argumentiert Schroeder nicht, weil er ja gerade mit ihm dafür argumentiert, dass die konsensualen Auffassungen nicht anzuzweifeln seien, weil sie Gegenstand eines Konsenses sind. In diesem Zusammenhang stellt das locker eingestreute Adverb *„weitgehend"* zwar streng genommen die Rücknahme, zumindest aber die Relativierung der Behauptung eines Konsenses dar. Deutlich wird hier jedoch, dass solche Einschränkungen diskursiv den Zweck einer Konzession erfüllen, mit der das Anliegen, für die der Verweis auf den Konsens steht, von Einsprüchen oder Relativierungen freigehalten werden soll. Mit der per Adverb eingeräumten Tatsache, dass der Konsens im strengen Sinne eben doch kein solcher ist, werden nicht die eingeräumtermaßen existierenden Minderheitenmeinungen zum wesentlichen Einspruch gegen das Urteil „Konsens" erhoben, sondern umgekehrt werden diese als letztlich belanglos abgetan und der Quasi-Konsens als Konsens festgehalten. Nachgerade klassisch sensu Fleck findet sich hier die Selbstbestätigung eines etablierten Denkstils schlicht dadurch, dass er etabliert ist.

Mit Flecks Überlegungen zur Beharrungstendenz und -potenz von Denkstilen lässt sich auch die zu *(b)* prima facie in deutlichem Kontrast stehende Aussage *(a)* interpretieren. Schroeder konzediert hier nicht nur das Vorhandensein, sondern auch die Nachvollziehbarkeit von Auffassungen, die er aber nicht nachvollzieht. Erstaunlich – und mit Fleck doch erklärlich – ist die entgegengesetzte Argumentationslinie, die Schroeder parallel verfolgt: Ausgerechnet die wachsende, womöglich schon mehrheitsfähige Auffassung vom Charakter des sozialistischen Ostdeutschlands macht er zum Argument für seine Gegenposition. Die Bestätigung für seinen Standpunkt, die er aus dem Bezug auf einen jetzt schon vorhandenen oder demnächst erst erreichten dominanten Status der ihm entgegengesetzten Auffassungen ableitet, liegt freilich auf einer anderen Ebene als die Selbstbestätigung durch Verweis auf die eigene Mehrheit: Diese Ebene ist nicht die der wie auch immer zu fassenden wissenschaftlichen Richtigkeit oder Nachvollziehbarkeit, sondern die der außerwissenschaftlichen Notwendigkeit der Durchsetzung der eigenen Position. Während die Reklamation eines wirklichen oder Beinahe-Konsens dazu dient, die eigene Auffassung als solche zu legitimieren, erfüllt der Verweis auf die schon eingetretene oder drohende Minderheitenrolle der eigenen Position nicht etwa der Relativierung des eigenen theoretischen Wahrheits- bzw. diskursiven Geltungsanspruchs, sondern geradewegs umgekehrt der dramatischen Darstellung der Notwendigkeit der Durchsetzung dieses Anspruchs.

Wichtig ist dabei, sich vor Augen zu halten, dass das dialektische Spiel mit dem Charakter der eigenen Position einmal als Mehrheits-, einmal als Minderheitsposition zwar diskursive Wirkungen erzielen kann und jedenfalls bestimmte diskursive Aktions-/Reaktionsschemata aktiviert, dass es jedoch vor allem dem zunächst völlig absichtsfreien Selbstverständnis derer geschuldet ist, die so argumentieren und damit zugleich diskursiv agieren. Mit Bezugnahmen auf die wirklich oder vermeintlich weite Verbreitung oder gar Konsensfähigkeit der eigenen Auffassungen bestätigen sie vor allem sich selbst deren Richtigkeit; und alle davor, danach, daneben ergehenden auf der faktischen Ebene völlig widersprechenden Hinweise auf den wirklichen oder drohenden Status der eigenen Meinung als minoritär erfüllen die gar nicht widersprechende, sondern im Gegenteil ergänzende Rolle der Bestätigung, wie notwendig und wichtig das Bemühen darum ist, der eigenen Auffassung den ihr angemessenen Status und dafür vor allem die dem angemessene diskursive Präsenz zu verschaffen.

Dem gleichen Muster – das dürfte an dieser Stelle nicht mehr verwundern – folgt darum auch eine Reihe von Argumentationslinien Fulbrooks. Als Beispiel dafür sei hier nur auf die schon mehrfach zitierte Äußerung verwiesen, dass die *„historische Literatur über die DDR zum großen Teil offen oder stillschweigend politisch bestimmt“* sei. Wie Schroeder ist es auch Fulbrook vertraut, auf den minoritären Status der eigenen Auffassung zu verweisen, um damit nicht diese etwa zu relativieren, sondern umgekehrt die Notwendigkeit zu begründen, sie umso vehementer zu vertreten. Letzteres wird wiederum nicht durch Verweise darauf relativiert, wie durchgesetzt, konsensfähig o. ä. die eigene Position ist, sondern solche Verweise werden auf der Ebene darunter als Bestätigung dafür eingebaut, dass die eigenen Auffassungen bzw. deren System stimmig und plausibel sind.

Betrachten wir ein weiteres Beispiel:

[9] „In diesem Buch entwickle ich den Begriff einer ‚partizipatorischen Diktatur‘. Dieses Oxymoron soll betonen, in welchem Ausmaß der

in der DDR praktizierte ‚demokratische Zentralismus' tatsächlich mit einer sehr weit verbreiteten Beteiligung zahlreicher Menschen verbunden war […]. […] Die Ausübung der Macht war in vielen Bereichen weit vielschichtiger und komplexer, aber auch weniger drohend und repressiv, als Theoretiker des Totalitarismus uns glauben machen wollen. […] Der Begriff dessen, was den ostdeutschen Staat ausmachte, muss also irgendwie erweitert werden, sodass er auch dessen weniger drohende, weniger bedrückende Aspekte berücksichtigt." (Fulbrook 2008: 28)

Wir finden hier eine sehr verdichtete Ansammlung von Formen, wie ein Denkstil nicht nur gegen Einsprüche verteidigt, sondern in Auseinandersetzung mit ihnen entwickelt wird. Fulbrook entwickelt an dieser Stelle den Begriff der *„partizipatorischen Diktatur"*, den sie auf sprachlicher Ebene selbst als Oxymoron kennzeichnet. Im Zuge ihrer weiteren Erläuterungen ergibt sich jedoch, dass sie diesen Begriff keineswegs für ein Oxymoron, sc. einen Widerspruch zwischen dem mit dem Substantiv Diktatur gemeinten politischen Herrschaftsanspruch der ostdeutschen, von der Sowjetunion an der Macht gehaltenen Kommunisten und dem Attribut partizipatorisch hält, erläutert sie doch gerade, wie beide Momente – Herrschaft der SED und Mitbestimmung der Menschen über ihre Verhältnisse – ihrer Auffassung nach in der DDR zusammengewirkt haben. Die Terminologisierung ihres Konzepts als „partizipatorische Diktatur" samt der auf einer linguistischen Meta-Ebene angesiedelten Charakterisierung als Oxymoron wird damit kenntlich als antizipierendes oder reagierendes Eingehen auf die Gegenposition, die sie nicht umsonst im selben Atemzug benennt.

In diesem Sinne lässt sich auch die in dem Zitat enthaltene, folgende Sequenz erklären: *„Die Ausübung der Macht war in vielen Bereichen weit vielschichtiger und komplexer, aber auch weniger drohend und repressiv, als Theoretiker des Totalitarismus uns glauben machen wollen."* Was lernt der Leser dieser Zeilen über die DDR, wenn er erfährt, dass nach Meinung von Fulbrook die Ausübung der Macht durch die SED für die Bürger der DDR nicht so drohend gewesen sei, wie es ihm gemäß der Darstellung Fulbrooks von anderen nahegelegt wird? Streng genommen nichts. Der Aufklärungswert dieser Sequenz besteht einzig und allein im Vergleich mit einer Auffassung, die Fulbrook nicht dem Leser unterstellt, sondern von anderen Vertretern ihres Faches kennt. Denen wirft sie nicht einfach eine falsche wissenschaftliche Auffassung vom Wesen der DDR, noch nicht einmal eine unangemessene moralische Beurteilung vor, sondern die Absicht vereinfachender Darstellung. Nicht unentscheidend ist in diesem Zusammenhang der Gebrauch des Personalpronomens der ersten Person Plural durch Fulbrook (im Unterschied dazu, wie sie ansonsten formuliert): Mit der Ansprache an ein ‚wir' konstruiert sie diese Gemeinschaft, die dementsprechend wesentlich darin besteht, von Fulbrook auf diese Weise sprachlich angesprochen zu werden; der Inhalt der Ansprache ist die Verbrüderung in der Rolle des Opfers einer versuchten Täuschung seitens derer, die „uns glauben machen wollen", dass die DDR – so tautologisch funktioniert diese Argumentation Fulbrooks – weniger vielschichtig und komplex gewesen sei, als Fulbrook meint, also zugleich viel weniger drohend und repressiv, als ihre innerdisziplinären Gegenspieler, nämlich die *„Theoretiker des Totalitarismus"* behaupten. Und wenn klar ist, dass die DDR vielschichtig, komplex, nicht übermäßig drohend und repressiv gewesen ist, und zwar – gemäß der diskursiven Strategie Fulbrooks – weil diejenigen, die das genau anders sehen, *„uns glauben machen wollen"*, dass es auch anders ist, dann braucht es quasi sachnotwendig einen erweiterten *„Begriff"* der DDR, der diese nicht auf das beschränkt, was Fulbrook sowieso für unwesentlich hält.

*

Sowohl bei Fulbrook als auch bei Schroeder wird deutlich, dass Denkstile sich ganz offensichtlich dadurch auszeichnen, dass sie nicht nur eine beträchtliche Festigkeit gegenüber widersprechenden Darstellungen, Interpretationen, Erklärungen von Wirklichkeit aufweisen, sondern dass sie diese in mehr oder weniger großem Maße selbst noch für die eigene Verfestigung nutzen können. Wie sehr sie dazu in der Lage sind, hängt offensichtlich nicht davon ab, in welcher wie auch immer quantitativ zu bemessenden Lage diskursiver Superiorität oder Inferiorität sie sich befinden. Vielmehr ist umgekehrt die mehr oder minder ausgeprägte Festigkeit von Denkstilen dafür ausschlaggebend, wie sie im Prinzip jede dieser Diskurspositionen auch neben- bzw. parallel zueinander zu Mitteln der Selbstvergewisserung, verbunden damit der Selbstentwicklung verwandeln.

Auf sprachlicher Ebene äußert sich dies auf vielfältige Weise; es reicht von expliziten syntaktischen Konzessivkonstruktionen bis hin zu impliziten, nur durch Analyse des Verhältnisses von lokutiver und illokutiver Äußerungsebene zu erfassenden Mustern. Exempel für Letzteres werden im nächsten Abschnitt 2.2.2.3 erläutert. Denn an diesem Punkt wird der Zusammenhang mit dem im Folgenden zu besprechenden Aspekt denkstilgeprägter Argumentation einschlägig: dem Bezug auf unterschiedlich nah oder weit von der eigenen Disziplin entfernte ‚Kreise'.

2.2.2.3 Expertenwissen vs. individuelle Erfahrungen: esoterische und exoterische Kreise als Berufungsinstanzen; das Kriterium „Normalität“

Bereits eingangs dieses Kapitels war davon die Rede, dass eine Besonderheit der historischen Sub-Disziplin DDR-Forschung darin besteht, dass ihr per se eine Aufmerksamkeit zuteil wird, die nicht nur quantitativ über den üblicherweise begrenzten Kreis der Experten einer wissenschaftlichen Sub-Disziplin hinausgeht, sondern prinzipiell die eng umschriebenen Kreise wissenschaftlicher Fachexperten überschreitet. Und zwar in (mindestens) dreifacher Hinsicht: Zum einen sind die ‚normalen‘ Menschen Objekt der DDR-Forschung, insofern diese Disziplin ja deren Geschichte, deren Lebenslagen, Zwänge, Freiheiten … innerhalb des seinerzeit gesetzten Rahmens DDR ergründen will. Zum anderen sind die DDR-Bürger als Quellen der DDR-Forschung gefragt und notwendiger Bezugspunkt. Und drittens schließlich gelten die Anstrengungen der diversen und kontroversen Forschungen zur DDR nicht zuletzt dem Bemühen, den ehemaligen DDR-Bürgern wie auch den anderen Bürgern der BRD ein bestimmtes Bild der DDR zu vermitteln – und zwar um mit der geschichtswissenschaftlich geprägten Stellung zur DDR zugleich, wie keineswegs verhohlen wird, eine Stellung zur BRD nach dem Ende der DDR zu befördern.

Es ist damit klar, dass DDR-Forschung ab ovo kein Expertengespräch ist. Wir wollen in diesem Abschnitt in aller Kürze skizzieren, welche Formen sich feststellen lassen, in denen die für diese zeitgeschichtliche Teildisziplin typische Überlagerung von Denkverkehr zwischen Experten einerseits und Experten sowie Laien andererseits für die diskursiven Strategien der Legitimation eigener bzw. Delegitimation fremder Geltungsansprüche benutzt wird. Und schon in Abschnitt 2.2.2.2 dieses Kapitels ist exemplarisch an Fulbrook erläutert worden, wie die Form der Ansprache an ein wie auch immer gefasstes Publikum auch dazu dient, für die eigenen Konstruktionen damit Geltung einzufordern, dass sie schon woanders als nur im esoterischen Bereich disziplinärer Experten anerkannt sind oder Anerkennung verdienen.

Betrachten wir nun folgenden Textausschnitt:

[10] „Das vorliegende Buch entstand aus dem Verlangen, besser zu verstehen, wie es nach Meinung vieler Ostdeutscher möglich war, in der DDR ein ganz ‚normales‘ Leben zu führen, und zu erforschen, wie sich zusammen mit umfassenderen Veränderungen in der sozialen

> Struktur und Erfahrung hintergründige Auffassungen von ‚Normalität' entwickelten." (Fulbrook 2008: 10)

Beide drehen sich um ein Konzept von Normalität, das – wie sich zeigen wird – notwendigerweise vage und dunkel und gerade darin äußerst produktiv für die diskursiven Rollen ist, innerhalb derer sie agieren.

Für Fulbrook ist es der eine zentrale Forschungszweck zu ermitteln, auf welche Weise die DDR-Bürger sich zu ihren von der SED bestimmten Lebensverhältnissen überhaupt als Lebensnormalität stellen konnten. Sie gibt als einen Zweck ihrer Forschungen an, „besser zu verstehen, wie es nach Meinung vieler Ostdeutscher möglich war, in der DDR ein ganz ‚normales' Leben zu führen". Die DDR-Bürger und ihre Auffassungen und praktizierten Arten und Weisen des Umgangs mit den von der SED proklamierten Lebensverhältnissen sind in diesem Zusammenhang zum einen streng genommen das Objekt von DDR-Forschung. Bei Fulbrook ist jedoch zugleich klar, dass eine von den DDR-Bürgern als solche empfundene und gelebte ‚Normalität' eine Vorgabe der zeitgeschichtlichen Befassung zu sein hat: Sie setzt diese ‚Normalität' ausdrücklich gegen die von Schroeder et al. präferierte Charakterisierung der DDR als totalitär bestimmter Gesellschaft.

Wie bezieht sich nun Schroeder darauf? Lesen wir dafür folgenden Auszug:

> [11] „Mehr als zwei Jahrzehnte nach ihrem Untergang ist die DDR in den Köpfen mancher Menschen lebendiger denn je: Nicht nur unbelehrbare ehemalige Einheitssozialisten, sondern auch viele ostdeutsche ‚Normalbürger' und sogar einstige Oppositionelle vermissen offenbar ihren im vereinten Deutschland aufgegangenen Staat. [...] Im pluralistischen Werte- und Gesellschaftssystem der Parteiendemokratie des wiedervereinigten Deutschlands sind sie nicht angekommen." (Schroeder 2013: XVI)

Auch Schroeder kennt offensichtlich die Kategorie ‚normal' als positiv besetztes Attribut dafür, sich mit wie auch immer zustande gekommenen, wie auch immer zu charakterisierenden Lebensverhältnissen ab- und zurechtfinden zu wollen. Den derart beschaffenen *„Normalbürger"* hält er für eine dermaßen positive Figur, dass er den ostdeutschen *„Normalbürgern"* diesen Status nur unter relativierenden Anführungsstrichen zugestehen mag, haben sie sich doch *ausweislich* ihrer durch ihn konzedierten Eigenschaft als Normalbürger an das System angepasst, dass sich seiner Meinung dadurch auszeichnet, dass es diese

Anpassung bzw. das Sich-anpassen-Wollen einerseits nicht verdient, andererseits dadurch tendenziell verhindert. Diese Perspektive ermöglicht es Schroeder zugleich, auch die von ihm zugestandene Tatsache entsprechend einzuordnen, dass „*sogar*" ehemalige Oppositionelle *seine* ablehnende Haltung gegenüber der DDR nicht teilen.

Interessant ist des Weiteren, dass Schroeder an dieser Stelle eine Form von Systemvergleich in seine wissenschaftlichen Betrachtungen mit einfließen lässt, die ihrerseits im Resultat die Funktion erfüllt, seiner Sichtweise eine deutliche Unempfindlichkeit gegenüber Verunsicherungen seitens von ihr abweichender Positionen zu verleihen. Die von ihm abgelehnte Stellung gegenüber der DDR, diese nicht allein bzw. nicht wesentlich als totalitäres Herrschaftsgebilde zu betrachten, korreliert er mit einer von ihm ausgemachten Stellung zu Gesellschaft und Gesellschaftssystem im neuen, vereinigten Deutschland, die er mit der Formulierung charakterisiert „*Im pluralistischen Werte- und Gesellschaftssystem der Parteiendemokratie des wiedervereinigten Deutschlands sind sie nicht angekommen.*" Auch hier liegt ein Exempel für die oben schon besprochene denkstilhafte, sich selbst bestätigende Interpretation des Gegenstandes der jeweiligen Betrachtung vor: Wer die DDR nicht auf die Weise betrachtet und bewertet, wie Schroeder dies tut, der macht damit deutlich, dass er umgekehrt auch die Bundesrepublik nicht so einordnet bzw. sich ihr zuordnet, wie Schroeder dies für angemessen hält. Er leistet etwas Doppeltes. Einerseits stellt er die ersichtlich nicht innerdisziplinäre Kategorie des – zudem nur äußerst verschwommen gefassten – geistig-moralischen ‚Angekommen-Seins im pluralistischen Werte- und Gesellschaftssystem' in eine Begründungrelation zum Nachvollzug bzw. Nicht-Nachvollzug der seiner Meinung nach angemessenen, notwendigen und auf der Hand liegenden Charakterisierung der DDR als eines totalitären Staats: Diese Einschätzung kann man seiner Auffassung nach nur dann *nicht* teilen, wenn man das Werte- und Gesellschaftssystem des vereinigten Deutschland nicht so wertschätzt, wie er dies offensichtlich tut. Zweitens schafft er damit ein tautologisch bestimmtes Kriterium dafür, wer sich für allenfalls bedenkenswerte Einsprüche gegen seine geschichtswissenschaftliche Einordnung qualifiziert – per definitionem *niemand*. Denn wer seine Auffassung von der früheren DDR ablehnt, tut das aus dem Grund, dass er in der heutigen deutschen Gesellschaft „*nicht angekommen*" ist, womit klar ist, dass jeder Schroeders Einschätzung der DDR teilen müsste, der überhaupt dem vermeintlichen Voraussetzungskriterium für ernstzunehmende Kritik an seiner Geschichtsauffassung genügt.

Eine gleiche von außen betrachtet zirkuläre, innerhalb des Denkstils aber offensichtlich widerspruchsfreie und ihrem Vertreter Schroeder unmittelbar einleuchtende Argumentationsform findet sich auch im nächsten Zitat:

> [12] „Über einen positiven Bezug zum (idealisierten) Alltagsleben werden wesentliche Facetten des SED-Staates bis hin zu den Herrschaftsstrukturen ausgeblendet oder nostalgisch verklärt. Die aus dem Macht- und Gestaltungsanspruch der SED-Führung resultierende totalitäre, da besitzergreifende Überformung des Lebens wird dabei weitgehend ignoriert." (Schroeder 2013: XVI)

Schroeder setzt hier wiederum seine Idee des alles beeinflussenden und bestimmenden Herrschaftsanspruchs der SED sowohl als das zu Erklärende als auch als das Erklärende. Letztlich läuft seine Argumentation darauf hinaus, dass alles Leben in der DDR von *„dem Macht- und Gestaltungsanspruch der SED-Führung"* überformt war, weil die SED-Führung eben einen solchen Anspruch hatte. Diese Tautologie spiegelt er in konkurrierende Ideen vom Wesen der DDR, über die er darum festhält: Wer etwas anderes als ich an der DDR für wesentlich hält, der ignoriert damit das, was ich für wesentlich halte. Bzw. auf der normativen Ebene: Wer sich positiv auf die DDR bezieht, der blendet damit aus, was ich an negativem Bezug für angemessen halte.

Wir haben hier das Phänomen einer Präidee beinahe in reiner und expliziter Form vor uns. Von dieser offenbar extrem statischen Präidee ausgehend bezieht sich Schroeder auf die DDR-Bürger und ihre Erfahrungen und Auffassungen auf mehrfache Weise. Zum einen hat er in denen den Gegenstand seiner Wissenschaft – es ist ja ihr Leben unter der Herrschaft der totalitär regierenden SED, das er erforschen will; sein Resultat lautet hier, dass dieses Leben in seinen Phänomenen mehr oder weniger vollständig, jedenfalls aber wesentlich damit zu erklären sei, dass es Objekt einer totalitären Herrschaft der SED gewesen sei. Zum anderen stellt das Leben der DDR-Bürger – bzw. seine Idee davon – das Mittel dafür dar, das Wirken der SED zu bestimmen: Die habe sich dadurch (negativ) ausgezeichnet, dass sie das Leben der DDR-Bürger in der Weise geformt habe, wie Schroeder es zur Kenntnis nimmt und kategorisiert. In diesem Sinne gelten Schroeder die Lebensverhältnisse der DDR-Bürger, ihre Erfahrungen mit diesen Verhältnissen als Beweis- und Berufungsinstanz für seine Auffassungen, zumindest da, wo sie sich dafür eignen. Wo sie dies nicht tun, definiert Schroeder diese Erfahrungen, Erlebnisse, Stellungen der DDR-Bürger vom *Gegenstand* seiner Wissenschaft um zu etwas anderem, nämlich *konkurrierenden Beiträgen zu* dieser

Wissenschaft, freilich solcher von minderer Qualität. An diesen Stellen bezieht sich Schroeder auf die DDR-Bürger gewissermaßen als Angehörige eines weit exoterischen Kreises in Relation zu seinem Expertentum. Deren Einlassungen können eben darum, weil sie bloß erfahrungs- bzw. erinnerungsgeprägt seien, nicht als wissenschaftlich ernsthafte Einsprüche gegen seine wissenschaftliche Theoriebildung gelten, obwohl sie dieser augenscheinlich widersprechen. Eine solche Argumentation findet sich zum Beispiel in folgenden Zitaten:

> [13] „Mit dem in den letzten Jahren häufiger in Politik und Wissenschaft vorgetragenen Allgemeinplatz, allein herrschaftsgeschichtlich lasse sich eine Gesellschaft wie die DDR nicht angemessen beschreiben, wird vor allem in jüngster Zeit von zumeist linken Wissenschaftlern erneut versucht, das Primat gesellschafts- bzw. alltagsgeschichtlicher Darstellungen unter weitgehender Ausklammerung oder zumindest Verharmlosung des diktatorischen Charakters der DDR durchzusetzen. Dabei berufen sich einige Zeithistoriker sogar auf nicht-wissenschaftliche Erklärungen." (Schroeder 3013: XVIII)

> [14] „‚Der Zeitzeuge ist der geborene Feind des Zeithistorikers.' Die ‚Froschperspektive' mag für die historische Beschreibung und Analyse im Detail durchaus wertvoll sein, gleichwohl verbietet sich ihre Generalisierung. Die Zeitgeschichte ist der ‚historischen Wahrheit' und nicht den tatsächlichen oder im Nachhinein entstandenen Erinnerungen Einzelner verpflichtet." (Schroeder 2013: XX)

Im ersten der beiden Zitate begegnet uns erneut die denkstilgemäß zirkuläre Begründung des eigenen wissenschaftlichen Vorgehens anhand der komplementären Zurückweisung anderer Auffassungen. Die Forderung, die DDR nicht allein herrschaftsgeschichtlich zu interpretieren ist nach Schroeder falsch; die zirkuläre Begründung lautet: Die DDR müsse vor allem herrschaftsgeschichtlich betrachtet werden, weil ihr dies am ehesten und im Prinzip einzig gerecht werde. Im Rahmen dieser Argumentation findet sich wiederum ein Beispiel der im vorherigen Abschnitt erläuterten Logik der Bezugnahme auf abweichende Auffassungen: Mit der Formulierung *„Allgemeinplatz"* konzediert er auf der Ebene der lexikalischen Bedeutung, dass diese Forderung nicht einer Minderheitenfraktion im Ideenstreit entstammt, und zugleich disqualifiziert er auf der Ebene der pejorativen Konnotation diese von ihm zur Kenntnis genommene Meinung als nicht ernstzunehmen, extra-disziplinär, also exoterisch. Sein letztes Argument im ersten Zitat bzw. der wesentliche Gehalt des zweiten Zitates zielt dann darauf ab, seinen innerwissenschaftlichen Gegnern die unwissenschaftliche Berufung auf die dafür seiner Meinung nach gänzlich ungeeigneten Zeitzeugen vorzuhalten.

Kongenial in jeder Hinsicht agiert Fulbrook innerhalb dieses Diskurses, was im Folgenden nur kurz erläutert werden soll.

> [15] „Die Formulierung ‚partizipatorische Diktatur' ermöglicht uns, sowohl die relativ breite Beteiligung des Volkes als auch die zweifellosen Unterschiede zwischen dieser Form eines diktatorischen Regimes und den repräsentativen Demokratien des kapitalistischen Westens bewusst zu betonen [...]. Und mit dieser Formulierung können wir versuchen, den Realitäten des Lebens, wie sie von der großen Mehrheit der DDR-Bürger erfahren wurden, gerecht zu werden, ohne die Zwänge und Ungerechtigkeiten des politischen Systems, in dem sie lebten, zu ignorieren." (Fulbrook 2008: 30)

Betrachten wir dazu den ersten Satz näher. In diesem erläutert sie ihr begriffliches und terminologisches Instrumentarium. Sie begründet ihren Ansatz, die DDR im Sinne einer *„partizipatorischen Diktatur"* zu fassen. Dies soll es ihr *„ermöglichen"*, bestimmte Aspekte *„bewusst zu betonen"*: Mit dem Attribut *„partizipatorisch"* soll die *„breite Beteiligung"* herausgestellt werden, mit dem Nomen *„Diktatur"* das Moment *„eines diktatorischen Regimes"* festgehalten werden. Es fällt auf, dass Fulbrook in der gleichen, für verfestigte wissenschaftliche Denkstile offenbar typischen Weise wie Schroeder ihre Vorgehensweise mit dem begründet, was deren Resultate sind, und vice versa: *Wenn* man *davon ausgeht*, dass für die DDR die Beteiligung der Bürger nicht nur faktisch zu konstatieren, sondern wesentlich war, dann erscheint es angemessen und nützlich, mit dem Attribut *„partizipatorisch"* zu hantieren, weil es *ermöglicht*, die DDR eben genauso zu fassen. Die Auseinandersetzung mit konkurrierenden Auffassungen, das haben wir für Fulbrook weiter oben schon kurz erläutert, folgt der gleichen denkstilgemäßen Immanenz: Wer wie Schroeder die DDR bloß herrschaftsgeschichtlich wahrnimmt, der blendet als unwesentlich aus, was Fulbrook als wesentlich einblenden will: die Beteiligung der Bürger, die wesentliche Bestimmtheit der DDR als Gesellschaft. Ein und dasselbe wird – einmal als *„Beteiligung"*, einmal in Form des Fremdworts *„partizipatorisch"* – zum Erklärungsgegenstand und zur Erklärung selber. Und auch für Fulbrook stellt sich auf dieser Basis nicht die Frage, worin Gegenmeinungen plausibel oder implausibel, wie diese auf der Ebene der wissenschaftlichen Urteile zu widerlegen sind, sondern nur noch die, *warum*, bei ihr fast gleichbedeutend mit der Frage danach, *zu welchem Zweck*, andere das bestreiten, was doch ihrer Auffassung nach so offensichtlich ist. Dies schlägt den Bogen zurück zu den oben erörterten Äußerungen Fulbrooks darüber, dass ihre wissenschaftlichen Kontrahenten *„uns glauben machen wollen"*, die DDR sei etwas anderes gewesen, als Fulbrook sie definiert.

Ebenso analog zu Schroeder fungieren die DDR-Bürger bei Fulbrook in mehreren Rollen:

> [16] „[...] wenn sie in der Presse und historischen Büchern lesen, wie ‚schlimm' ihre ‚Diktatur' gewesen sein soll – in scharfem Gegensatz zu ihren Erinnerungen an eine glückliche Kindheit und an das ‚ganz normale Leben', das ihre Eltern, Freunde und Verwandten führten." (Fulbrook 2008: 7)

Auch für Fulbrook sind die DDR-Bürger mit ihrem Leben in den DDR-Verhältnissen sowohl erstens Forschungsgegenstand, der erklärt werden soll, als auch zweitens Beweis und Begründung dafür, warum der Gegenstand so und nicht anders erklärt zu werden habe, wie schließlich – das wird im letzten Beleg deutlich – drittens auch Berufungsinstanz für die Notwendigkeit und Richtigkeit der historischen Forschung, wie Fulbrook sie betreibt. In dieser dritten Funktion schreibt auch Fulbrook den DDR-Bürgern den Status eines zur historischen Forschung exoterisches Kreises zu, nur tut sie dies unter anderen Vorzeichen und mit einer anderen Stoßrichtung als Fulbrook. Für sie bewähren sich die innerhalb des esoterischen Kreises von Fachwissenschaftlern produzierten und zirkulierenden Ideen gerade deshalb, weil sie im Denkverkehr mit den exoterischen Kreisen geschichtswissenschaftlicher Laien vermittelbar sind, also als glaubwürdige Interpretation von deren Alltagserfahrungen wahrgenommen werden.

*

Sowohl Schroeder als auch Fulbrook entwickeln ihren Denkstil unter Bezugnahme nicht nur auf konkurrierende Ideen innerhalb des esoterischen Kreises der Disziplin, sondern ebenso auf den exoterischen Kreis von *„Normalbürgern"*. Diese dienen ihnen in ebenso polemisch gegeneinander gerichteten wie darin komplementärer Form als Berufungsinstanz für ihre Ansprüche auf wissenschaftlich-diskursive Geltung bzw. Delegitimation konkurrierender Ansprüche. Wie Schroeder den DDR-Bürgern abspricht, in der schätzenswerten Normalität des vereinigten Deutschlands ‚angekommen' zu sein, weil sie ihrer Vergangenheit in der DDR das positiv konnotierte Attribut ‚normal' zusprechen, so schließt Fulbrook in der gleichen zirkulären Form von der individuellen *Stellung* zahlreicher DDR-Bürger *zu* ihren Lebensverhältnissen auf das Wesen dieser Verhältnisse selber, an die sich die DDR-Bürger nicht nur als Normalität anpassen mussten, sondern dies ganz offensichtlich auch konnten.

2.2.3 Die Einheit des Denkstils: DDR-Geschichte als prozessierender Sinn

Wir haben oben dem deutlich kontroversen internen Diskurs der DDR-Forschung eine Reihe von denkstil-typischen Eigenarten und Gemeinsamkeiten der im Streit liegenden Diskursstränge entnommen, die dementsprechend vor allem methodischer Natur sind. Gibt es nun eine darüber hinausgehende substanzielle Gemeinsamkeit, die es erlaubt, von *dem* Denkstil zeitgeschichtlicher DDR-Forschung zu sprechen? Im Folgenden soll für die Auffassung argumentiert werden, dass eine solche substanzielle Gemeinsamkeit durchaus auszumachen ist, die zugleich die Gemeinsamkeit, die differentia specifica aller historischen Wissenschaft darstellt.

Zu diesem Zweck soll noch einmal auf zwei schon oben zitierte Aussagen Schroeders und Fulbrooks eingegangen werden. Schroeder argumentiert dafür, die Geschichte der DDR *als* politische bzw. Herrschaftsgeschichte aufzufassen und diesen *Ausgangspunkt* der Urteilsfindung damit zugleich als wesentlichen *Gehalt* aller im *Resultat* festzuhaltenden Urteile zu machen. Methodisch kongenial argumentiert Fulbrook dafür, die DDR Geschichte als Wechselbeziehung zwischen politischer Herrschaft und Gesellschaft, also als Sozialgeschichte aufzufassen, und auch sie meint damit sowohl Ausgangspunkt wie Resultat des historischen Forschens. Bei beiden bedeutet das Beharren auf dem jeweils zu dem als solchen erklärten ‚*Wesen*' nicht das Ignorieren von bestimmten Bereichen des Faktischen, sondern genau umgekehrt die Subsumtion aller ‚Fakten' unter dieses als Präidee vorliegende Interprationsmuster. Dieses explizite Bekenntnis zur eigenen wissenschaftlichen Forschung als (Fort-)Entwicklung einer Präidee verweist auf eine weitere, übergreifende Präidee, die in folgenden beiden Äußerungen Fulbrooks und Schroeders deutlich wird:

> [17] „Die Geschichte hat damit Ende der 1980er Jahre ‚bewiesen', was verschiedene Totalitarismustheoretiker schon vorher mutmaßten: die Reformunfähigkeit eines totalitären Regimes, das seine Herrschaft nur durch Gewalt(androhung) und/oder Expansion sichern konnte." (Schroeder 2013: 914)

[18] „Schließlich sollte man unbedingt darauf hinweisen, dass dieses Paradox[107] nicht einfach eine kleinkarierte Frage ist, die manche als eine ‚Fußnote' zur deutschen Geschichte abtun möchten. [...] Sie illustriert, dass es in der Geschichte keinen Abschluss gibt, sondern vielfältige Möglichkeiten und Wege aus einer bestimmten Kräftekonstellation. Außerdem ist die Entwicklung einer spezifisch ostdeutschen Gesellschaft entscheidend für das Verstehen des vereinigten Deutschlands nach 1990. Sie ist ebenso ein Teil der komplexen und gespaltenen Geschichte der deutschen Gegenwart wie die Geschichte Westdeutschlands." (Fulbrook 2008: 32)

An beiden Zitaten wird die übergreifende Gemeinsamkeit aller historischen Wissenschaft, wenn man so will, das Wesen des historischen Denkstils deutlich: Dieser verwandelt das pure Nacheinander von Geschehnissen zum Beweis dafür, dass ein bloßes chronologisches Nacheinander nicht vorliegen kann. Das Ringen um die Frage, ob die von beiden wahrgenommenen und als solche apostrophierten ‚Fakten' der DDR-Geschichte *als* Belege für eine alle ‚Fakten' einbeziehende *Interpretation* zu nehmen seien, ist deswegen so erbittert, weil es ihr um das Essential von historischer Wissenschaft, den Kern des historischen Denkstils als Denkstil geht: Worin besteht der übergreifende *Sinn* aller ‚geschichtlichen Fakten' – um diese Frage dreht sich Geschichtsforschung, und sie präsupponiert darin wiederum die Präidee, dass es solch einen ‚*historischen Sinn*' auf jeden Fall gibt. Historisches Denken entnimmt dem historischen Geschehen, den ‚Fakten' unmittelbar die ihnen zugrunde liegende Dynamik von *Prozessen*, die quasiteleologisch dahin führen, wohin sie führen müssen oder wohin zu führen sie zumindest ermöglichen. So entnimmt Schroeder dem puren Nacheinander von SED-Diktatur und ihrem Ende, dass es letztlich so kommen *musste*, eben weil die SED-Diktatur eine solche war und sich Diktaturen gemäß allen Lehrsätzen von Totalitarismus-Forschern dadurch auszeichnen, dass sie zeitlich endlich sind. Hier finden die oben schon angedeuteten Muster tautologischer, denkstilistischer Immanenz bei Schroeder ihre deutlichste spezifisch geschichtswissenschaftliche Ausprägung: Letztlich beweist ihm das Ende der SED-Herrschaft, dass sie zu Ende gehen musste, und damit ist für ihn umgekehrt bewiesen, was da zu Ende gegangen ist: eine totalitäre Diktatur, da diese sich ja per definitionem dadurch auszeichnet, irgendwann zu enden.

107 Zum Paradox: „So wird es möglich, das paradoxe Verhältnis von Geschichte und Erinnerung in Bezug auf die DDR zu verstehen." (Fulbrook 2008: 32)

Fulbrook beharrt demgegenüber auf der Charakterisierung der DDR als durch eine Vielzahl von Faktoren geprägten Gesellschaft und transportiert damit die übergreifende Aussage, dass Geschichte letztlich das offene Ergebnis von Möglichkeiten und Konstellationen sei, wobei in dieser Sicht umgekehrt die Möglichkeiten und Konstellationen ihrerseits das Ergebnis der im Prinzip stets offenen Geschichte sind.

Beide verdoppeln Geschichte in sich selbst als ‚vorfindliche' und als zugrundeliegendes Prinzip alles ‚Vorfindlichen'. Ihr Streit dreht sich darum, welchen übergeordneten Sinn der Banalität abgewonnen, also in Wirklichkeit zugeschrieben zu werden hat, dass sich alle menschliche und gesellschaftliche Existenz ‚in der Zeit', also als chronologische Abfolge abspielt.

2.2.4 Zusammenfassung

Lässt sich also DDR-Forschung mit dem Instrumentarium einer an Flecks Denkstil-Konzept orierentierten Diskurstheorie fassen? Ja, unserer Auffassung nach lässt sich DDR-Forschung sensu Fleck als Denkstil auffassen. Er zeichnet sich nicht nur durch den gemeinsamen Gegenstand ‚DDR' aus. Viel wesentlicher ist die Art der wissenschaftlichen Befassung mit der DDR: Dieser Denkstil zeichnet sich dadurch aus, die DDR als Element der Geschichte zu interpretieren. Das schließt ein, den von allen DDR-Forschern als ihnen vorausgesetzt wahrgenommenen ‚historischen Fakten' ein übergreifendes, ihnen zugrunde liegendes historisches Wesen zuzuschreiben, das diese ‚Fakten' in spezifischer Weise in die Abfolge von Vergangenheit, Gegenwart und Zukunft einordnet, sie darin plausibel macht, also als sinnhaft konstruiert.

Für den spezifischen Denkstil zeitgeschichtlicher DDR-Forschung ist – in deutlichem Unterschied zu anderen historischen Substilen – als eigentümlich festzuhalten, dass die Akteure des Diskurses, innerhalb bzw. vermittels dessen sich dieser Denkstil fortentwickelt, diskursive Geltungsansprüche erheben, die ihrem Gehalt nach weitgehend ausschließend sind. Dies betrifft nicht nur die Ansprüche auf gemäß die in dieser wissenschaftlichen Disziplin geltenden Kriterien von ‚Richtigkeit', ‚Plausibilität', ‚Produktivität', sondern geht weit darüber hinaus: Der wissenschaftliche Diskurs innerhalb des esoterischen Kreises der Fachwissenschaftler ist davon geprägt, dass sich die Diskursakteure wechselseitig absprechen, wissenschaftlich überhaupt auf der Höhe der Disziplin zu agieren. Sie verstehen sich nicht als – kontroverse – Beiträge zu einer gemeinsamen Wissenschaft, sondern setzen das Fach mit dem gleich, was sie je für sich bzw. die eigenen Auffassungen als ‚richtig', ‚alternativlos' und ‚offensichtlich plausibel' beanspruchen.

Dabei ignorieren sie die Aussagen ihrer wissenschaftlichen Kontrahenten nicht, sondern beziehen diese in ihre Strategien der reziproken Delegitimation mit ein. In Form von über weite Strecken logisch zirkulären Diskursstrategien, die sprachlich häufig auf der Ebene des Impliziten, des Konnotativen etc. angesiedelt sind, versuchen sie weniger die wissenschaftliche Widerlegung als vielmehr die Blamage ihrer Konkurrenten, denen vor allem außerwissenschaftliche, auch in moralischem Sinn fragwürdige Motivationen unterstellt bzw. ‚nachgewiesen' werden.

Die DDR-Forschung stellt damit ein prägnantes Beispiel dafür dar, was Fleck als Beharrungstendenz von Denkstilen gekennzeichnet hat. Deren Beharrungsvermögen – auch dies wird an der DDR-Forschung deutlich – beruht darauf und reproduziert sich darin, dass sie in der Lage sind, ihre übergreifenden und ihr Denken überformenden Präideen an allen scheinbar widersprechenden ‚Fakten' und allen konkurrierenden Auffassungen weiterzuentwickeln, diese immer wieder neu zu integrieren.

Und schließlich wird an der DDR-Forschung deutlich, welche Bedeutung der Denkverkehr, der Fluss und Austausch der auf Basis der Präideen entwickelten Inhalte des jeweiligen Denkstils für dessen Entwicklung hat. Das gilt allgemein und insbesondere in Bezug auf die DDR-Forschung gerade auch für den Denkverkehr zwischen esoterischen und exoterischen Kreisen. In Form eines Diskurses, innerhalb dessen eine begrenzte Anzahl von diskursiven Rollen zusammenspielt, wird dem exoterischen Kreis der ‚DDR-Bürger', ‚Normalbürger' u. ä. je nach diskursiver Strategie der innerhalb des esoterischen Kreises agierenden Diskursteilnehmer der ‚passende' diskursive Charakter des Forschungsgegenstandes, des Beiträgers, eigentlichen Adressaten und schließlich der Berufungsinstanz zugesprochen oder entzogen.

3 Zusammenfassung

Ludwik Fleck stützt seine meta-disziplinären Forschungen auf sein Wissen als Arzt und Serologe. In seiner Monographie „Entstehung und Entwicklung einer wissenschaftlichen Tatsache“ (1980 [1935]) vollzieht er die Entwicklung des Syphilisbegriffes nach und untersucht die Umstände der Entwicklung der seinerzeit neuen serodiagnostischen „Bordet-Wassermann-Methode“. Für Fleck stellt die Medizin einen prädestinierten Gegenstand dar, weil ihre historischen und sozialen Einbettungen und Entwicklungsbedingungen transparenter vorliegen als bei anderen Wissenschaften. Er zeichnet detailliert nach, dass und wie bestimmte gesellschaftlich verbreitete Vorstellungen religiöser oder ethischer Art in die Entstehung und Entwicklung medizinischer Tatsachen hineinwirken und entsprechend zur medizinischen Begriffs- und Kategorienbildung beitragen. Fleck sieht in diesen Entwicklungen kein eigentliches Alleinstellungsmerkmal, sondern die besonders deutliche Ausgeprägtheit eines allgemeinen Merkmals wissenschaftlichen und auch nichtwissenschaftlichen Denkens. Begriffe und Kategorien versteht er als Konstrukte, die immer mehr sind als ein bloßer Nachvollzug vorgefundener Ordnungen oder Systematiken.

Fleck legt in seinen Schriften anhand medizinischer und nicht-medizinischer Beispiele dar, dass dies auch für jene Tatsachen gilt, die als „unmittelbar beobachtbar“ gelten. Unsere Beobachtungen sind Formen theoretischen Agierens, das uns die Details einer Sache wahrnehmen lässt, die zu der Gestalt passen, die wir mit unseren Augen sehen wollen. Wir sehen Gestalten individuell und durch den Kontakt mit dem Kollektiv, in dem sich ein bestimmter Denkstil etabliert hat. Und genauso wie wir beobachten, stellen wir auch das Beobachtete dar. Fleck spricht daher davon, dass alle Bilder immer Sinn-Bilder seien und dass jedes Wissen auf der Kenntnisnahme von Darstellungen bzw. von Darstellungen von Darstellungen usw. beruhe.

Welche *Verknüpfungen* haben sich aus der Rezeption der Fleck'schen Schriften und der für eine Diskurslinguistik relevanten und diskutierten Aussagen Foucaults ergeben? Deutlich geworden ist, dass jede Untersuchung eines Denkstils und des Diskurses, in welchem dieser ontologisch und sozial real wird, mehrere Ebenen und Richtungen erschließen muss. Eine der wichtigsten Inspirationen, die sich eine moderne Diskurslinguistik von Fleck geben lassen kann, liegt in den Aussagen Flecks über die Natur und Gründe von Täuschungen.

Die Kategorie der Täuschung lässt sich in diesem Zusammenhang sehr eng mit Flecks Bestimmungen von Wissenssystemen und Meinungssystemen als harmonisch-ganzheitliche Gestalten verzahnen. Menschen seien fähig und willens, die von ihnen wahrgenommene Welt gemäß den kollektiv konstituierten Mustern und Logiken zu ordnen, diese *ihre* kognitiven Muster als die *objektiven* Muster der Welt *an ihr* zu erkennen und sie als *ihnen vorausgesetzte*, eben real gegebene zu erfassen.

Flecks Denkstilkonzept vermag zweitens etwas zu der Frage beizutragen, wie sich das Verhältnis von implizitem und explizitem Wissen als Verhältnis der „wirklich gesagten Dinge" und der nicht gesagten Dinge im Diskurs gestaltet. Ein größeres Potenzial einer Nutzbarmachung von Aspekten des Denkstil-Konzeptes für eine diskurslinguistische Betrachtung von Wissen scheint dort zu liegen, wo Fleck Denkstilen den Doppelcharakter von Beharrung und Entwicklung, Beharrungstendenz und Entwicklungspotenzial zuschreibt. Interessant für die Diskurslinguistik ist Fleck zudem bezüglich seines Versuches, diese komplementären Eigenschaften von Denkstilen sowohl akteurs- als auch sprach- und wissensorientiert zu analysieren. Beide Ebenen wirken wechselseitig aufeinander ein: Sprache ist – mehr noch bei Fleck als bei Foucault – als Generator und Medium des Wissens und seiner Gegenstände zu begreifen; dies betrifft sowohl sprachliche als auch nicht-sprachliche Kollektivdynamiken. Eine Form, in der Sprache zur Etablierung und Stabilisierung eines Denkstils beiträgt und umgekehrt sich der Denkstil zur Erklärung bestimmter diskurs-manifester sprachlicher Phänomene heranziehen lässt, liegt zum Beispiel im Bereich der sprachlichen Routinen. In erster Linie durch diese wiederholten und akzeptierten Verknüpfungen von Ausdrucksformen mit entsprechenden Begriffen, aufgerufenen Präsuppositionen und anderweitig aktivierten Wissensbeständen kommt es überhaupt zu der Festigkeit der Rubrizierung und Kategorisierung von Wirklichkeit, die die Grundlage von kollektiven Denkstilen darstellt.

Einige weitere Momente, in denen sich wesentliche Teile der Denkstil-Konzeption und der diskurstheoretischen Kategorien berühren, finden sich in den restriktiven Prozeduren der Gestaltung des Diskurses, in den Handlungsroutinen und diskursiven Handlungsrollen – Flecks esoterische und exoterische Kreise – und in der bewussten, mitunter inszenierten diskursiven Auseinandersetzung mit anderen Denkstilen. Diese manifestieren sich in sprachlichen Routinen bzw. werden mittels solcher Routinen vollzogen. Die zahlreichen sprachlichen Formeln der Zuweisung des diskursiven (Un-)Status der Unsagbarkeit, Undenkbarkeit, Unvorstellbarkeit usw. können als Beispiele für diskursive Ausschließungsprozeduren genannt werden.

Anhand der *historisch orientierten DDR-Forschung* haben wir exemplarisch die theoretischen Überlegungen zur Möglichkeit und Attraktivität der Erschließung von Flecks Denkstil-Konzept für die linguistisch orientierte Diskurswissenschaft durchgespielt. Dabei hat sich erwiesen, dass sich der Denkstil der DDR-Forschung dadurch auszeichnet, die DDR als Element der Geschichte auszulegen. Der Denkstil verwandelt das pure Nacheinander von Geschehnissen in Belege für die jeweilige historische Interpretation dessen, was die DDR wirklich gewesen sei. Dabei präsupponiert die Geschichtsforschung die Präidee, dass es so etwas wie einen historischen Sinn aller „geschichtlichen Tatsachen" gibt. In der historisch orientierten DDR-Forschung tun dies zwei Hauptlinien gegeneinander. Beide verdoppeln die Geschichte in sich selbst als „vorfindliche" und als zugrundeliegendes Prinzip alles „Vorfindlichen". Sie streiten sich darum, welcher übergeordnete Sinn der Trivialität abgewonnen, also in Wirklichkeit zugeschrieben zu werden hat, dass sich alle menschliche und gesellschaftliche Existenz als chronologische Abfolge abspielt.

4 Literaturverzeichnis

ANTOS, GERD (2005): „Die Rolle der Kommunikation bei der Konzeptualisierung von Wissensbegriffen". In: DERS./WICHTER, SIGURD (Hgg.): *Wissenstransfer durch Sprache als gesellschaftliches Problem*. Frankfurt a. M.: Lang. 339–364.

ANTOS, GERD (2008): „‚Denkstil': Ludwik Fleck und seine Bedeutung für die Sprachwissenschaft". In: CZACHUR, WALDEMAR/CZYZEWSKA, MARTA (Hgg.): *Vom Wort zum Text. Studien zur deutschen Sprache und Kultur*. Warschau. 563–574.

ANTOS, GERD/WEBER, TILO (2009): „Einleitung". In: DIES. (Hgg.): *Typen von Wissen. Begriffliche Unterscheidung und Ausprägungen in der Praxis des Wissenstransfers*. Frankfurt a. M.: Peter Lang. 1–10.

BERGER, SYLVIA (2005): „Umdeuten, Ausblenden, Beharren: Zur Persistenz des bakteriologischen Denkstils im Kontext der wissenschaftstheoretischen Arbeiten Ludwik Flecks". In: EGLOFF, RAINER (Hg.) (2005): *Tatsache – Denkstil – Kontroverse: Auseinandersetzungen mit Ludwik Fleck*. Zürich: Collegium Helveticum. 71–77.

BOEHM, GOTTFRIED (2001): „Zwischen Auge und Hand. Bilder als Instrumente der Erkenntnis". In: HEINTZ, BETTINA/HUBER, JÖRG (Hgg.): *Mit dem Auge denken. Strategien der Sichtbarmachung in wissenschaftlichen und virtuellen Welten*. Zürich/New York: Ed. Voldemeer. 43–54.

BOHN, CORNELIA (1999): *Schriftlichkeit und Gesellschaft. Kommunikation und Sozialität der Neuzeit*. Wiesbaden: Springer Fachmedien.

BRANDT, CHRISTINA (2004): *Metapher und Experiment. Von der Virusforschung zum Genetischen Code*. Göttingen: Wallstein Verlag.

BUSSE, DIETRICH (1987): *Historische Semantik*. Stuttgart: Klett-Cotta.

CHOMSKY, NOAM (1976): „A Philosophy of Language". In: DERS. (2006): *The Chomsky-Foucault Debate on Human Nature*. New York/London: The New Press. 117–139.

CHOMSKY, NOAM/FOUCAULT, MICHEL (1971): *Human Nature: Justice versus Power: Noam Chomsky debates with Michel Foucault*. Online abrufbar unter: http://www.ahshistory.com/wp-content/uploads/2014/07/THE-CHOMSKY-FOUCAULT-DEBATE-JUSTICE-VS-POWER.pdf; letzter Zugriff: 10.10.2016.

CZACHUR, WALDEMAR (2013): „Ludwik Flecks Denkstilansatz als Inspiration für die Diskurslinguistik". In: *Zeitschrift des Verbandes polnischer Germanisten* 2.2. 141–150.

DĄMBSKA, IZYDORA (2011 [1937]: „Ist die intersubjektive Ähnlichkeit der Sinneseindrücke eine unentbehrliche Voraussetzung der Naturwissenschaften?" In: FLECK, LUDWIK: *Denkstile und Tatsachen. Gesammelte Schriften und Zeugnisse*. Hg. v. Sylwia Werner und Claus Zittel. Frankfurt a. M.: Suhrkamp. 91–125. [zuerst in: Przegląd Filozoficzny 40. 1937]

DAVIS, MIKE (2005): *Vogelgrippe. Zur gesellschaftlichen Produktion von Epidemien*. Berlin: Assoziation A.

DIECKMANN, WALTER (1975): *Sprache in der Politik. Einführung in die Pragmatik und Semantik der politischen Sprache*. Mit einem Literaturbericht zur 2. Aufl. Heidelberg: Winter.

DINGES, MARTIN (1995): *Neue Wege in der Seuchengeschichte*. Stuttgart: Franz Steiner.

DINGES, MARTIN (2004): „Bedrohliche Fremdkörper in der Medizingeschichte". In: MAYER, RUTH (Hg.): *Virus! Mutation einer Metapher*. Bielefeld: transcript. 79–95.

DINGES, MARTIN (2005): „Seuchen in Mittelalter und Früher Neuzeit". In: FEUERSTEIN-HERZ, P. (Hg.): *Gotts verhengnis und seine staffe. Zur Geschichte der Seuchen in der Frühen Neuzeit*. Wolfenbüttel: Harrassowitz. 15–26.

EBERHARD-METZGER, CLAUDIA/RIES, RENATE/KURTH, REINHARD (2002): *Die Macht der Seuchen. Mensch und Mikrobe – eine verhängnisvolle Affäre*. Stuttgart/Leipzig: Hirzel.

EGLOFF, RAINER (Hg.) (2005): *Tatsache – Denkstil – Kontroverse: Auseinandersetzungen mit Ludwik Fleck*. Zürich: Collegium Helveticum.

EITZ, THORSTEN/WENGELER, MARTIN (2013): „Vergessene Diskurse? Zur Diskursgeschichte der Weimarer Republik am Beispiel des Themas Wirtschaft". In: FELDER, EKKEHARD (Hg.): *Faktizitätsherstellung in Diskursen. Die Macht des Deklarativen*. Berlin/New York: De Gruyter. 309–327.

FEHR, JOHANNES (2005): „Vielstimmigkeit und der wissenschaftliche Umgang damit. Ansätze zu einer Fleck'schen Philologie". In: EGLOFF, RAINER (Hg.): *Tatsache – Denkstil – Kontroverse: Auseinandersetzungen mit Ludwik Fleck*. Zürich: Collegium Helveticum. 25–37.

FELBICK, DIETER (2003): *Schlagwörter der Nachkriegszeit 1945–1949*. Berlin: De Gruyter.

FELDER, EKKEHARD (2006): „Semantische Kämpfe in Wissensdomänen. Eine Einführung in Benennungs-, Bedeutungs- und Sachverhaltsfixierungs-Konkurrenzen". In: DERS. (Hg.): *Semantische Kämpfe. Macht und Sprache in den Wissenschaften*. Berlin/New/York: De Gruyter. 13–46.

FELDER, EKKEHARD (2013): „Faktizitätsherstellung mittels handlungsleitender Konzepte und agonaler Zentren". In: DERS. (Hg.): *Faktizitätsherstellung in Diskursen. Die Macht des Deklarativen*. Berlin/Boston: De Gruyter. 13–28.

FELLBAUM, CHRISTIANE/FELDER, EKKEHARD (2013): „Faktizitätsherstellung im Spiegel sprachlicher Ordnung. Idiomatische Perspektiven-Setzungen im englischen und deutschen Sterbehilfediskurs". In: DERS. (Hg.): *Faktizitätsherstellung in Diskursen. Die Macht des Deklarativen*. Berlin/Boston: De Gruyter. 173–193.

FIX, ULLA (2014): „Denkstile, Metaphern und wissenschaftliches Schreiben". In: SPECHT, BENJAMIN (Hg.): *Epoche und Metapher. Systematik und Geschichte kultureller Bildlichkeit*. Berlin/Boston: De Gruyter. 42–58.

FIX, ULLA (2015a): „‚Gestalt' – Eine Denkstil-Figur der Sprachwissenschaft des 20. Jahrhunderts. Rückblick in Beispielen". In: *aptum* 3/2015, 289–304.

FIX, ULLA (2015b): „Die EIN-Text-Diskursanalyse. Unter welchen Umständen kann ein einzelner Text Gegenstand einer diskurslinguistischen Untersuchung sein?" In: KÄMPER, HEIDRUN/WARNKE, INGO. H. (Hgg.): *Diskurs – interdisziplinär. Zugänge, Gegenstände, Perspektiven*. Berlin/Boston: De Gruyter. 317–333.

FLECK, LUDWIK (1980 [1935]): *Entstehung und Entwicklung einer wissenschaftlichen Tatsache. Einführung in die Lehre vom Denkstil und Denkkollektiv*. Mit einer Einleitung hg. v. Lothar Schäfer und Thomas Schnelle. Frankfurt a. M.: Suhrkamp. [zuerst: Basel: Benno Schwabe & Co. 1935]

FLECK, LUDWIK (2011 [1927]): „Über einige spezifische Merkmale des ärztlichen Denkens". In: DERS.: *Denkstile und Tatsachen. Gesammelte Schriften und Zeugnisse*. Hg. v. Sylwia Werner und Claus Zittel. Frankfurt a. M.: Suhrkamp. 260–309. [zuerst in: Archiwum Historji i Filozofji Medycyny oraz Historji Nauk Przyrodniczych 6, I. 1927]

FLECK, LUDWIK (2011 [1929]): „Zur Krise der ‚Wirklichkeit'". In: DERS.: *Denkstile und Tatsachen. Gesammelte Schriften und Zeugnisse*. Hg. v. Sylwia Werner und Claus Zittel. Frankfurt a. M.: Suhrkamp. 53–69. [zuerst in: *Die Naturwissenschaften* 17. 1929]

FLECK, LUDWIK (2011 [1931]): „Über den Begriff der Art in der Bakteriologie". In: DERS.: *Denkstile und Tatsachen. Gesammelte Schriften und Zeugnisse*. Hg. v. Sylwia Werner und Claus Zittel. Frankfurt a. M.: Suhrkamp. 91–125. [zuerst in: *Plska Gazeta Lekarska* 26. 1931]

FLECK, LUDWIK (2011 [1933]): „Briefwechsel mit Moritz Schlick". In: DERS.: *Denkstile und Tatsachen. Gesammelte Schriften und Zeugnisse*. Hg. v. Sylwia Werner und Claus Zittel. Frankfurt a. M.: Suhrkamp. 561–565. [1933]

FLECK, LUDWIK (2011 [1934]): „Wie entstand die Bordet-Wassermann-Reaktion und wie entsteht eine wissenschaftliche Entdeckung im allgemeinen?" In: DERS.: *Denkstile und Tatsachen. Gesammelte Schriften und Zeugnisse*. Hg. v. Sylwia Werner und Claus Zittel. Frankfurt a. M.: Suhrkamp. 181–210. [zuerst in : Polska Gazeta Lekarska 13. 1934]

FLECK, LUDWIK (2011 [1935]): „Zur Frage der Grundlagen der medizinischen Erkenntnis". In: DERS.: *Denkstile und Tatsachen. Gesammelte Schriften und Zeugnisse*. Hg. v. Sylwia Werner und Claus Zittel. Frankfurt a. M.: Suhrkamp. 239–259. [1935]

FLECK, LUDWIK (2011 [1936]): „Das Problem einer Theorie des Erkennens". In: DERS.: *Denkstile und Tatsachen. Gesammelte Schriften und Zeugnisse*. Hg. v. Sylwia Werner und Claus Zittel. Frankfurt a. M.: Suhrkamp. 260–309. [zuerst in: Przegląd Filozoficzny. 1936]

FLECK, LUDWIK (2011 [1937]): „In der Angelegenheit des Artikels von Frau Izydora Dąmbska in ‚Przegląd Filozoficzny' (Jg. 40, Heft III)". In: DERS.: *Denkstile und Tatsachen. Gesammelte Schriften und Zeugnisse*. Hg. v. Sylwia Werner und Claus Zittel. Frankfurt a. M.: Suhrkamp. 260–309. [zuerst in: Przegląd Filozoficzny 41. 1937]

FLECK, LUDWIK (2011 [1946]): „Wissenschaftstheoretische Probleme". In: DERS.: *Denkstile und Tatsachen. Gesammelte Schriften und Zeugnisse*. Hg. v. Sylwia Werner und Claus Zittel. Frankfurt a. M.: Suhrkamp. 369–389. [zuerst in: *Zycie Nauki*. 1946]

FLECK, LUDWIK (2011 [1947]): „Schauen, Sehen, Wissen". In: DERS.: *Denkstile und Tatsachen. Gesammelte Schriften und Zeugnisse*. Hg. v. Sylwia Werner und Claus Zittel. Frankfurt a. M.: Suhrkamp. 390–418. [zuerst in: *Problemy* 2. 1947]

FLECK, LUDWIK (2011): *Denkstile und Tatsachen. Gesammelte Schriften und Zeugnisse*. Hg. v. Sylwia Werner und Claus Zittel. Frankfurt a. M.: Suhrkamp.

FOUCAULT, MICHEL (1973a): *Archäologie des Wissens*. Frankfurt a. M.: Suhrkamp.

Foucault, Michel (1973b): *Die Geburt der Klinik: Eine Archäologie des ärztlichen Blicks*. München: Hanser.

Foucault, Michel (1976a): „Von den Martern zu den Zellen. Ein Gespräch mit Roger-Pol Droit". In: ders.: *Mikrophysik der Macht. Über Strafjustiz, Psychiatrie und Medizin*. Berlin: Merve. 41–45.

Foucault, Michel (1976b): „Truth and Power". In: Chomsky, Noam/ders. (2006): *The Chomsky-Foucault Debate on Human Nature*. New York/London: The New Press. 140–171.

Foucault, Michel (1991): *Die Ordnung des Diskurses*. Frankfurt a. M.: Fischer.

Foucault, Michel (1992): *Was ist Kritik*. Berlin: Merve Verlag.

Foucault, Michel (2001): „Linguistik und Sozialwissenschaft". In: Defert, Daniel/ Ewald, François (Hgg.): *Michel Foucault. Schriften in vier Bänden. Dits et Ecrits. Band 1*. Frankfurt a. M.: Suhrkamp. 1042–1068.

Foucault, Michel (2001): „Worte und Bilder". In: ders. *Schriften in vier Bänden. Dits et Ecrits. Band 1*. 1954–1969. Frankfurt a. M.: Suhrkamp. 794–797.

Graf, Erich Ott/Mutter, Karl (2005): „Ludwik Fleck und Europa". In: Egloff, Rainer (Hg.): *Tatsache - Denkstil - Kontroverse. Auseinandersetzungen mit Ludwik Fleck*. Zürich: Collegium Helveticum. 13–20.

Habermas, Jürgen (1992): *Erläuterungen zur Diskursethik*. 2. Aufl. Frankfurt a. M.: Suhrkamp.

Habermas, Jürgen (1995 [1972]): „Wahrheitstheorien". In: *Vorstudien und Ergänzungen zur Theorie des kommunikativen Handelns*. Frankfurt a. M.: Suhrkamp.

Harwood, Jonathan (1986): „Ludwik Fleck and the Sociology of Knowledge". In: *Social Studies of Science* 16. 173–187.

Hegel, Georg Wilhelm Friedrich (1816): „Erstes Buch. Die Lehre vom Seyn. Womit muß der Anfang der Wissenschaft gemacht werden?" In: *Wissenschaft der Logik*. Online abrufbar unter: http://gutenberg.spiegel.de/buch/wissenschaft-der-logik-1653/3; letzter Zugriff: 19.10.16)

Hegel, Georg Wilhelm Friedrich (1836): *Vorlesungen über die Geschichte der Philosophie*. Hg. v. Michelet, Karl Ludwig. Berlin: Duncker & Humblot.

Hegel, Georg Wilhelm Friedrich (2014): *Enzyklopädie der philosophischen Wissenschaften im Grundrisse*. 3. Aufl. Heidelberg: Holzinger.

Heintz, Bettina/Huber, Jörg (2001a): „Der verführerische Blick: Formen und Folgen wissenschaftlicher Visualisierungsstrategien". In: dies. (Hgg.): *Mit dem Auge denken. Strategien der Sichtbarmachung in wissenschaftlichen und virtuellen Welten*. Zürich/New York: Ed. Voldemeer. 9–40.

Heintz, Bettina/Huber, Jörg (Hgg.) (2001b): *Mit dem Auge denken. Strategien der Sichtbarmachung in wissenschaftlichen und virtuellen Welten*. Zürich/New York: Ed. Voldemeer.

Hucklenbroich, Peter (2006): *Der wissenschaftstheoretische Status von Stil und Stilwandel in der Medizin. Am Beispiel des Krankheitsbegriffs*. Online abrufbar: http://docplayer.org/13637437-Der-wissenschaftstheoretische-status-von-stil-und-stilwandel-in-der-medizin-am-beispiel-des-krankheitsbegriffs.html; letzter Zugriff: 19.10.16)

Hüttmann, Jens (2007): „,De-De-Errologie' im Kreuzfeuer der Kritik. Die Kontroversen um die ,alte' bundesdeutsche DDR-Forschung vor und nach 1989". In: *Deutschland Archiv* 4. 671–681.

Jäger, Siegfried (1999): *Kritische Diskursanalyse. Eine Einführung*. Duisburg: Diss. 2. überarb. u. erw. Aufl.

Kastberg, Peter (2005): „Textoptimierung über Textsortenwechsel – Wissenstransfer als Wissensselektion". In: Antos, Gerd/Wichter, Sigurd (Hgg.): *Wissenstransfer durch Sprache als gesellschaftliches Problem*. Frankfurt a. M.: Lang. 143–156.

Keller, Albert (2006): *Allgemeine Erkenntnistheorie*. 3. Aufl. W. Kohlhammer.

Keller, Reiner (2004): *Diskursforschung. Eine Einführung für SozialwissenschaftlerInnen*. Wiesbaden: VS Verl. für Sozialwiss.

Keller, Reiner (2013): „Wissenssoziologische Diskursforschung". In: Felder, Ekkehard (Hg.): *Faktizitätsherstellung in Diskursen. Die Macht des Deklarativen*. Berlin/Boston: De Gruyter. 197-224.

Kemp, Martin (2003): *Bilderwissen. Die Anschaulichkeit naturwissenschaftlicher Phänomene*. Köln: DuMont.

Kocka, Jürgen (2003): „Bilanz und Perspektiven in der DDR-Forschung. Hermann Weber zum 75. Geburtstag". In: *Deutschland Archiv* 36. 764–769.

Laclau, Ernesto/Mouffe, Chantal (2000 [1985]): *Hegemonie und radikale Demokratie*. Wien: Passagen.

Link, Jürgen (1982): „Kollektivsymbolik und Mediendiskurse". In: *kultuRRevolution* 1. 6–21.

Lipphardt, Veronika (2005): „Denkkollektiv und wissenschaftliche Tatsachen der deutschen Rassenforschung vor 1933. Zur Anwendbarkeit des wissenschaftshistorischen Ansatzes von Ludwik Fleck". In: Egloff, Rainer (Hg.): *Tatsache – Denkstil – Kontroverse. Auseinandersetzungen mit Ludwik Fleck*. Collegium Helveticum Heft 1. Zürich: Collegium Helveticum. 63–70.

Luhmann, Niklas (1991): *Soziologie des Risikos*. Berlin: De Gruyter.

Mählert, Ulrich (2016): „Totgesagte leben länger. Oder: Konjunkturen der DDR-Forschung vor und nach 1989. Eine Einführung". In: ders. (Hrsg.): *Die DDR als Chance. Neue Perspektiven auf ein altes Thema*. Berlin: Metropol. 9–21.

Mayer, Ruth/Weingart, Brigitte (Hgg.) (2004): *VIRUS! Mutationen einer Metapher*. Bielefeld: transcript.

Meuschel, Sigrid (1993): „Auf der Suche nach der versäumten Tat – Kommentar zu Klaus Schroeders und Jochen Staadts Kritik an der bundesdeutschen DDR-Forschung". In: *Leviathan* 3. 407–423.

Mills, Sara (2007): *Der Diskurs*. Tübingen/Basel: Francke.

Möller, Torger (2007): „Kritische Anmerkungen zu den Begriffen Denkkollektiv, Denkstil und Denkverkehr – Probleme der heutigen Anschlussfähigkeit an Ludwik Fleck". In: Joerden, Jan C./Chołuj, Bożena (Hgg.): *Von der wissenschaftlichen Tatsache zur Wissensproduktion. Ludwik Fleck und seine Bedeutung für die Diskussion um Wissen, Kultur und Macht*. Studien zur Ethik in Ostmitteleuropa Bd. 10. Frankfurt a. M./Berlin: Lang. 397–414.

Peirce, Charles S. (1983): *Phänomen und Logik der Zeichen*. Frankfurt a. M.: Suhrkamp.

Pernkopf, Elisabeth (2006): *Unerwartetes erwarten. Zur Rolle des Experimentierens in naturwissenschaftlicher Forschung*. Wiesbaden: Königshausen & Neumann.

Pöppel, Ernst (2000): „Drei Welten des Wissens – Koordination einer Wissenswelt." In: *Wissenswelt – Weltwissen. Das globale Netz von Text und Bild*. Hrsg. von Christa Marr, Hans Ulrich Obrist und Ernst Pöppel, Köln: DuMont. 21–39.

Port, Andrew I. (2010): *Die rätselhafte Stabilität der DDR. Arbeit und Alltag im sozialistischen Deutschland*. Aus dem Amerikanischen von Sylvia Taschka. Bonn: Bundeszentrale für politische Bildung.

Radeiski, Bettina (2011): *Seuchen, Ängste und Diskurse*. Berlin: De Gruyter.

Radeiski, Bettina (2014): „Zur Rhetorik der Selbstverständlichkeit in Denkkollektiven. Am Beispiel der Medienresonanz zur TV-Dokumentation ‚Der Sturz – Honeckers Ende'". In: Antos, Gerd/Fix, Ulla/dies. (Hgg.): *Rhetorik der Selbsttäuschung*. Berlin: Frank & Timme. 157–171.

Radeiski, Bettina (2015): „Konstitution von Denkkollektiven und kollektive Selbstvergewisserung". In: Kämper, Heidrun/Warnke, Ingo. H. (Hgg.): *Diskurs – interdisziplinär. Zugänge, Gegenstände, Perspektiven*. Berlin/Boston: De Gruyter. 359–375.

Rheinberger, Hans-Jörg (2001): „Objekt und Präsentationen". In: Heintz, Bettina/Huber, Jörg (Hgg.): *Mit dem Auge denken. Strategien der Sichtbarmachung in wissenschaftlichen und virtuellen Welten*. Zürich/New York: Ed. Voldemeer. 55–61.

Rotenstreich, Nathan (1986): „The Proto-Ideas and Their Aftermath". In: Cohen, Robert S./Schnelle, Thomas (Hgg.): *Cognition and Fact – Materials on Ludwik Fleck*. Dordrecht/Boston/Lancaster/Tokyo: D. Reidel Publishing Company. 160–178.

Russell, Bertrand (2011): „Knowledge by Acquaintance and Knowledge by Description". In: *Proceedings oft he Aristotelian Society. New Series*. Vol. 11 (1910–1911). Online abrufbar unter: http://www.jstor.org/stable/4543805?seq=1#page_scan_tab_contents; letzter Zugriff: 19.10.16. 108–128.

Sarasin, Philipp (2012): *Michel Foucault zur Einführung*. 5. vollst. überarb. Aufl. Hamburg: Junius.

Schlünder, Martina (2005): „Flüchtige Körper, instabile Räume, widersprüchliche Theorien: Die produktive Vagheit der Erkenntnistheorie Ludwik Flecks und die Geschichte der Reproduktionsmedizin". In: Egloff, Rainer (Hg.): *Tatsache – Denkstil – Kontroverse. Auseinandersetzungen mit Ludwik Fleck*. Collegium Helveticum Heft 1. Zürich: Collegium Helveticum. 57–62.

Schnelle, Thomas (1982): *Ludwik Fleck – Leben und Denken. Zur Entstehung und Entwicklung des soziologischen Denkstils in der Wissenschaftsphilosophie*. Freiburg (Breisgau): Hochschulverlag.

Schönrich, Gerhard (2005): „Handeln als Zeichenprozess und die Praxis des Regelfolgens". In: Debus, S./Burmeister, H./Floeth, T./Zechert, C. (Hgg.): *Semiotik und Sozialpsychiatrie – Über Sinn und Zeichen einer Fachsprache*. Pößneck: Bertelsmann. 297–312.

SCHÖTTLER, PETER (1989): „Mentalitäten, Ideologien, Diskurse. Zur sozialgeschichtlichen Thematisierung der ‚dritten Ebene'". In: LÜDTKE, ALF (Hg.): *Alltagsgeschichte. Zur Rekonstruktion historischer Erfahrungen und Lebensweisen*. Frankfurt a. M./ New York: Campus: 85–136.

SCHROEDER, KLAUS (1994a): „Einleitung. Die DDR als politische Gesellschaft". In: DERS. (Hg.): *Geschichte und Transformation des SED-Staates. Beiträge und Analysen*. Berlin: Akademie Verlag. 11–26.

SCHROEDER, KLAUS (2011): *Die DDR. Geschichte und Strukturen*. Stuttgart: Philipp Reclam jun. (= Reihe Kompaktwissen für Schülerinnen und Schüler)

SCHROEDER, KLAUS (Hg.) (1994b): *Geschichte und Transformation des SED-Staates. Beiträge und Analysen*. Berlin: Akademie Verlag.

SCHROEDER, KLAUS/STAADT, JOCHEN (1994c): „Der diskrete Charme des Status-Quo: DDR-Forschung in der Ära der Entspannungspolitik". In: SCHROEDER, KLAUS (Hg.): *Geschichte und Transformation des SED-Staates. Beiträge und Analysen*. Berlin: Akademie Verlag. 309–346.

SCHROEDER, KLAUS/STAADT, JOCHEN (1994d): „Die Kunst des Aussitzens". In: SCHROEDER, KLAUS (Hg.): *Geschichte und Transformation des SED-Staates. Beiträge und Analysen*. Berlin: Akademie Verlag. 347–354.

SCHROEDER, KLAUS/STAADT, JOCHEN (2007): „Geschichtsbegradigung. Die ‚systemimmanente DDR-Forschung' soll besser gewesen sein als ihr Ruf. Zu Jens Hüttmanns Eloge auf die ‚De-De-Errologie'". In: *Deutschland Archiv* 5. 890–899.

SCHÜTZ, ALEXANDER (2007): „Das Problem der Wahrheit wissenschaftlicher Tatsachen". In: JOERDEN, JAN C./CHOŁUJ, BOŻENA (Hgg.): *Von der wissenschaftlichen Tatsache zur Wissensproduktion. Ludwik Fleck und seine Bedeutung für die Diskussion um Wissen, Kultur und Macht*. Studien zur Ethik in Ostmitteleuropa Bd. 10. Frankfurt a. M./Berlin: Lang. 133–162.

SINGER, WOLF (2000): „Wissensquellen – Wie kommt das Wissen in den Kopf?" In: *Weltwissen – Wissenswelt*. Köln: DuMont. 137–145.

SPITZMÜLLER, JÜRGEN (2009): „Metasprachliches Wissen diesseits und jenseits der Linguistik". In: ANTOS, GERD/WEBER, TILO (Hgg.): *Typen von Wissen – begriffliche Unterscheidungen und Ausprägungen in der Praxis des Wissenstransfers*. Frankfurt a. M. u. a.: Lang. Online abrufbar unter: http://www.spitzmueller.org/docs/preprint-spitzmueller-halle04.pdf; letzter Zugriff: 10.10.16.

SPITZMÜLLER, JÜRGEN/WARNKE, INGO H. (2011): *Diskurslinguistik. Eine Einführung in Theorien und Methoden der transtextuellen Sprachanalyse*. Berlin: De Gruyter.

STALNAKER, ROBERT (1975): *Presuppositions. Contemporary Research in Philosophical Logic and Linguistic Semantics*. Dordrecht: D. Reidel Publishing Company.

STÖCKMANN, JOCHEN (2016): *Neue Perspektiven in der Forschung: Die DDR als Chance?* Online abrufbar unter: http://www.deutschlandradiokultur.de/neue-perspektiven-in-der-forschung-die-ddr-als-chance.976.de.html?dram:article_id=347282; letzter Zugriff: 12.07.16.

SZURAWITZKI, MICHAEL (2016): „Entsteht der finnische sprachwissenschaftliche Denkstil aus dem deutschen? Ludwik Fleck als missing link". In: *Neuphilologische Mitteilungen*. Zur Publikation angenommen.

Vasold, Manfred (2008): *Grippe, Pest und Cholera. Eine Geschichte der Seuchen in Europa*. Stuttgart: Franz Steiner Verlag.

Völkel, Walter (Hg.) (1986): *Systematische Bibliographie von Zeitungen, Zeitschriften und Büchern zur politischen und gesellschaftlichen Entwicklung der SBZ/DDR seit 1945 (1). Geschichte und politisches System der SBZ/DDR, nichtkommunistische Länder aus der Sicht der DDR. Deutsche Frage*. Unter Mitw. von Christiana Stuff. Opladen: Westdeutscher Verlag.

Metzger, Wolfgang (1975): „Was ist Gestalttheorie?" In: Guss, K. (Hg.): *Gestalttheorie und Erziehung*. Darmstadt: Steinkopff. Online abrufbar unter: http://gestalttheory.net/download/Metzger_Guss.pdf; letzter Zugriff: 19.10.16.

Völkel, Walter (Hg.) (1987): *Systematische Bibliographie von Zeitungen, Zeitschriften und Büchern zur politischen und gesellschaftlichen Entwicklung der SBZ/DDR seit 1945 (2). Wirtschaft*. Unter Mitw. von Christiana Stuff. Opladen: Westdeutscher Verlag.

Völkel, Walter (Hg.) (1989): *Systematische Bibliographie von Zeitungen, Zeitschriften und Büchern zur politischen und gesellschaftlichen Entwicklung der SBZ/DDR seit 1945 (3). Gesellschaft, Bildung, Kirchen*. Unter Mitw. von Christiana Stuff. Opladen: Westdeutscher Verlag.

Warnke, Ingo H. (2000): „Diskursivität und Intertextualität als Parameter sprachlichen Wandels. Prolegomena einer funktionalen Sprachgeschichtsschreibung". In: ders. (Hg.): *Schnittstelle Text: Diskurs*. Frankfurt a. M.: Lang: 215–222.

Warnke, Ingo H. (2002): „Adieu text – bienvenue Diskurs? Über Sinn und Zweck einer postrukturalistischen Entgrenzung des Textbegriffs". In: Fix, Ulla u. a. (Hgg.): *Brauchen wir einen neuen Textbegriff? Antworten auf eine Preisfrage*. Forum Angewandte Linguistik. Bd. 40. Frankfurt a. M./Berlin: Lang. 125–141.

Warnke, Ingo H. (2007): „Diskurslinguistik nach Foucault – Dimensionen einer Sprachwissenschaft jenseits textueller Grenzen". In: ders. (Hg.): *Diskurslinguistik nach Foucault: Theorie und Gegenstände*. Berlin/New York: De Gruyter. 3–23.

Warnke, Ingo H. (2009): „Die sprachliche Konstituierung von geteiltem Wissen in Diskursen". In: Felder, Ekkehard/Müller, Marcus (Hgg.): *Wissen durch Sprache. Theorie, Praxis und Erkenntnisinteresse des Forschungsnetzwerks „Sprache und Wissen"*. Berlin/New York: De Gruyter. 113–140.

Wasserloos, Arnd (2007): „Denkstil und Ethik. Über einige Postulate und Implikationen der Wissenschaftslehre von Ludwik Fleck". In: Joerden, Jan C./Chołuj, Bożena (Hgg.): *Von der wissenschaftlichen Tatsache zur Wissensproduktion. Ludwik Fleck und seine Bedeutung für die Diskussion um Wissen, Kultur und Macht*. Studien zur Ethik in Ostmitteleuropa Bd. 10. Frankfurt a. M./Berlin: Lang. 415–437.

Weber, Tilo (2009): „Explizit vs. implizit, propositional vs. prozedural, isoliert vs. kontextualisiert, individuell vs. kollektiv – Arten von Wissen aus der Perspektive der Transferwissenschaften". In: Antos, Gerd/ders. (Hgg.): *Typen von Wissen. Begriffliche Unterscheidung und Ausprägungen in der Praxis des Wissenstransfers*. Frankfurt a. M.: Peter Lang. 13–22.

Wengeler, Martin (2003): *Topos und Diskurs. Begründung einer argumentationsanalytischen Methode und ihre Anwendung auf den Migrationsdiskurs (1960–1985).* Berlin/New York: De Gruyter.

Werner, Sylwia/Zittel, Claus (2011): „Einleitung: Denkstile und Tatsachen". In: Fleck, Ludwik: *Denkstile und Tatsachen. Gesammelte Schriften und Zeugnisse.* Hg. v. Werner, Sylwia/Zittel, Claus. Frankfurt a. M.: Suhrkamp. 9–38.

Wertheimer, Max (1925): „Über Gestalttheorie". Vortrag vor der Kant-Gesellschaft, Berlin am 17. Dezember 1924. Verlag der Philosophischen Akademie: Erlangen 1925, Text abrufbar unter http://gestalttheory.net/gta/Dokumente/gestalttheorie.html

WHO ICD-10 Version 2013.

Wodak, Ruth/Krzyzanowski, Michal (Hgg.) (2008): *Qualitative Discourse Analysis in the Social Sciences.* Houndmill/Basingstoke: Palgrave. 96–121.

SPRACHWISSENSCHAFT

Bd. 1 Sergio Viaggio: A General Theory of interlingual Mediation.
408 Seiten. ISBN 978-3-86596-063-4

Bd. 2 Karl-Ernst Sommerfeldt: Regionalgeschichte im Spiegel der Sprache.
188 Seiten. ISBN 978-3-86596-077-1

Bd. 3 Ulla Fix: Stil – ein sprachliches und soziales Phänomen. Beiträge zur Stilistik. Herausgegeben von Irmhild Barz, Hannelore Poethe, Gabriele Yos.
462 Seiten. ISBN 978-3-86596-138-9

Bd. 4 Anja Seiffert: Autonomie und Isonomie fremder und indigener Wortbildung am Beispiel ausgewählter numerativer Wortbildungseinheiten.
418 Seiten. ISBN 978-3-86596-141-9

Bd. 5 Ulla Fix: Texte und Textsorten – sprachliche, kommunikative und kulturelle Phänomene. 510 Seiten. ISBN 978-3-86596-179-2

Bd. 6 Juliana Goschler: Metaphern für das Gehirn. Eine kognitiv-linguistische Untersuchung. 244 Seiten. ISBN 978-3-86596-188-4

Bd. 7 Maria Wirf Naro: La composition en allemand : structure sémantique et fonction littéraire. Mit einer ausführlichen Zusammenfassung in deutscher Sprache.
416 Seiten. ISBN 978-3-86596-284-3

Bd. 8 Bettina Bock/Ulla Fix/Steffen Pappert (Hg.): Politische Wechsel – sprachliche Umbrüche. 404 Seiten. ISBN 978-3-86596-363-5

Bd. 9 Kerstin Preiwuß: Ortsnamen in Zeit, Raum und Kultur. Die Städte Allenstein/Olsztyn und Breslau/Wrocław. 470 Seiten. ISBN 978-3-86596-368-0

Bd. 10 Werner Holly: Sprache und Politik. Pragma- und medienlinguistische Grundlagen und Analysen, herausgegeben von Sonja Ruda und Christine Domke.
394 Seiten. ISBN 978-3-86596-438-0

Bd. 11 Hatice Deniz Canoğlu: *Kanak Sprak* versus *Kiezdeutsch* – Sprachverfall oder sprachlicher Spezialfall? Eine ethnolinguistische Untersuchung.
138 Seiten. ISBN 978-3-86596-483-0

Bd. 12 Ulla Fix: Sprache in der Literatur und im Alltag. Ausgewählte Aufsätze.
452 Seiten. ISBN 978-3-86596-369-7

Bd. 13 Anja Hennemann/Claudia Schlaak (Hg.): Korpuslinguistische Untersuchungen. Analysen einzelsprachlicher Phänomene. 202 Seiten. ISBN 978-3-86596-519-6

Bd. 14 Joachim Born/Wolfgang Pöckl (Hg.): „Wenn die Ränder ins Zentrum drängen …". Außenseiter in der Wortbildung(sforschung). 304 Seiten. ISBN 978-3-86596-449-6

SPRACHWISSENSCHAFT

Bd. 15 Ulla Fix: Sprache, Sprachgebrauch und Diskurse in der DDR. Ausgewählte Aufsätze. 744 Seiten. ISBN 978-3-86596-549-3

Bd. 16 Jenny Brumme/Sandra Falbe (ed.): The Spoken Language in a Multimodal Context. Description, Teaching, Translation. 316 Seiten. ISBN 978-3-7329-0021-3

Bd. 17 Inna Kozlova: De la búsqueda a la consulta. Resolución de problemas léxicos en producción textual en lengua extranjera. 374 Seiten. ISBN 978-3-7329-0049-7

Bd. 18 Gerd Antos/Ulla Fix/Bettina Radeiski (Hg.): Rhetorik der Selbsttäuschung. 262 Seiten. ISBN 978-3-86596-513-4

Bd. 19 Carmela Pérez-Salazar/Inés Olza (eds.): Del discurso de los medios de comunicación a la lingüística del discurso. Estudios en honor de la profesora María Victoria Romero. 598 Seiten. ISBN 978-3-7329-0058-9

Bd. 20 Cordula Schwarze/Carmen Konzett (Hg.): Interaktionsforschung: Gesprächsanalytische Fallstudien und Forschungspraxis. 234 Seiten. ISBN 978-3-7329-0073-2

Bd. 21 Ingrid Wotschke: How Educated English Speak English. Pronunciation as Social Behaviour. 282 Seiten. ISBN 978-3-7329-0062-6

Bd. 22 Rudolf von Raumer: Geschichtliche Grammatik der Deutschen Sprache (1851). Faksimile der Handschrift und Transkription, herausgegeben von Hannelore Schwartze-Köhler. Mit einer Einleitung von Horst Haider Munske. 326 Seiten. ISBN 978-3-7329-0079-4

Bd. 23 Josef Klein: Grundlagen der Politolinguistik. Ausgewählte Aufsätze. 392 Seiten. ISBN 978-3-7329-0110-4

Bd. 24 Joanna Szczęk: Absageschreiben auf Bewerbungen. Eine pragma-linguistische Studie. 420 Seiten. ISBN 978-3-7329-0146-3

Bd. 25 Hartmut E.H. Lenk/Ulrike Richter-Vapaatalo (Hg.): Sie leben nicht vom Verb allein. Beiträge zur historischen Textanalyse, Valenz- und Phraseologieforschung. 228 Seiten. ISBN 978-3-7329-0098-5

Bd. 26 Anja Hennemann/Claudia Schlaak (Hg.): Politische und mediale Diskurse. Fallstudien aus der Romania. 296 Seiten. ISBN 978-3-7329-0074-9

Bd. 27 Alejandro González Villar: Un análisis funcional y descriptivo de los marcadores pragmáticos y su traducción como herramienta en la construcción del diálogo ficticio. Estudio contrastivo alemán-catalán-español en base a tres novelas de Hans Fallada. 436 Seiten. ISBN 978-3-7329-0183-8

Bd. 28 Josef Klein: Von Gandhi und al-Qaida bis Schröder und Merkel. Politolinguistische Analysen, Expertisen und Kritik. 432 Seiten. ISBN 978-3-7329-0123-4

SPRACHWISSENSCHAFT

Bd. 29 Sorin Gadeanu: Intelligente Laute: Ein System mit eigener Ordnung. Dynamisch-funktionale Kategorien zur „Phonetologie“ des Deutschen für Rumänischsprachige / Sunete inteligente: Un sistem cu ordine propie. Categorii dinamic-funcţionale ale „fonetologiei“ limbii germane pentru vorbitorii de limba română. 344 Seiten. ISBN 978-3-7329-0229-3

Bd. 30 Juan Cuartero Otal/Juan Pablo Larreta Zulategui/Christoph Ehlers (Hg.): Querschnitt durch die deutsche Sprache aus spanischer Sicht. Perspektiven der Kontrastiven Linguistik. 272 Seiten. ISBN 978-3-7329-0244-6

Bd. 31 Uwe Grund: Orthographische Regelwerke im Praxistest. Schulische Rechtschreibleistungen vor und nach der Rechtschreibreform. 248 Seiten. ISBN 978-3-7329-0279-8

Bd. 32 Enrico Garavelli/Hartmut E. H. Lenk (Hg.): Verhüllender Sprachgebrauch. Textsorten- und diskurstypische Euphemismen. 174 Seiten. ISBN 978-3-7329-0213-2

Bd. 33 Bettina Radeiski: Denkstil, Sprache und Diskurse. Überlegungen zur Wiederaneignung Ludwik Flecks für die Diskurswissenschaft nach Foucault. 210 Seiten. ISBN 978-3-7329-0325-2

Bd. 34 Coline Baechler/Eva Martha Eckkrammer/Johannes Müller-Lancé/Verena Thaler (Hg.): Medienlinguistik 3.0 – Formen und Wirkung von Textsorten im Zeitalter des Social Web. 354 Seiten. ISBN 978-3-7329-0078-7

Bd. 35 Joanna Szczęk: Phraseologie der Farben. Phraseologisches Wörterbuch Deutsch–Polnisch/Polnisch–Deutsch. 130 Seiten. ISBN 978-3-7329-0337-5

Bd. 36 Dieter Cherubim: Sprachliche Aneignung der Wirklichkeit. Studien zur Sprachgeschichte des neueren Deutsch. 636 Seiten. ISBN 978-3-7329-0250-7

Bd. 37 Bernd Spillner: Error Analysis in the World. A Bibliography. 586 Seiten. ISBN 978-3-7329-0356-6

Bd. 38 Karolina Suchowolec: Sprachlenkung – Aspekte einer übergreifenden Theorie. 458 Seiten. ISBN 978-3-7329-0339-9

Bd. 39 Anna Gondek/Joanna Szczęk (Hg.): Kulinarische Phraseologie. Intra- und interlinguale Einblicke. 250 Seiten. ISBN 978-3-7329-0389-4

Bd. 40 Marcelina Kałasznik: Bezeichnungen für bekannte Personen im Polnischen und im Deutschen. Eine lexikologische Analyse. 512 Seiten. ISBN 978-3-7329-0398-6

Bd. 41 Larissa Naiditsch/Anna Pavlova: Prädikatives Attribut. Eine Vergleichsstudie für Deutsch und Russisch. ISBN 978-3-7329-0426-6. 180 Seiten

SPRACHWISSENSCHAFT

Bd. 42 Irmtraud Behr/Florence Lefeuvre (éds): Le genre bref. Des contraintes grammaticales, lexicales et énonciatives à une exploitation ludique et esthétique. 238 Seiten. ISBN 978-3-7329-0412-9

Bd. 43 Hana Menclová: Diminutiva im Deutschen und Tschechischen. Eine Studie am Beispiel von Märchen des 19. Jahrhunderts und der Gegenwart. 292 Seiten. ISBN 978-3-7329-0494-5

Bd. 44 Gerd Antos: Wissenskommunikation. Ausgewählte Aufsätze. 514 Seiten. ISBN 978-3-7329-0602-4

Bd. 45 Cinzia Giglioni: Linguistic and Rhetorical Perspectives on Congressional Hearings. 150 Seiten. ISBN 978-3-7329-0646-8

Bd. 46 Sylvia Weber: Computergesteuerte etymologische Wörterbücher. Konzeption und Umsetzung anhand des Französischen. 388 Seiten. ISBN 978-3-7329-0710-6

Bd. 47 Hartmut E.H. Lenk/Hans W. Giessen (Hg.): Persuasionsstile in Europa. Strategien und Mittel des Überzeugens in Zeitungskommentaren aus kulturkontrastiver Sicht. 238 Seiten. ISBN 978-3-7329-0517-1

Bd. 48 Mélanie Maradan: Uncertainty in deliberate lexical interventions. Exploring Esperanto speakers' opinions through corpora. 372 Seiten. ISBN 978-3-7329-0690-1

Bd. 49 Andi Gredig: Schreiben mit der Hand. Begriffe – Diskurs – Praktiken. 306 Seiten. ISBN 978-3-7329-0730-4

Bd. 50 Theodor Ickler: Der Rat für deutsche Rechtschreibung in Dokumenten und Kommentaren. 354 Seiten. ISBN 978-3-7329-0737-3

Bd. 51 Ulla Fix: Stil – Denkstil – Text – Diskurs. Die Phänomene und ihre Zusammenhänge. 576 Seiten. ISBN 978-3-7329-0754-0

Bd. 52 Aenne Vajen: Transfer nutzen – Interkomprehension im Norwegisch-Unterricht. 408 Seiten. ISBN 978-3-7329-0597-3

Bd. 53 Božinka Petronijević/Nikola Vujčić: Phraseologisches Übersetzungswörterbuch. Deutsch–Serbisch/Serbisch–Deutsch. Prevodni frazeološki rečnik. Nemačko–srpski/Srpsko–nemački. 410 Seiten. ISBN 978-3-7329-0733-5

Bd. 54 Sarah Olthoff: Herausforderung Passiv? Das werden-Passiv in Texten für Schülerinnen und Schüler. 338 Seiten. ISBN 978-3-7329-0820-2

Bd. 55 Holger Kuße/Boris Justinovič Norman: Linguistik im Garten. Einführung in die Theorie der semantischen Invarianz. 230 Seiten. ISBN 978-3-7329-0735-9

SPRACHWISSENSCHAFT

Bd. 56 Ulla Fix: Macht und Widerständigkeit durch Sprache.
332 Seiten. ISBN 978-3-7329-0768-7

Bd. 57 Naima Tahiri: Syntax des Deutschen – Eine Einführung.
226 Seiten. ISBN 978-3-7329-0911-7